法律社會工作

第四版

陳慧女 著

作者簡介

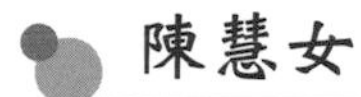

陳慧女

現任

- 中正大學師資培育中心兼任副教授

研究議題

- 性別暴力、兒童及少年保護、法律社會工作、司法心理學

學歷

- 高雄師範大學輔導與諮商研究所哲學博士
- 東吳大學社會學研究所社工組社會工作學碩士
- 東海大學社會工作學系法學士
- 高雄市立空中大學法政學系法律組法學士

經歷

- 諮商心理師、社會工作師證照
- 曾任政府機關、教學醫院、社會福利機構及大學之教學、社工與諮商實務工作

四版序

《法律社會工作》一書於2004年初版，2017年二版時做了大幅修訂，在第一部分的基礎概論增加社會工作與國際人權公約，並增加第四部分的性侵害議題與修復式正義專篇，主要是研究與訪問的整理，希望透過本篇的分享，有助於讀者了解性別暴力議題、復原與修復的重要性。2020年的第三版，回復初版的偏差與犯罪青少年司法，增加物質濫用的司法社工處遇，並在第四部分呈現更完整的修復式正義概念與應用。如今第四版，為能更精要及聚焦本書內容，依據研究的發現與社會問題現況，將各章節內容增減，並將原來第四部分的專篇整合改寫成〈社會工作與修復式正義〉一章，置於第一部分的基礎概論。

本書主要介紹法律社會工作的基礎概論、作證及陪同出庭、法律與倫理議題、社會工作的司法實務。教師採用為教科書的話，可以就自己的教學架構，依循課程脈絡來安排章節順序。每一章最後的延伸閱讀，附上與主題相關的書籍、繪本、影片等資訊，提供讀者課外閱讀及深入探索的參考，也作為教師在教學時的輔助參考教材資料。若您是社工或心理實務工作者，本書很適合作為精進專業的閱讀及應用；如果您是律師、法官、檢察官、觀護人等司法工作者，那麼本書提供您了解社會工作、認識諮商心理的途徑，並能知曉如何與社會工作專業合作。

本書各章所附的相片主要是我所拍攝，若是拍攝機構內的設施，均在徵求同意後攝影。其中有兩張相片是由我的學生協助，雲林地方法院為鄭雅慧社工師拍攝，高雄少年及家事法院的家庭暴力事件服務處為目前在兒童福利聯盟任職的張晏綾所拍攝，非常謝謝她們的協助，讓本書得以完整呈現影像。

我的專業學習主要在社會工作及諮商心理學，過去從事實務工作期間，因為有機會接受法院委託進行個案的司法心理鑑定，而開啟我與司法互動合作的因緣。自這個因緣以來的諸多年間，我透過研究、論文、教學、鑑定的方式，進而與司法工作者有更多交流，著實令我欣喜。

然而，幾年前我參與了一宗妨害性自主涉冤平反案件的鑑定，發現保護性案件，尤其是兒童性侵害案件偵訊過程的標準化仍有很大的改進空間。當時看著本案的社工人員陪同兒童接受詢問的影像，不斷地介入詢問過程，拿著娃娃給兒童操作，直接或間接地影響兒童證詞，令我非常訝異。雖然做出判決的人是法官，但是在那整個過程中，社工人員也是參與取得個案證詞的一員，如果社工沒有受過專業訓練並有足夠的自信，而貿然介入詢訊問過程，以科學證據的專業原則而言，這是很危險的。所以我在本書的第二部分強調科學證據的重要性，而專業訓練及自我覺察更是社工人員的必備基礎。

這個案件正由冤獄平反協會立案尋求平反中，多年來不斷地尋求再審，但總是一次次被駁回。可知當一旦做出判決結果後，要去改正錯誤，是非常非常困難的。而這個結果更是深深影響了所有的人，尤其是被告與家屬。這個案件也改變了我，要能將所學的專業以正確、善意、有力量的方式傳遞給受服務者，使得服務過程有意義、有效能。

因此，我很期待社工人員們皆能有著慈悲的心、科學的精神、專業的方法，盡心盡力協助有困難的人。這些遭遇困難的人，不僅是弱勢者、被害人及家屬，也包含行為人或被告，因為他們在幼年時也可能是被害人，也有他們的委屈與創傷。

本書初版是我在就讀博士班期間所撰寫，至今已近十八年，見證了我的學習與成長，也見證了社會工作與司法實務的交流歷程。在撰寫本書時，不完全以教科書的形式撰寫，我的意圖是除了作為法律社會工作課程的教科書之外，也能作為社會工作或心理諮商實務工作者的工具書，更希望提供司法人員實務的參考，能對社會工作及諮商心理專業有進一步的認識，作為助人工作與司法體系相互了解與合作的橋梁。

衷心感謝心理出版社及林敬堯總編輯一直以來的支持，讓本書得以持續修訂出版。自第二版以來的修訂期間，非常謝謝林汝穎編輯的細心校對與編排，盡力使本書更為完整。這些年來，我持續在學校教授法律社會工作課程、進修法律學位與課程，也有很多機會與實務工作者分享社工與法律的議題，精進我對這個議題的思考。然本書仍有許多不足之處，敬請各位先進不吝指教。

陳慧女 謹識

2022 年 7 月 20 日

目次

表次

圖次

Part 1

社會工作與法律的基礎概論

Chapter 1

社會工作在司法體系的實務

《社會工作師法》於民國 86 年通過，使社會工作專業具備法制的建置。隨著社會的變遷與進步、對弱勢群體的關心，諸多社會福利法規的通過與實施帶給司法、警政、社政、醫療、心理等專業相當多的挑戰。尤其，身為提供弱勢族群保護服務樞紐的社會工作者[1]，在社會福利法中扮演重要的處遇角色。爰此，本章分從法律社會工作的定義與目的、發展歷史、社會工作者的角色、在實務領域中與司法體系的互動、需要具備的法律基礎、教育與組織等方面介紹社會工作與法律的議題。

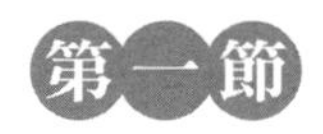

第一節　司法體系中的社會工作

壹、法律社會工作的定義

“forensic” 這個字是源自於拉丁文的 “forensis”[2]，意指「公開討論的場

1 社會工作者（social worker）、社會工作師、社會工作人員（社會福利法規中以此指稱）、社工人員、社工，均指從事社會工作的專業人員；社工人員所服務的對象一般稱為案主或個案，英文為當事人（client）。

2 forensic 譯為法律或法庭，筆者認為譯為「法律」或「司法」較能廣泛含括與司法體系相關的概念，也能包含法庭的概念。目前臺灣的社會工作實務多以「司法」稱所」（forum），是指古羅馬的法庭，在現代則是應用科學的原則與實務於司法體系中（American Psychology-Law Society Division 41, 2017）[3]。依據Barker與Branson（2000）的見解，認為法律社會工作（forensic social work）是指社會立法與人群服務體系之間交匯的一種專業專才，其範圍包括在法庭中擔任專家證人（expert witness）、調查涉及刑事的案件，如少年司法、評估離婚事件中的子女監護權（custody）、評估親密暴力及兒童虐待案等。

根據美國司法社會工作組織（National Organization of Forensic Social Work, 2016）的界定：法律社會工作是應用社會工作專業於法律與司法體系相關的議題中，更廣義來說，它包括在任何情況下與法律問題和訴訟、犯罪及公民權益有關的議題，如兒童監護權、夫妻分居或離婚、終止親權、兒童虐待、親密關係暴力、青少年犯罪、成人刑事司法與矯正等，均為法律社會工作界定的處遇範疇。

若以社會工作的「直接服務」與「間接服務」兩方面來看，在臨床方面的社會工作者，提供有關收出養的法律過程、終止父母親權、對老人福利醫療的照顧、身心障礙者的權益、青少年與家事法庭、犯罪防治、假釋與觀護等之協助；而在公共政策與社會倡導方面的社會工作者，則扮演主動的立法推動者、政策領導者、促進法律與人權的遊說者等角色（Haynes, 1998; Witkin, 1998; 引自 Barker & Branson, 2000）。亦即，不管是從事直接服務或間接服務的社會工作者，其實都能在其角色與位置上，以直接或間接的方式提供社會大眾及當事人有關法律與社會工作的協助。

更進一步來說，除了經常與司法體系互動的家庭暴力與性侵害防治中心，或是目前接受各縣市政府委託在各法院家庭暴力事件服務處之社會福利機構的社會工作者之外，諸如在醫療、觀護、矯正、養護、學校、社會

之，本書以「法律社會工作」（forensic social work）乙詞來探討社會工作專業與法律，有時會以「司法社會工作」或「司法體系中的社會工作」指稱，但均意指「法律社會工作」。

3 在司法心理學的定義為：應用心理學的科學與專業於法律與司法體系相關的議題（American Board of Forensic Psychology, 2017）；關於法律心理學的探討請參閱陳慧女與林明傑（2010）。

福利等單位，只要是所處遇的個案問題屬性與司法體系有所互動溝通者，均可稱之為法律社會工作。因此，法律社會工作的定義比一般矯正社會工作、犯罪防治工作的界定更為廣泛，不論是從事哪一個領域的社會工作者，都有機會與司法體系互動合作，也都有可能扮演社工與司法合作的相關角色。綜合上述的定義，社會工作與法律的交匯即為法律社會工作的範疇，如圖 1-1。

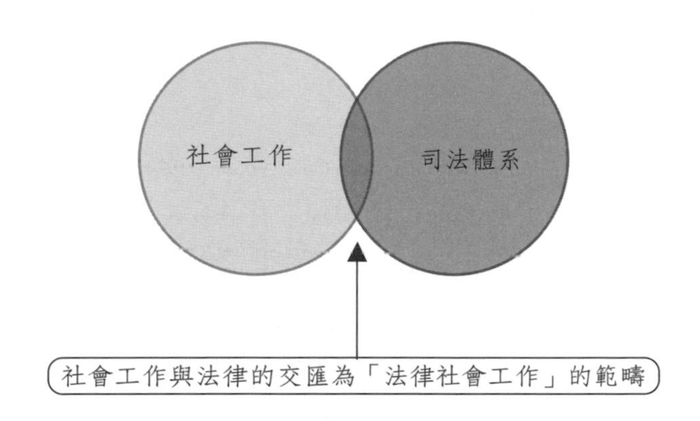

圖 1-1　法律社會工作的範疇

貳、法律社會工作的目的

法律社會工作者教育司法人員有關人類及社會服務的需求，也教育社會工作同儕了解實務工作中有關法律之面向。法律社會工作者運用許多不同的方式與技巧協助司法，包括：與犯罪受害人及目擊證人會談，以提供資訊給調查人員及法庭；向律師諮詢有關陪審團中最理想的陪審員、與其他的心理衛生專家共事，以決定當事人是否有能力出庭；而社會工作者有時也會在法庭擔任證人或專家證人（Barker & Branson, 2000）。從這段描述可知法律社會工作為介於司法與社會工作之間，主要協助這兩個專業間的溝通，為當事人的權益與福祉謀求最適宜的協助。所以它是一種整合性、實務性的學科，整合司法與社會工作專業於服務的輸送體系中。

第二節 法律社會工作的發展歷史

壹、歐美的社會工作與法律之淵源

社會工作最初的發展過程中，與司法有關的業務是對兒童虐待案件的調查，以確認兒童是否遭受虐待，並提供調查報告予司法作為判決參考，或是在法庭作證，這是直接服務層面的互動。而早期社會工作對童工法案、婦女權益法案、保護勞工及消費者法案的立法，透過政策的推動、向司法體系遊說修法，則是間接服務層面的倡導（Barker & Branson, 2000）。

社會工作與法律的淵源由來甚久，美國許多社會工作先驅的背景多為律師，像是羅伯特．迪佛瑞斯特（Robert Weeks deForest, 1848-1931）、佛羅倫絲．凱利（Florence Kelley, 1859-1932）、蘇菲妮絲．布萊克茵瑞莒（Sophonisba Breckinridge, 1866-1948）均為律師；而非律師背景的珍．亞當斯（Jane Addams, 1860-1935）及瑪莉．芮奇孟（Mary Richmond, 1861-1928）則是早期社會工作專業的開創者（Barker & Branson, 2000）。

羅伯特．迪佛瑞斯特是慈善組織會社（Charity Organization Society）的建立者及主要領導者。他創立第一所為社會工作者而設的學校，即現在美國的哥倫比亞大學社會工作學院，並設置羅素基金會（Russell Sage Foundation）。早期的社會工作教科書、《社會工作年刊》（*Social Work Yearbook*）、《社會工作百科全書》（*Encyclopedia of Social Work*）等，也都由其推動創立。

佛羅倫絲．凱利亦為社會工作專業的創立者之一，她以律師的身分在政府部門為勞工法案、反童工被剝削法案的推動盡了很多力。她也協助全國消費者聯盟（National Consumers League）及美國兒童局（United States Children's Bureau）的成立。

另一位社會工作的開創者是蘇菲妮絲．布萊克茵瑞莒律師。她將社會

工作教育帶領至大學體系中，並倡導將法律課程納入社會工作教育的體系。她也協助發展研究所的課程，即現在知名的芝加哥大學社會服務管理學院，並促進創立社會工作期刊《社會工作評論》（*Social Work Review*）的出版，同時她也是全美社會工作人員協會（National Association of Social Workers, NASW）的創立者。

珍・亞當斯並非律師出身，但是她投入相當多的心力於法律工作中，並在 1931 年獲得諾貝爾和平獎。她積極投入於社會運動及遊說立法委員，組織並領導政黨，成為全國慈善與矯正會議（National Conference of Charities and Corrections）的第一位女性主席。

瑪莉・芮奇孟是最廣為人知、為臨床社會工作的始祖。她在任職慈善組織會社期間，除了推動親善訪視、社工教育之外，1900 至 1909 年任職於費城的慈善組織會社期間，亦熱心投入立法與社會運動，包括推動童工法案立法、設立少年法庭、婦女保護法案的立法，以及婦女及兒童保護機構的立案（莊秀美，2003）。瑪莉・芮奇孟之後於 1909 至 1922 年間任職於羅素基金會，其早期所撰寫的《對貧窮者的親善訪視》（*Friendly Visiting among the Poor*）、《社會診斷》（*Social Diagnosis*）等書，對於社會工作者在司法體系中如何為當事人謀求福祉做了討論，對社會工作的倡導與立法有重要的貢獻。

貳、臺灣的社會工作與法律之淵源

在臺灣的社會工作與法律的關係，大多是社會學家、法律專家、社會工作者於早期推動社會福利的立法。也因諸多社會福利法案的陸續通過，使得社會工作與法律的關係愈來愈密切。

在直接服務方面，民國 82 年的《兒童福利法》修法通過與施行，社會工作者在兒童虐待事件中扮演調查者、協調者、輔導者等角色，提供兒童是否受虐的相關資料以作為司法判決之參考。爾後，隨著諸多福利法規的制定與實施，社會工作在司法的角色也愈顯重要。在《兒童及少年福利法》[4]、《兒童及少年性交易防制條例》、《殘障福利法》[5]、《老人福利法》、《少年事件處理法》、《性侵害犯罪防治法》、《家庭暴力防治法》實施後，皆能看見社會工作者在司法實務中協助當事人的身影。

除了直接服務之外，在民國80年初，民間的婦女及兒少團體對遭受迫賣雛妓問題的關心，積極推動《兒童及少年性交易防制條例》的立法與社會運動，引起社會大眾及政府關注雛妓議題，進行一系列的遊說與倡導，推動該法案於民國84年立法，並於之後逐年落實法令的監督與修法，直至民國104年修法及修正名稱為《兒童及少年性剝削防制條例》。這一系列的社會運動與法令倡導，是臺灣社會工作者參與立法，並與司法互動之間接服務層面最具體的實例（兒少條例監督聯盟編著，2002）。

在身心障礙福利方面，伊甸社會福利基金會從服務身心障礙者的過程中，發現身心障礙者在早期療育、特殊教育、職訓就業等方面之需求，而透過直接服務的個案管理與間接服務的倡導立法，雙管齊下為當事人爭取權益，這是社會工作與立法及司法體系互動後的具體呈現。

不論是直接服務或間接服務，均顯示社會工作專業與法律的關係是不可分割的。身為為當事人爭取權益、為當事人謀求最佳福祉的社會工作者，在專業的訓練過程中，應對司法體制及相關法律有基礎了解。

第三節　法律社會工作者的角色

壹、社會工作者的職務

《社會工作師法》明確規定社會工作者在法律上的職務內容與範圍，在第 12 條有詳細說明：「社會工作師執行下列業務：一、行為、社會關

4 民國100年修法及修正名稱為《兒童及少年福利與權益保障法》。
5 民國86年修法及修正名稱為《身心障礙者保護法》，民國96年修法及修正名稱為《身心障礙者權益保障法》。

係、婚姻、家庭、社會適應等問題之社會暨心理評估與處置。二、各相關社會福利法規所定之保護性服務。三、對個人、家庭、團體、社區之預防性及支持性服務。四、社會福利服務資源之發掘、整合、運用與轉介。五、社會福利機構、團體或於衛生、就業、教育、司法、國防等領域執行社會福利方案之設計、管理、研究發展、督導、評鑑與教育訓練等。六、人民社會福利權之倡導。七、其他經中央主管機關或會同目的事業主管機關認定之領域或業務。」

而在其他相關法規及社會福利法規中，亦就社會工作者的職責與角色有所規範，如與法官、檢察官、觀護人、相關主管機關等的互動中所要擔負的法律義務與責任。

貳、社會工作者在司法體系中的角色

根據《社會工作師法》規範的職務內容、相關法律的規範，以及實務經驗的整合，社會工作者與司法體系的合作，在直接服務與間接服務扮演以下的角色：

一、舉發通報者

在各項社會福利法中，社會工作者是保護受到傷害之弱勢族群的通報者，此為專業倫理的職責。如《兒童及少年福利與權益保障法》、《兒童及少年性剝削防制條例》、《性侵害犯罪防治法》、《家庭暴力防治法》等均規範社會工作者的通報責任。

二、調查評估者

對於有司法爭議的案件，社會工作者依其專業知能對當事人及相關人員進行訪視調查，完成初步評估以提供法官判決之參考，如對於兒童虐待案的調查、兒童監護的訪視評估等。

三、關懷輔導者

對於接受一般或危機處遇之後的當事人持續提供關懷與必要的協助，包括醫療、安置、追蹤等服務。如協助遭受家庭暴力婦女的驗傷、緊急安置、聲請保護令之後，可能還需要協助其經濟扶助、法律諮詢、心理諮商等後續的關懷與追蹤服務。

四、個案管理者

對當事人之整體性的個案管理服務，協調及整合各項資源以協助當事人之所需。如在身心障礙服務中，依據《身心障礙者權益保障法》的規定，為使身心障礙者之不同生涯福利需求得以銜接，主管機關應積極溝通、協調，制定生涯轉銜計畫，以提供身心障礙者整體性及持續性之服務，並協助接受早期療育的兒童在進入每一個求學階段的轉銜輔導，以增進進入新學校的學業與生活適應。

五、溝通協調者

作為社會工作與司法之間的橋梁，讓雙方均能了解及尊重彼此之行政與專業運作。社會工作者在醫療社會工作領域之器官捐贈、醫療糾紛、安寧療護的處遇過程中，都有機會與司法合作。例如：在醫療團隊協助對於腦死病患家屬進行器官勸捐，聯繫醫師與地檢署檢察官會同進行腦死判定，並關懷及協助家屬處理後續事宜。而在醫療糾紛案件裡，社會工作者擔任醫師與病患及家屬之間的溝通角色，有時也溝通聯繫醫師與律師之間的互動。在智能障礙兒童性侵害案件中，聯繫特教老師於檢警偵訊過程中協助其了解智能障礙者的表達，提升詢訊問的品質。

六、調解商談者

在家事事件中擔任調解者，增進當事人雙方的溝通了解，就其所要調解的事項，如離婚、子女監護權、財產等，能有雙贏的結果。根據《家事

事件法》有關離婚之訴、夫妻同居之訴、終止收養關係之訴及親屬間的財產糾紛等家事事件，均先經過調解程序，若調解未成方進入訴訟程序。目前已有許多地方法院聘請有經驗的社會工作者、律師、心理師等專業人員擔任調解委員，協助家事事件的調解。

七、陪同服務者

為協助未成年的兒童、少年或遭遇身心創傷壓力的當事人面對司法的偵查或審判，社會工作者陪同當事人出庭，或協助無法陳述案情的當事人代為陳述。如《性侵害犯罪防治法》第 15 條規定社會工作者得於偵查或審判中陪同被害人在場，並得陳述意見。《兒童及少年性剝削防制條例》第 10 條規定在案件偵查審判中，於訊問兒童或少年時，主管機關應指派社會工作者陪同在場，並得陳述意見。《兒童及少年福利與權益保障法》第 61 條規定兒童少年接受訪談、偵訊或身體檢查，應由社工人員陪同，以保護其隱私。

八、專家諮詢者

提供司法人員有關社會工作評估與處遇、社會福利專業之諮詢，或是擔任當事人案件的證人或專家證人，提供社會工作專業理論知識與技術之諮詢，以促進司法人員對當事人問題的了解，協助司法人員偵辦審理。目前在實務界中曾擔任專家證人經驗的社會工作者不多，惟《刑事訴訟法》採行交互詰問制度的機會增加，性侵害、家庭暴力等案件已採用鑑定人或專家參與審判諮詢的方式，邀請具有該領域專業知識的人員提供專業上的見解以作為法官判決的參考，此亦為專業社會工作者的角色。

九、教育啟蒙者

在當事人的案件或其他議題層面中，教育司法人員及一般大眾有關人類行為與社會環境、社會工作處遇、社會福利政策等之實施，增進人們對社會工作專業的了解。如社會工作者與司法人員的互動過程中，對於其所不了解的社工專業部分，可以適時提供專業上的見解與建議；社會工作者也可以透過媒體或網路，將該議題的專業意見以深入淺出的方式表達給更多的大眾認識。

十、倡導遊說者

社會工作者於服務當事人的過程中發現社會問題，並針對問題進行社會運動之倡導、遊說、立法、監督、修法等，從政策面促進法令與制度之改善與落實，增進當事人及社會大眾之福祉。如民國 84 年的《兒童及少年性交易防制條例》立法之後，最初推動立法的相關社會福利團體逐年定期監督法令，提出修法建議，落實改善措施，經過二十年之後修法及修正名稱為《兒童及少年性剝削防制條例》，此與《兒童權利公約》（Convention on the Rights of the Child, CRC）的防止兒童及少年遭受性剝削、誘拐、買賣和交易等暴行之禁止相接軌，為防制兒童及少年遭受性剝削之社會倡導的重要里程碑。

第四節　社會工作者在實務領域中與司法體系的互動

一、兒童及少年社會工作

在兒童及少年福利實務中，以保護服務為主要業務，主要法令為《兒童少年福利與權益保障法》及施行細則、《兒童及少年保護通報與分級分類處理及調查辦法》、《兒童及少年性剝削防制條例》及施行細則；此外，有關兒童監護權改定及收出養評估則涉及《民法親屬編》與《家事事件法》。

在《兒童及少年福利與權益保障法》對於遭受身體虐待、性虐待、疏忽、遺棄之調查與評估暨相關保護處遇、安置或寄養、改定監護權、對加害者施以親職教育，以及有關收出養服務、父母離婚案件之兒童監護權的訪視評估等，而在兒童及少年接受訪談、偵訊、訊問或身體檢查時，應由社會工作者陪同。《兒童及少年性剝削防制條例》旨在防止兒童少年遭受

性剝削（sexual exploitation），並對加害人施以嚴懲，社會工作者在性剝削案件中陪同兒童少年製作筆錄、陪同偵訊、緊急與短期安置期間的觀察、輔導、醫療檢查、訪視與安置評估、中途學校輔導教育、追蹤輔導、公告加害人、施以身心輔導教育等。

除了舉發通報的職責、陪同訊問之外，社會工作者在保護業務、監護權訪視調查、對收出養者的評估所做的調查評估具重要性，其調查報告提供法官在裁定時的重要參考。

二、家庭暴力防治工作

《家庭暴力防治法》在防治家庭暴力行為及保護被害人權益，包括：對家庭暴力事件被害人的協助、加害人的處遇、受理保護令的聲請等為主要業務。社會工作者對被害人的處遇為舉發通報、危機處理、聲請保護令、醫療檢查、緊急庇護、陪同被害人出庭、協助法律訴訟、轉介心理諮商、安排加害人與子女的會面等。

根據「家庭暴力加害人處遇計畫規範」，依法院之囑託對於加害人是否施以處遇計畫之前實施鑑定，鑑定成員除了精神科醫師、心理師、觀護人之外，也包含社會工作者。處遇計畫內容為：認知教育輔導、親職教育輔導、心理輔導、精神治療、戒癮治療及其他輔導與治療。

家暴事件服務處的社會工作者協助當事人家暴案件的諮詢、協談、協助申請保護令、陪同出庭等服務。此外，各地方法院根據《家事事件法》實施有關夫妻離婚、子女監護、成人監護、財產等家事事件的調解及處遇，以減少爭訟案件，社會工作者應熟悉《民法》的相關法規，如〈親屬編〉、〈繼承編〉。而在《家事事件法》中也規定設置家事調查官，協助法官處理家事事件，社會工作專業背景者亦可報考國家考試，成為家事調查官或心理輔導員。

三、性騷擾與性侵害防治工作

性騷擾及性侵害防治之重點在保護被害人的身體自主權益，對行為人施以治療並預防再犯，實施預防宣導教育。相關法令為《性侵害犯罪防治法》、《刑法》的〈妨害性自主罪〉章與〈妨害風化罪〉章，以及發生在校園內性騷擾或性侵害、性霸凌之處理的《性別平等教育法》，發生在職場性騷擾的《性別工作平等法》，以及發生於一般生活環境的《性騷擾防治法》等。

民國110年底立法的《跟蹤騷擾防制法》，是對於個人受到跟蹤騷擾，危害身心安全、行動自由、生活私密領域及資訊隱私，保障人格尊嚴之法案，主要是行為人施以與性或性別有關的騷擾行為（亦含親屬與特定人施以與性或性別無關的違反個人意願之騷擾行為），當事人得向警察機關請求，經警察機關調查有犯罪嫌疑者，核發書面告誡行為人，行為人在二年內再為跟騷行為者，被害人得向法院聲請保護令。

以性侵害案件來說，主要業務在協助被害人的舉發通報、危機處理、協助驗傷取得證據、緊急安置、提供法律服務、陪同出庭、轉介心理諮商，並對加害人施以身心治療、追蹤輔導等。在性侵害犯罪防治的刑事訴訟體系，社會工作者於偵查、起訴、審判、執行的階段，擔任偵查階段中的陪同詢訊問，在審判階段中的陪同出庭、證人角色，在執行階段中則是對加害人施以輔導教育、追蹤輔導等。

四、矯正社會工作

社會工作在矯正實務以對於曝險、偏差行為或犯罪少年的矯正，在監獄參與涉及刑事案件家庭暴力及妨害性自主罪加害人的輔導與矯正工作為主。另亦提供物質濫用戒治者及家庭的支持服務，提升家庭的支持功能，增進戒治成效的延續，穩定就業及家庭生活。矯正實務的相關法規為《少年事件處理法》、《毒品危害防制條例》、《家庭暴力防治法》、《性侵害犯罪防治法》及《刑法》等。

五、老人社會工作

在老人福利服務中，社會工作者與司法的互動主要為老人保護業務。

依據《老人福利法》對受到虐待、疏忽、遺棄，致有生命、身體、健康或自由之危難的老人，社會工作者負有通報、調查評估、保護安置、建立保護體系等任務。此外，若因老人失智或失能，依據《家事事件法》得聲請監護或輔助宣告。

六、身心障礙領域

《身心障礙者權益保障法》規定對身心障礙者受到遺棄、身心虐待、限制自由、留置無生活自理能力者於易發生危險或傷害之環境、利用其行乞或供人參觀、強迫或誘騙其結婚、對身心障礙者或利用其犯罪或為不正當之行為時，應通報之。若有生命、身體、健康或自由的危險，應予緊急保護、安置或必要處置，此包含舉發通報、調查評估、保護安置等處遇。本法第 84 條亦規定，身心障礙者因涉入訴訟或須作證時，法院或檢察機關應就其障礙類別之特別需求，提供必要協助。對於刑事被告或犯罪嫌疑人因精神障礙或心智缺陷無法為完全陳述時，主管機關得依《刑事訴訟法》聲請法院同意指派社會工作者擔任輔佐人。此外，若家人為保障身心障礙者在法律上的權益，可依《家事事件法》聲請監護或輔助宣告。

七、醫務社會工作

在一般醫務社會工作中，與司法體系互動的情形多是器官移植、安寧照顧、醫療糾紛等情事，而精神醫療社會工作則是參與家暴及性侵害加害人、物質濫用者的戒治處遇。相關法規有《安寧緩和醫療條例》、《人體器官移植條例》、《毒品危害防制條例》、《精神衛生法》、《病人自主權利法》、《性侵害犯罪防治法》、《家庭暴力防治法》等。

社會工作者在精神醫療領域參與精神疾患的精神鑑定、家庭暴力加害人處遇前的司法鑑定，提供法官裁定處遇計畫內容之依據。在處遇方面，參與家暴加害人的認知教育輔導、親職教育、戒癮治療，性侵害加害人的認知教育、行為矯治、心理治療等，主要是擔任評估鑑定與輔導治療工作。

第五節 社會工作者具備的法律基礎

壹、法律架構

一般所稱的「六法」指憲法、民法實體法類、民事程序法類、刑法實體法類、刑事程序法類、行政法類。

一、憲法：為國家的根本大法，如《憲法》、《中華民國憲法》。

二、民法實體法類：關於人民擁有的權利及權利被侵犯之請求權，如《民法》、《消費者保護法》、《公寓大廈管理條例》、《票據法》等。

三、民事程序法類：落實民事程序的法令，如《民事訴訟法》、《強制執行法》、《破產法》等。

四、刑法實體法類：規範構成犯罪的行為及對犯罪行為科以刑法的實體法規，如《刑法》、《貪污治罪條例》等。

五、刑事程序法類：落實刑事程序的法令，如《刑事訴訟法》。

六、行政法類：行政法並未有單一的法規，主要是與行政權有關的各項法規均屬之，其散見於各行政類法規中。包含行政組織法規，如《行政院組織法》、《地方制度法》；行政作用法規，如《行政程序法》、《行政罰法》等；行政救濟法規，如《請願法》、《訴願法》、《行政訴訟法》、《國家賠償法》等。

貳、社會工作者需要學習的法規

在社會工作與法律的學門中，除應熟知與本身專業相關的社會福利法之外，對於與社會工作業務相關的私法與公法內涵亦應有所了解。本書各章節所引用及介紹的法規，均可於全國法規資料庫、法源等網站查詢及下載。身為社會工作者，須隨時了解社會變遷及社會問題的動態，並更新不

斷翻修的社會福利及相關法規。

一、私法

個人從出生至死亡，各種與他人或團體往來互動的規定。以《民法》為主，社會工作者在執行業務中，可能因為故意或過失而涉及對當事人的侵權行為，包括人身權（人格權、身分權）與財產權（物權、準物權、債權等），若違反則須負擔侵權行為或債務不履行的損害賠償、連帶責任等。

二、公法

（一）刑事法規

違反《刑法》者科以刑罰。社會工作者執行業務過程中，若因故意（直接故意或間接故意）或過失（無認識之過失或有認識之過失）而侵犯當事人的法益則構成犯罪行為，如業務過失、洩漏祕密等罪，則須負擔刑法責任。

（二）行政法

包括行政處分、行政執行、行政救濟、行政處罰。社會工作者執行業務過程中，若違反公法上的義務，應作為而不作為或應不作為而作為，則須負擔行政罰的責任，如撤銷執業資格、行政罰鍰等。

（三）訴訟法

訴訟程序的法規，包含民事訴訟、刑事訴訟、行政訴訟。

（四）社會福利法

包括《社會救助法》、《兒童及少年福利與權益保障法》等多項與人民福祉相關的社會福利法規。規定社會工作者的法定業務責任，如社會救助、責任通報、強制安置、訪視調查、追蹤輔導、陪同出庭等依法執行的業務內容。

綜合上述，法律社會工作者的專業訓練，應具備對相關法規內涵的了解，以下是基本課程的建議：

（一）基礎法規

包含《憲法》、《民法》、《刑法》。在《民法》方面，主要是〈總則〉、〈債編〉、〈親屬編〉、〈繼承編〉，至於〈物權編〉主要是規範財產法內容，與社會工作業務相關性較低。《刑法》主要是〈總則〉及〈分則〉的〈妨害性自主罪〉、〈妨害風化罪〉章。

（二）身分法規

如《社會工作師法》、《心理師法》等。

（三）業務法規

各類領域的社會福利法，如兒童及少年、婦女、老人、身心障礙、社會救助等領域，主要在社會政策與立法課程中學習；此外對於程序法規也須有基本了解，如《刑事訴訟法》與《民事訴訟法》。

第六節　法律社會工作的教育與組織

壹、法律社會工作的教育與課程

以美國及加拿大為例，在社會工作課程中開設與司法相關的課程有：少年犯罪之刑事司法政策與方案、家庭暴力（含社會政策及倡導、家庭暴力理論、被害人及加害人之處遇議題等）、少年刑事（含偏差行為少年、暴力與幫派等）、成人矯正（含犯罪者、加害人之處遇）、社會工作與法律（含司法社會工作、法律與社會工作等）（Van Wormer & Roberts, 2000）。

目前臺灣的社會工作教育中，各大學的社會工作學系開設與保護服務、法律社會工作有關之課程名稱包括有：兒童保護、兒童社會工作、青少年社會工作、青少年偏差行為及犯罪、家庭暴力防治、性侵害防治、矯正社會工作、法律與社會工作、司法社會工作、法務社會工作等課程。顯示社會工作教育的課程愈趨多元，比以往更加重視社會工作與法律、司法體系

互動知能的培養。

貳、法律社會工作的組織

我國在法律與社會工作、心理學等專業領域之相關組織，依成立年代順序介紹如下：在民國 83 年成立的「中華民國犯罪學學會」，其成立宗旨在彙整社會學、社會工作、心理學、法律、輔導及犯罪防治等各界力量，致力於建立犯罪學專業地位，定期出版《犯罪學期刊》，舉辦犯罪學學術研討會等活動，為犯罪防治研究領域的專業協會。在民國 91 年成立的「台灣家庭暴力暨性犯罪處遇協會」，是以家庭暴力及性侵害防治為議題，整合國內家庭暴力及性犯罪之臨床處遇人員及政策、行政、法律專才之資源，並提供專業訓練及學術交流，出版《亞洲家庭暴力與性侵害期刊》。

民國 107 年成立的「台灣司法心理學會」，是以心理學為基礎的司法心理實務學會，主要在推動司法心理實務與學術研究，提升司法心理專業並促進國際相關團體及個人的合作交流，亦接受法院委託對重大刑案被告之心理鑑定，出版《司法心理與司法社會工作期刊》。民國 108 年成立的「台灣司法臨床心理學會」，宗旨為促進司法與法務領域中的心理學實務工作之研究、應用與推廣，提升心理師和司法與法務人員之溝通合作，推廣在司法與法務領域的心理學相關知識、服務及教育活動。民國 110 年成立的「臺灣司法社工學會」，為國內最早成立的司法社會工作團體，其宗旨在提供學習平台，使助人工作者能學習法律相關知識，培養能與複雜性高、涉及司法議題當事人工作的能力，並促進與法律、警政、心理、衛政、犯罪防治等領域之合作。

國外的組織以美國為例，已有「司法社會工作組織」（National Organization of Forensic Social Work），成立宗旨係透過訓練方案、研討會、演講、年會、期刊出版、網路、公共政策行動等方式提供法律社會工作領域的進階教育。此外，與社會工作相關的助人專業，如法律心理學方面的相關組織，也有相當蓬勃的發展，如：「美國司法心理學會」（American

Board of Forensic Psychology）；「美國心理學會」（American Psychological Association）第41分支會的「美國心理學—法律群組」（American Psychology -Law Society Division-41），出版《法律與人類行為期刊》（*Law and Human Behavior*）；以及「美國專業心理學協會」（American Board of Professional Psychology）均對心理師在法律方面的工作範疇有詳細的介紹，欲進一步了解者可上各網站查詢。

第七節　結語

不同的專業從不同的角度介入當事人的問題處遇，在維護當事人最佳利益的前提下，專業之間的相互合作與尊重了解是基本原則。社會工作者的角色如此貼近當事人，且深入於當事人及其家庭中，對於當事人的評估與處遇結果，有相當大的影響。社會工作在社會福利法的角色如此多元與重要，除了本身所具備的專業知能外，也要熟知相關法規的立法與應用，要隨著社會脈動不斷自我充實，能夠與當事人及其他專業體系有良性的互動，透過彼此的合作、對話而學習成長。

延伸閱讀

全國法規資料庫，網站：https://law.moj.gov.tw/

法律白話文運動 Plain Law Movement，網站：https://plainlaw.me/

法源法律網 Law Bank，網站：https://www.lawbank.com.tw/

法務部，網站：https://www.moj.gov.tw/

民間司法改革基金會（編）（2002）。《看電影學法律》。臺北：元照。

李晏甄、林立（譯）（2013），C. W. LeCroy著。《社工員的故事：傾聽助人工作者的心聲》（第二版）。臺北：群學。

家扶基金會（策劃），謝玲玉等人（著）（2013）。《與你同行：家扶社

工的故事》（第二集）。臺北：飛行貓創意社。

張憶純、郭世豐、顏玉如、張錦麗、彭南元（2022）。《司法社會工作：理論與實務》。臺北：雙葉書廊。

戴世玫等人（2021）。《司法社會工作》。臺北：巨流圖書。

影片：《幸福推手 100 年宜蘭縣政府社會處社工日影片》。郭笑芸導演，宜蘭縣政府社會處。網址：https://www.youtube.com/watch?v=njAOHj3Ako4

Chapter 2

社會工作與聯合國人權公約

第二次世界大戰之後，人們思考到戰爭對人類的傷害，而在 1945 年由主權國家組成聯合國，取代原本的國際聯盟以阻止戰爭，並為各國提供一個對話的平臺；因此，聯合國是一個致力於促進各國在國際法、國際安全、經濟發展、社會進步、人權、公民自由、政治自由、民主及實現持久世界和平方面合作的國際組織（維基百科，2016a）。為了有效推展各項合作，聯合國設置許多附屬機構以實現其宗旨，並於 1948 年 12 月 10 日發表《世界人權宣言》（The Universal Declaration of Human Rights）作為世界各國維護與尊重人權的基本方針，主張所有人都應該享有基本的自由與權利，並將每年的 12 月 10 日亦訂為「世界人權日」。

根據《世界人權宣言》的精神而通過生效的各項人權公約，供各國簽署的有：《公民與政治權利國際公約》（International Covenant on Civil and Political Rights, ICCPR）、《經濟社會文化權利國際公約》（International Covenant on Economic, Social and Cultural Rights, ICESCR）[1]、《消除對婦女一切形式歧視公約》（Convention on the Elimination of All Forms of Discrimination Against Women, CEDAW）、《兒童權利公約》、《身心障礙者權利公約》（Convention on the Rights of Persons with Disabilities, CRPD）、《禁

---

1 《公民與政治權利國際公約》與《經濟社會文化權利國際公約》合併簡稱為兩公約。

止酷刑和其他殘忍不人道或有辱人格待遇或處罰公約》（Convention against Torture and Other Cruel, Inhuman or Degrading Treatment or Punishment, CAT）、《消除一切形式種族歧視權利公約》（International Convention on the Elimination of All Forms of Racial Discrimination, ICERD）、《保護所有移徙工人及其家庭成員權利國際公約》（International Convention on the Protection of the Rights of All Migrant Workers and Members of Their Families, ICRMW, ICMW）、《保護所有人免遭受強迫失蹤公約》（International Convention for the Protection of All Persons from Enforced Disappearance, CPED）等公約。

我國自 2009 年起陸續簽署《公民與政治權利國際公約》、《經濟社會文化權利國際公約》、《消除對婦女一切形式歧視公約》、《兒童權利公約》、《身心障礙者權利公約》等五項公約，顯示我國對人權及國際化的重視。其中，有關兒童、身心障礙者、婦女及性別議題的公約與社會福利及社會工作專業有密切關係。因此，本章就已簽署的國際公約內容進行介紹，並就目前相對應的社會福利法規內容簡要說明。

第一節　《世界人權宣言》

壹、《世界人權宣言》內容

《世界人權宣言》並非是強制性的國際公約，它是聯合國人權公約《公民與政治權利國際公約》和《經濟社會文化權利國際公約》的基礎；《世界人權宣言》包括第一階段的公民之政治權利，也包括更進一步的第二階段的公民之經濟、社會和文化權利（維基百科，2016a）。由於用一個公約要同時保證這兩個階段的公民權利，較難在國際上達到共識，如有些國家比較關心公民的政治權利，有些國家則偏重於公民的經濟、社會和文化的權利；為了解決這個問題，所以聯合國另外撰寫《公民與政治權利國際公約》和《經濟社會文化權利國際公約》兩人權公約，兩公約和《世界人權

宣言》一般被合稱為《國際人權法案》（維基百科，2016a）。我國於 2009 年由總統簽署並聲明在中華民國轄內，司法判決可以立即引用《國際人權法案》（維基百科，2016a）。

貳、臺灣與聯合國核心國際人權公約

聯合國的各項國際公約供各國簽署，其通過與生效日期及我國的簽署情形如表 2-1。

表 2-1　臺灣簽署國際人權公約情形

公約名稱	通過／生效日	臺灣實踐
《公民與政治權利國際公約》（ICCPR）	1966.12.16/1976.3.23	於 2009 年簽署 施行法 2009.3.31
《經濟社會文化權利國際公約》（ICESCR）	1966.12.16/1976.1.3	於 2009 年簽署 施行法 2009.3.31
《消除對婦女一切形式歧視公約》（CEDAW）	1979.12.18/1981.9.3	於 2011 年簽署 施行法 2011.5.20
《兒童權利公約》（CRC）	1989.11.20/1990.9.2	於 2014 年簽署 施行法 2014.5.20
《身心障礙者權利公約》（CRPD）	2006/2008	於 2014 年簽署 施行法 2014.8.1
《禁止酷刑和其他殘忍不人道或有辱人格待遇或處罰公約》（CAT）	1984/1987	內政部提出草案，等待審議中
《消除一切形式種族歧視權利公約》（ICERD）	1966/1969	—
《保護所有移徙工人及其家庭成員權利國際公約》（ICMW）	1990/2003	勞動部研擬中
《保護所有人免遭受強迫失蹤公約》（CPED）	2006/2010	—
相關公約任擇議定書	—	—

參、國際公約在臺灣的適用

一、國際公約的國內法效力

(一) 具國內法律效力

國際公約在國內的法律效力，是以包容的方式在該國的憲法中直接承認，或是以轉型的方式透過立法來實踐。我國在簽署兩公約之後即制定施行法，如《公民與政治權利國際公約及經濟社會文化權利國際公約施行法》第 2 條：「兩公約所揭示保障人權之規定，具有國內法律之效力。」《消除對婦女一切形式歧視公約施行法》第 2 條：「公約所揭示保障性別人權及促進性別平等之規定，具有國內法律之效力。」即是將公約內容國內法化。

而在制訂公約的國內施行法後，必須檢視國家目前與之對應的法規若有不符合公約規定者，則應於期限內增修或廢止及施以行政改善措施。如《兒童權利公約施行法》第 9 條：「各級政府機關應依公約規定之內容，就其所主管之法規及行政措施於本法施行後一年內提出優先檢視清單，有不符公約規定者，應於本法施行後三年內完成法規之增修或廢止及行政措施之改進，並應於本法施行後五年內，完成其餘法規之制（訂）定、修正或廢止及行政措施之改進。」

(二) 位階等同於法律

我國在 82 年 12 月 24 日之司法院大法官釋字第 329 號：「憲法所稱之條約係指中華民國與其他國家或國際組織所締結之國際書面協定，包括用條約或公約之名稱，或用協定等名稱而其內容直接涉及國家重要事項或人民之權利義務且具有法律上效力者而言。其中名稱為條約或公約或用協定等名稱而附有批准條款者，當然應送立法院審議，其餘國際書面協定，除經法律授權或事先經立法院同意簽訂，或其內容與國內法律相同者外，亦應送立法院審議。」可知我國與其他國家或國際組織所締約的國際公約、條約等書面協定，經立法院審議即具有國內法效力，位階等同於法律。

二、公約的相互補充

聯合國人權公約彼此之間有相互補充性，如《經濟社會文化權利國際公約》與《公民與政治權利國際公約》在生存權與生命權的面向有其相互融通性質；在《消除對婦女一切形式歧視公約》、《兒童權利公約》、《身心障礙者權利公約》對基本生存權、生命權與健康權的保障規定，均承襲自兩公約的基本原則。此外，聯合國也隨著人權保障的廣度與深度的不斷擴大，其監督機構陸續通過一般性意見，以發揮與時俱進並補充國際人權公約內容。

第二節 《公民與政治權利國際公約》及《經濟社會文化權利國際公約》

壹、《公民與政治權利國際公約》

《公民與政治權利國際公約》全文 53 條，《經濟社會文化權利國際公約》全文 31 條，兩公約在 1966 年 12 月 16 日通過，分別於 1976 年 3 月 23 日及 1 月 3 日生效。本公約設立人權事務委員會為監測機構，由 18 位委員組成，委員由締約國提名，經無記名投票選出，任期為四年。委員會具有接受並審查各締約國提出的報告、通過關於公約條文的一般性意見、審議根據任擇議定書提出的個人申訴、評估國際間的申訴等監測職能。我國在 2009 年簽署，同年制定施行法，每四年向聯合國提出報告，由法務部負責。

一、公政公約宗旨

《公民與政治權利國際公約》在闡明正義及和平係人類的基本權利，不分種族、膚色、性別、語言、宗教、政治理念、社會階層、財富、出生背景等，所有人民在公民、政治權利方面人人平等。主要架構為：對人類維持個人生命和肉體、精神健全的權利；法律的適用程序和刑事制度的權利；遷徙和旅行的自由；表意自由及思想與良心和宗教自由；家庭及兒童的權利；少數族群的權利、參政權、平等權利和不受歧視的自由。

二、公政公約主要內容

本公約第1條至第27條詳述公民與政治權利內涵，整理歸納如下（法務部，2017）：

（一）自決權

所有民族享有自決權（第1條）。

（二）不受歧視及侵犯

締約國承擔保護個人之公民與政治權利免受他人侵犯及不受歧視（第2條）。

（三）平等權

男女性別在公民與政治權利上的平等（第3條）。締約國克減義務的規定是絕對禁止的，除非是為了保護生命權、免受酷刑（第4、6條）。

（四）生命權

人人有天賦的生存權，任何生命不應無理剝奪。尚未廢除死刑的國家應謹慎審酌科以死刑，死刑不應行之於孕婦或十八歲以下之少年，締約國不得延緩或阻止死刑之廢除（第6條）。

特別說明的是，即便本公約內容未明寫不得有死刑，但仍極力提醒締約國避免死刑。若尚未廢除死刑者，締約國只能就「最嚴重犯罪」（the most serious crimes）判處死刑；而「最嚴重犯罪」應嚴格界定，惟公約內容對於嚴重犯行之內容及態樣並無定論。針對死刑的廢除，在第二任擇議定書中開放各締約國簽署不得有死刑，若仍有死刑者，須推動廢除。

(五)禁止酷刑及人身自由與安全

禁止酷刑或任何殘忍、非人道的刑罰(第 7 條);禁止販奴(第 8 條);人人有權享有身體自由及人身安全,任何人不得無理予以逮捕或拘禁(第 9 條)。自由被剝奪者,應受合於人道及尊重其天賦人格尊嚴之處遇;少年犯人與成人犯人應分別拘禁,並應有合於其年齡與法律身分之處遇(第 10 條)。任何人不得僅因不力履行契約義務即遭監禁(第 11 條)。

(六)遷徙權

人人有進入、離開和在一國領土內移動的權利(第 12、13 條)。

(七)司法平等與人格權

人人在法律或法庭之前平等,擁有在刑事和民事案件獲得公平審判的權利;受刑事控告者,在未經依法定罪之前,應假定其無罪(第 14 條);禁止追溯刑事的處罰(第 15 條)。人人有權被承認在法律前的人格(第 16 條)、人人在法律上一律平等,不受歧視(第 26 條)。

(八)隱私權

人人有隱私權,包括私生活、家庭、住宅或通信等(第 17 條)。

(九)思想、言論及信仰自由

人人有思想、信念及宗教的自由(第 18 條);人人有自由發表意見的權利,此權利應尊重他人權利或名譽,保障國家安全或公共秩序、公共衛生或風化(第 19 條)。

(十)禁止鼓吹戰爭及仇恨民族、種族或宗教

任何鼓吹戰爭宣傳,應以法律禁止之;任何鼓吹民族、種族或宗教仇視的主張,構成煽動歧視、敵視或強暴者,應以法律禁止之(第 20 條)。

(十一)集會結社權

人人有和平集會的權利(第 21 條);人人有結社的自由,包括組織工會、參加工會(第 22 條)。

(十二) 家庭維繫及兒童保護

承認家庭的特定功能應受保護，婚姻的締結同意、離婚時對子女的必要保護，對兒童權利的維護（第 23、24 條）。

(十三) 參政權

公民擁有政治參與權（第 25 條）。

(十四) 保護少數民族

保護種族、語言、少數宗教團體者（第 27 條）。

三、公政公約的任擇議定書

締約國可以選擇是否要另外簽署任擇議定書（Second Optional Protocol）。公政公約有兩項任擇議定書：(1)接受和審查個人申訴：第一任擇議定書賦予個人就公民政治權受侵害之申訴與救濟程序；(2)廢除死刑：第二任擇議定書第 1 條第一項明文規定：「在本締約國管轄範圍內，任何人不得被處死刑。」即不得判處死刑，若仍有死刑的締約國家，應廢除死刑。

貳、《經濟社會文化權利國際公約》

一、經社文公約宗旨

《經濟社會文化權利國際公約》主要在促進各國對人權及自由的重視，提升人類在政治地位、尊重人民的自決權、工作權、男女平等、組織工會權、罷工權、免除飢餓、恐懼、教育權、工作等權利，提供人民適當的勞工保護、社會安全保險、家庭保護與協助、參與文化權利、科學生活之平等機會。締約國的主要義務在保障人權，政府必須做到：(1)尊重：不干涉人民的權利享有；(2)保護：防止他人干涉權利的享有；(3)履行：為充分實現這些權利所採取的適當措施與行動。

二、經社文公約主要內容

本公約的第 1 條至第 15 條將人類的經濟、社會與文化權利內涵明確陳述，整理如下（法務部，2017）：

（一）自主權

所有民族享有自主權（第 1 條）。

（二）不受歧視及侵犯

締約國承擔保護個人之經濟、社會、文化權利免受他人侵犯及不受歧視（第 2 條）。

（三）平等權

男女性別在經濟、社會、文化權利的平等（第 3 條）。確認人民享受公約所賦予之權利時，國家對此權利僅得以法律明訂之限制，限制的唯一目的在增進民主社會之公共福祉（第 4 條）。

（四）生命權

一般性的保護條款，保障個人的生命、自由和人身安全（第 5 條）。

（五）工作權

人民擁有工作的權利（第 6 條）；人民享有公平良好的工作條件，如基本工資、合理生活水平、安全衛生的工作環境、升遷機會、休假等（第 7 條）。組織工會、成立工會全國聯合會、有權罷工等（第 8 條）。

（六）社福權

人民享有社會保障、社會保險（第 9 條）。

（七）家庭、婚姻與兒童保護

保護及協助家庭、締結婚姻的自由與同意、母親分娩前後獲得保護及不受歧視、對兒童少年的保護及免受經濟與社會剝削、對童工年齡的限制等（第10條）。

（八）基本生活品質

人民享有適當的生活水準、適當的衣食住行、免受飢餓的基本權利（第11條）；人民有權享有可能達到最高標準的身體與精神健康（第12條）。

（九）教育文化權

人民有受教育的權利（第13、14條）；人民有參與文化生活、享受科學進步及應用之惠（第15條）。

參、小結

兩公約內涵具體呈現《世界人權宣言》的精神：基於每個人都是生而自由且平等的理念，應該擁有自己的思想與信念，人人都應該被同等對待，不論彼此有多麼不同，都是生而為人應享有的權利（洪蘭譯，2008）。兩公約所闡釋的生命權、平等權、人格權、身體自主權、司法平等權、遷徙權、國籍權、婚姻與家庭權、財產權、宗教信仰權、言論自由權、集會結社權、參政權、工作權、休閒權、教育權、社會文化權等具體面向，回應《世界人權宣言》的精神，兩公約之後的《消除對婦女一切形式歧視公約》、《兒童權利公約》、《身心障礙者權利公約》的內涵亦如是，將人權精神環扣於婦女、兒童、青少年及身心障礙者的人權保障中。

第三節　《消除對婦女一切形式歧視公約》

聯合國大會於1967年11月通過《消除對婦女歧視宣言》，於1979年通過《消除對婦女一切形式歧視公約》，總計30條，1981年9月3日生效，並成立委員會，由23位專家所組成，委員以無記名投票方式自締約國提名選出，任期四年。委員是以個人名義任職，其職責在監督加入公約簽

訂國家之執行概況。我國在 2011 年簽署，同年制訂施行法，每四年向聯合國提出報告，由行政院性別平等會負責。

壹、締約國的義務

本公約將「歧視」定義為：有意或無意使婦女處在不利的地位，使整個社會不能在家庭與公共領域承認婦女的權利，使婦女不能行使其應享有的人權和基本自由，以及基於性別的暴力行為（行政院性別平等會，2016）。

締約國有下列義務：(1)將男女平等原則納入憲法；(2)採取適當的措施，在適當的情形下實施對於一切歧視婦女的制裁；(3)為婦女確立與男性平等權利的法律保護，包括家庭及公共領域；(4)不採取任何歧視婦女的行為或做法；(5)消除任何個人、組織或企業對婦女的歧視；(6)修改或廢除構成對婦女歧視的法律、規章與習俗；(7)廢止本國刑法內對婦女歧視的一切規定，這也是我國性別主流化的推展方向。

貳、《消除對婦女一切形式歧視公約》主要內容

一、基本原則

《消除對婦女一切形式歧視公約》主要內容為：平等不歧視原則、打破性別刻板印象、禁止人口販運、防制性剝削、選舉權、社會參與權、擁有國籍、教育平等權、平等就業權、醫療保健、經濟社會權、農村婦女權益、法律平等、婚姻與家庭等。其與兩公約所揭櫫基本人權的自主權、平等權、教育權、工作權、參政權、家庭與婚姻權、不受歧視等原則均相互融通。

二、核心內容

(一) 平等不歧視

保障男女享有平等，在政治、經濟、社會、文化、公民等方面的人權和基本自由（第 1 條）。保障基於性或性別的平等及不歧視，以一切適當方式推行消除對婦女的歧視政策，並採取適當立法措施以禁止一切的歧視（第 2 條）。保障婦女在與男性平等的基礎上，行使並享有人權和基本自由（第3條）。在加速實現男女平等事實上的平等而制定的政策（第4條）。

(二) 消除性別刻板印象

採取一切適當措施改變男女的社會和文化行為模式，以消除基於性別的男尊女卑觀念及性別刻板印象，以及男性與女性被社會期望在社會與家庭的角色（第 5 條）。

(三) 禁止人口販運及防制性剝削

禁止一切形式販賣婦女及意圖營利使其賣淫的行為，制定法律防制人口販運行為（第 6 條）。

(四) 選舉權

在男女平等的基礎上，婦女擁有選舉權、被選舉權、參與公職及參與公共與政治生活的非政府組織與協會之權利（第 7 條）。

(五) 社會參與權

在男女平等的基礎上，婦女有權在國際間代表政府參加國際組織（第 8 條）。

(六) 國籍權

已婚或未婚婦女與男性擁有同等權利的取得、改變或保留國籍（第 9 條）。

(七) 教育平等權

保障婦女與男性享有相同接受教育的機會。如在各級學校體制中接受教育的質與量、獲得獎學金及研究補助金、接受成人教育、參加運動和體育、接受特殊知識輔導的機會均相等（第 10 條）。

(八) 平等就業權

消除婦女在就業上的歧視。包括：工作的權利、相同就業機會、自由選擇職業、同值同酬、社會保障、健康安全的工作條件、不因結婚或生育而受歧視之權利（第 11 條）。

(九) 醫療保健

消除婦女在保健方面的歧視，在男女平等的基礎上，提供婦女獲得計畫生育的保健服務，包括：懷孕、分娩、產後期間的適當服務（第 12 條）。

(十) 經濟社會權

消除婦女在經濟和社會生活等方面的歧視，在男女平等的基礎上可以領取家屬津貼、銀行貸款、抵押和金融信貸、參與娛樂生活、運動與文化的權利（第 13 條）。

(十一)農村婦女權益

消除一切對農村婦女的歧視，使其在男女平等基礎上參與農村發展並受其惠，如發展規劃擬定並執行、受益於社會保障、接受培訓與教育、組織自主團體和合作社、參與社區活動、取得農業信貸、享受適當生活的條件等機會（第 14 條）。

(十二)法律平等

婦女在法律之前平等的地位，如在法庭內獲得平等對待、簽訂契約、處理財產、人身移動及自由擇居的權利（第 15 條）。

(十三)婚姻與家庭

消除婦女在婚姻與家庭關係上之歧視，在男女平等基礎上保障婦女具有的權利，如結婚、不結婚、離婚、選擇姓氏、選擇專業與職業、父母親對子女有同等的權利和義務、決定生育子女人數與生育間隔、監護看管受托和收養子女、財產的管理；童年訂婚結婚不具法律效力，國家須採取一切行動，規定結婚最低年齡、婚姻必須登記（第 16 條）。

參、小結

我國過去在《民法親屬編》的修訂、《刑法妨害性自主罪》的修訂，以及《性侵害犯罪防治法》、《性騷擾防治法》、《家庭暴力防治法》（以上稱為「防暴三法」），及《性別平等教育法》、《性別工作平等法》（以上兩法與《性騷擾防治法》合稱「性平三法」）和《兒童及少年性剝削防制條例》、《人口販運防制法》等法規內容與《消除對婦女一切形式歧視公約》相呼應。防暴三法分別在公領域與私領域落實預防及保護人身安全、保障個人身體自主權。

性平三法從性別平等教育落實平等與不歧視的原則、從職場落實性別平等工作權、防治敵意的職場工作環境。《兒童及少年性剝削防制條例》在防止未成年者被作為性交易的對象，防制性剝削的犯罪行為；《人口販運防制法》在禁止一切的人口販運行為，防止人口販賣並維護人身自由與身體自主權，這兩項法案回應本公約的第 6 條，體現婦女的生存權與自由權，不受身體與性剝削侵害，擁有身體自主權的精神。

第四節　《兒童權利公約》

全世界有超過 22 億的兒童，占了全球人口的三分之一左右（謝維玲譯，2016）；兒童是國家與世界的未來，使其能平安、健康、快樂地成長，每一個成人與國家責無旁貸。

《兒童權利公約》的精神與內涵主要是來自於十九世紀波蘭的雅努什·

柯札克（Janusz Korczak, 1878/1879-1942），柯札克原名亨利．哥德施密特（Henryk Goldszmit），是一位小兒科醫師、孤兒院院長、兒童文學作家，也是位兒童權益倡導者。他認為兒童有被愛、受教育、被保護、表達意見的權利；他在所創立的孤兒之家中，讓兒童們選出議員並組成議會，再由議會訂出各項規則，並由兒童法庭來裁定不守規則的人要如何受罰，讓兒童有表達意見及參與公共事務的機會，尊重兒童的作為（林真美譯，2012）。

柯札克對於兒童的教育理念為：反對語言和肢體暴力、重視成人與孩子之間的教育互動、相信孩子和成人都是人類、教育過程應考量每個孩子的個別性、相信最熟悉孩子需要的人是孩子自己、賦予孩子尊重自己意見和財產的權利、將孩子的進步視為努力的工作（維基百科，2016b）。柯札克的一生都在捍衛與保護兒童的權益與福祉，直到他與孩子在集中營被納粹集體屠殺，都盡心盡力照顧保護著兒童，他的精神與理念成為現今《兒童權利公約》的核心價值（林真美譯，2012）。

國際聯盟於 1924 年、聯合國於 1959 年通過兒童權利宣言，聯合國大會於 1989 年 11 月 20 日通過《兒童權利公約》，總計 54 條，於 1990 年 9 月 2 日生效。兒童權利委員會每年舉行三屆會議，每屆為期四週，締約國需向委員會提交公約所採行的措施之定期報告。我國在 2014 年簽署，並於同年制定施行法。每五年要向聯合國兒童權利委員會提交報告，報告由衛生福利部負責撰寫（衛生福利部社會及家庭署，2016a）。

壹、兒童的定義

兒童指十八歲以下的任何人，《兒童權利公約》規定除非對其適用的法律規定成年年齡低於十八歲，締約國必須提供對於「兒童」的定義，並因應各種目的而確定的法定最低年齡，包括：可不經父母同意徵求法律或醫療諮詢的年齡；完成義務教育的年齡；非全時就業的年齡、全時就業的年齡、可從事危險工作的年齡；性行為自主年齡；結婚年齡；自願入伍年齡、兵役年齡；在法庭上自願作證年齡；刑事責任年齡、剝奪自由年齡、判刑年齡；消費酒類或其他受管制藥物之年齡。

貳、基本原則

本公約揭櫫「兒童是權利的主體，不是被保護的客體」之兒童權利的基本原則：不歧視（第 2 條）；兒童的最佳利益（第 3 條）；生命權、生活權與發展權（第 6 條）；兒童表達意見、兒童有權利要求聽取其心聲（第 12 條），這些原則也是為防止歧視和確保處境不利的兒童能夠享受行使權利而採取的特別措施。此外，還包括保證不將十八歲以下犯罪人判處死刑、對兒童死亡與法外死亡進行登記、防止兒童自殺、消除殺害嬰兒現象等攸關生命存活與發展的問題與措施。

參、公民權利與自由

關於兒童的公民權利與自由有：姓名和國籍（第 7 條）；維護身分權（第 8 條）；言論自由，尊重兒童意見、兒童出庭作證、兒童青年組織協會、獨立協會等（第 13 條）；獲得適當資訊（第 17 條）；思想、信仰和宗教自由（第 14 條）；結社與集會自由（第 15 條）；保護隱私與保護肖像權（第 16 條）；保護從多種來源獲得資訊，不受可能損害其福祉的資料之害（第 17 條）。

肆、《兒童權利公約》重要內容

除了上述兒童權利的基本原則及公民與自由權利之外，公約中對於防止對兒童的暴力行為、家庭環境與替代照顧、殘疾及基本健康與福祉、教育休閒與文化活動、適當資訊的利用、少年司法、對處於特殊情境中兒童的特別保護措施等有相當多的內涵。

一、防止對兒童的暴力行為

下列是禁止對兒童的暴力行為：

(一) 凌辱與忽視，對兒童的各種虐待行為（第 19 條）。

(二) 禁止和廢除一切形式之有害習俗（第 24 條第三項），如在非洲某些國家仍存有對未成年女童之割除陰蒂的割禮，以及我國早期的童養媳等對兒童有害之習俗。

(三) 避免性剝削和性侵害（第 34 條）。

(四) 防止誘拐、買賣及交易（第 35 條）。

(五) 不受酷刑或其他形式的殘忍、不人道或有辱人格的待遇或處罰／體罰（第 37 條），如對兒童的體罰。

(六) 為受害兒童的身心康復與重返社會所採取的措施（第 39 條），如受虐兒童的家外安置措施與返家處遇或少年自立生活方案等。

二、家庭環境與替代照顧

此為對於養育兒童之父母的支持與協助，兒童家外安置、收養等替代性服務的原則：父母指導，尊重父母的意見指導（第 5 條）；父母的責任，確保父母對兒童養育與發展的責任、提供父母所需的協助、托兒服務（第 18 條）；禁止與父母分離，若必須與父母分離的處理措施（第 9 條），如兒童因受虐待經法院裁定進行安置、安置機構數量等；家庭團聚（第 10 條）；追索兒童撫養費（第 27 條第四款）；被剝奪家庭環境之兒童的保護，如寄養、收養、安置等必須受特別照顧的兒童（第 20 條）；收養，跨國收養的兒童與國內收養兒童受到相同之保障（第 21 條）；非法轉移和不使兒童返回本國的遏止（第 11 條）；為父母在獄中的兒童及與母親住在監獄的兒童提供保護措施；防止虐待和疏忽，包括身心健康的恢復與重返社會（第 39 條），以及在適當情境下由司法干預（第 19 條）；定期審查安置機構情況（第 25 條）。

三、殘疾、基本健康與福祉

對於兒童之基本健康與福祉及有殘疾兒童的特別保護措施：生存與發展，包括基本生存權，在提交報告時要包含交通事故或其他事故、犯罪或其他形式暴力、自殺等之概況（第6條）；對身心障礙兒童的福利措施（第23條）；健康和保健服務，特別是初級醫療（第24條）；預防傳染病，如後天免疫缺乏症候群（acquired immune deficiency syndrome, AIDS）、瘧疾、結核病、小兒麻痺、肝炎、急性呼吸道感染等（第24條）；青少年的生殖健康權，如青少年的懷孕醫療；社會保障及托育服務設施（第18條第三項、第26條）；生活水準及所採取之措施（第27條第一至三項）；保護兒童不受吸毒和濫用其他麻醉藥物之危害（第33條）。

四、教育、休閒與文化活動

兒童的教育、休閒與文化權，包括受教育權，兒童的識字率、入學率、升學率、中輟率、課後照顧、職業培訓與指導、師生比與城鄉差異等（第28條）；教育的目標與品質，包括人格的發展、尊重人權、尊重自然環境的觀念（第28、29條）；少數族群兒童之文化權利（第30條）；社區公共運動場所（第31條第一項）；休閒、娛樂及文化藝術活動（第30條第二項）。

五、適當資訊的利用

主要內涵為：鼓勵有益兒童發展的社會與文化，資訊與資料等大眾傳播媒體能夠普及；鼓勵來自文化、國家、國際各方面相關資訊的編製、交換與傳播；鼓勵兒童書籍的出版與普及；鼓勵大眾傳播對少數民族或原住民兒童語言的需要予以特別關注；保護兒童並使其不受有害兒童福祉資訊傷害的適當指導方針。

六、少年司法

(一) 對觸犯刑法而被起訴、問罪，或被認定為有罪的兒童，要承認他有權利要求合乎提升其尊嚴與價值的處置方式。
(二) 無罪推定原則。
(三) 對兒童少年被懷疑的事實能夠直接迅速告知其本人。
(四) 不得被迫作證或自白。
(五) 若有觸犯刑法，其處置必須依據法律，並經有權限之較高層級的獨立、公平機關或司法機關再審理。
(六) 讓兒童少年了解審理機關所使用的語言。
(七) 在訴訟過程中，應充分尊重兒童少年的隱私。

七、對處於特殊情境中兒童的特別保護措施

對處於特殊情境中的兒童，分以下三種處境給予特別的必要保護措施。

(一) 處於緊急情況中的兒童

包括對於難民兒童的保護，在原籍國境外尋求難民保護與國內流離失所之兒童的保護（第 22 條）；對於處於武裝衝突中兒童的保護（第 30 條），及其身心健康的恢復和重返社會（第 39 條）。

(二) 觸法兒童與司法

包括少年法的實施（第 40 條）；對少年判刑，特別是禁止判處死刑和無期徒刑（第 37 條），此為《公民與政治權利國際公約》第 6 條之死刑不應行之於十八歲以下之兒童少年。對於被剝奪自由的兒童，包括處於任何形式拘留、監禁或監護性安置中的兒童，有權就其處境提出抗辯並要求作迅速判決（第 37 條第二、三、四項），及其身心健康的恢復和重返社會（第 39 條）。

（三）受剝削的兒童

保護兒童免受經濟剝削，包括童工（第32條）；不受藥物濫用的傷害（第33條）；不受色情剝削和性侵害（第34條）；防止買賣兒童、誘拐、販運（第35條）；避免兒童遭受其他形式的剝削（第36條）；對原住民與少數族群之兒童的保護（第30條），及對街頭兒童的保護。

伍、小結

一、兒童的年齡

關於兒童的年齡定義，依據我國目前的《民法》、《刑法》、《勞動基準法》、《國民教育法》及《兒童及少年福利與權益保障法》等相關法規分述如下：

（一）可不經父母同意徵求法律或醫療諮詢的年齡

法律未明確規定，但是依據《民法》之完全行為能力及《刑法》之完全責任能力的規定為十八歲。

（二）完成義務教育的年齡

我國之國民義務教育為至完成國民中學學業，依《國民教育法》第2條規定，六歲至十五歲之國民應受國民教育，已逾齡未受國民教育者應受國民補習教育。

（三）非全時就業的年齡、全時就業的年齡、可從事危險工作的年齡

我國《勞動基準法》第44條規定：「十五歲以上未滿十六歲之受僱從事工作者，為童工。童工及十六歲以上未滿十八歲之人，不得從事危險性或有害性之工作。」可知我國以年滿十五歲可為童工，未滿十八歲不得從事危險或有危害之工作。工作時數與期間規定在同法第47條：「童工每日之工作時間不得超過八小時，每週之工作時間不得超過四十小時，例假日不得工作。」及第48條：「童工不得於午後八時至翌晨六時之時間內工

作。」

在《勞動基準法》第 45 條第一、二項中規定工作環境應無礙身心健康，且依據童工保護之規定：「雇主不得僱用未滿十五歲之人從事工作。但國民中學畢業或經主管機關認定其工作性質及環境無礙其身心健康而許可者，不在此限。前項受僱之人，準用童工保護之規定。」

（四）性行為自主年齡

年滿十八歲以上為性自主年齡，我國《刑法》妨害性自主罪中第 227 條規定，對未滿十四歲者之強制性交及猥褻罪屬於性侵害犯罪，並依對未滿十四歲及年滿十四歲以上未滿十六歲者有不同刑責。基本上，基於兒童身心發展的保護原則，兒童沒有同意性行為的能力，即使其同意性行為，實施者也屬犯罪。

（五）結婚年齡

我國《民法》第 12 條規定年滿十八歲為成年。第 973 條規定男女未滿十七歲者，不得訂定婚約。第 980 條規定男女未滿十八歲者，不得結婚。

（六）自願入伍年齡、兵役年齡

我國《憲法》第 20 條規定人民有依法律服兵役之義務，依《兵役法》第 3 條規定，男子年滿十八歲之翌年一月一日起役，至屆滿三十六歲之年十二月三十一日除役，為役齡男子；年滿十五歲之翌年一月一日起，至屆滿十八歲之年十二月三十一日止，為接近役齡男子。

（七）在法庭上自願作證年齡

我國並未明確規定兒童作證年齡，但目前《性侵害犯罪防治法》對於被害人為兒童少年者，亦為證人身分，能夠出庭作證，並就兒童及智能障礙者提供接受詢訊問、陪同出庭之協助。關於未成年及精神障礙者，依據《刑事訴訟法》第 186 條規定未滿十六歲者及精神障礙不解具結意義與效果者，不得令其具結。

(八) 刑事責任年齡、剝奪自由年齡、判刑年齡

依據《刑法》第 18 條，未滿十四歲者為無責任能力；年滿十四歲未滿十八歲者為減輕責任能力者，仍須負刑事責任，只是得減輕刑罰；年滿十八歲為完全責任能力者，負完全責任。

(九) 消費酒類或其他受管制藥物之年齡

我國《兒童及少年福利與權益保障法》第 43 條第一項第一、二款規定：「兒童及少年不得為下列行為：一、吸菸、飲酒、嚼檳榔。二、施用毒品、非法施用管制藥品或其他有害身心健康之物質。」即明定未滿十八歲為消費酒類或其他受管制藥物之年齡。

二、兒童少年保護

《兒童及少年福利法》於民國 100 年修訂為《兒童及少年福利與權益保障法》，法規架構與內涵包括：身分權益、福利措施、保護措施、福利機構等，各章均回應公約的核心精神與價值，明確將兒童最佳利益概念之生存權、受保護權、發展權、參與權，納歸於法條中。如身分權益章規範基本健康與福祉保障及對殘疾的照顧；福利措施章將教育、休閒與文化及資訊利用臚列於內；保護措施章明確規範防止對兒童的暴力行為及保護措施，以及家庭環境支持與家外安置的替代照顧措施。少年司法及觸法兒童少年處境規定於《少年事件處理法》；受經濟剝削議題的保護，規範於《勞動基準法》；性剝削議題規範於《兒童及少年性剝削防制條例》。

民國 104 年修訂的《兒童及少年性剝削防制條例》確立並定義兒童少年為性剝削的被害人，將原先《兒童及少年性交易防制條例》之評估兒童少年遭受性交易之實或之虞的調查轉為以兒童少年之需求與家庭評估為重點，並將遭受性剝削兒童少年的保護與安置措施與《兒童及少年福利與權益保障法》的家外安置，如寄養家庭、兒少安置機構的規定相連結，而不限於原先《兒童及少年性交易防制條例》之緊急短期收容中心與中途學校安置，均回歸以保障兒童少年權益不受剝削與傷害的立法宗旨。

第五節 《身心障礙者權利公約》

《身心障礙者權利公約》於 2006 年 12 月 13 日由聯合國大會通過，2007 年開放供簽字，總計 50 條。委員會由 18 名獨立專家所組成，負責監督各締約國之落實公約情形。委員會成員以個人身分任職，並不代表政府，由締約國會議中各國提名一組人員中所選出，任期四年，可連選連任一次，每年在日內瓦舉行兩次會議。委員會有兩個附加義務：接受和審查個人申訴，當有可靠證據顯示有違反《身心障礙者權利公約》之情況時即展開調查。我國在 2014 年簽署，並於同年制定施行法。締約國須每四年提交報告，我國由衛生福利部負責提交報告。

壹、身心障礙現況及締約國的義務

一、身心障礙概述

全世界的身心障礙者超過 5 億人，約占全球總人口的 10%，其中有近三分之二的人住在開發中國家，而在某些開發中國家，有將近 20%的總人口數為各類型的身心障礙者，如果包含身心障礙者的家庭，這意味著全球因為身心障礙受到直接影響的人口更為廣泛；而且身心障礙者的人數隨著人口的增加而成長，也因為戰爭及其他形式的暴力或醫療照顧不周、天然災害等因素而增加（齊作毅譯，2016）。

二、締約國的義務

根據《身心障礙者權利公約》第 4 條，簽約國的義務包括下列各項消除對身心障礙者的歧視及促進福祉之政策與措施：(1)採取立法與行政措施，促進身心障礙者的人權；(2)採取立法與其他措施，廢止歧視；(3)在一切政策與方案中，保護和促進身心障礙者的權利；(4)停止任何侵害身心障礙者權利的行為或做法；(5)確保公共部門尊重身心障礙者的權利；(6)確保私人部門和個人尊重身心障礙者的權利；(7)從事或促進研究與開發身心障礙者可使用之貨物、服務和技術，並鼓勵此類研究；(8)向身心障礙者提供無障礙資訊，介紹輔助技術；(9)促進培訓協助身心障礙者的專業人員與工作人員；(10)在擬定和施行立法與政策時，以及在涉及身心障礙者問題的其他決策過程中，與身心障礙者協商，並促使其參與（衛生福利部社會及家庭署，2016b）。

貳、身心障礙者的人權及公約基本原則

一、對於身心障礙與身心障礙者的理解

本公約不將身心障礙視為一種疾病，而是消極態度或不友好環境與身心障礙者之狀況相互作用的結果。公約認為身心障礙是一個演變中的概念，是阻礙身心障礙者參與社會的各種態度與環境障礙產生的結果；身心障礙並非固定不變，可隨著不同社會的普遍環境而改變。

二、基本原則

《身心障礙者權利公約》對身心障礙的相關名詞定義，如交流、基於身心障礙的歧視、語言、合理便利、通用設計和包容性設計等之界定，可參閱該公約第 2 條。公約第 3 條揭示一般原則為：(1)尊重固有尊嚴及個人自主，自由做出個人的選擇及個人的自立；(2)不歧視；(3)充分有效地參與和融入社會；(4)尊重差異，接受身心障礙者是人的多樣性之一部分及人類的一份子；(5)機會均等；(6)無障礙；(7)男女平等；(8)尊重身心障礙兒童逐漸發展的能力和保持其獨特性之權利（衛生福利部社會及家庭署，2016b）。

三、《身心障礙者權利公約》之主要內容

(一) 平等、不歧視

在與其他人平等的基礎上，利用法律保護或追求自己的權益（第5條）。

(二) 提高認識

在教育系統內，對社會大眾開展的公眾認識活動（第8條）。

(三) 無障礙

無障礙的技術標準、對履行情形的審查與對不遵守情事的制裁（第9條）。

(四) 生命權

身心障礙者在與其他人的平等基礎上，享有生命權（第10條）；危難情況及人道主義緊急狀況，保護身心障礙者的安全（第11條）。

(五) 司法平等與保護

在法律面前獲得平等承認（第12條）；獲得司法保護（第13條）。

(六) 自由和人身安全

不受非法或任意被剝奪自由（第14條）。

(七) 免於遭受酷刑凌虐及剝削

免於酷刑或殘忍、不人道或有辱人格的待遇或處罰（第15條）；免於被剝削、暴力和凌虐（第16條）。

(八) 保護人身完整性

保護身心障礙者不在本人自由表達知情同意下接受醫療照顧所採取的措施、為保護身心障礙者不被強迫絕育、保護身心障礙少女和婦女不被強迫流產所採取的措施（第17條）。

（九）遷徙自由與國籍

自由選擇居住地、遷徙、有權獲得及變更國籍（第 18 條）。

（十）獨立生活與融入社會

獲得援助服務以融入社區生活，避免被社區隔絕或疏離（第 19 條）。

（十一）個人行動能力

獲得輔具及技術得以享有行動能力（第 20 條）。

（十二）表意的自由

表達個人意見自由及獲得資訊的機會（第 21 條）。

（十三）尊重隱私

為保護身心障礙者的個人、健康和康復資料的隱私而採取的措施；為防止以保護隱私為由，而隱藏身心障礙者所採取的措施（第 22 條）。

（十四）尊重家居與家庭

建立婚姻與家庭、養育子女（第 23 條）。

（十五）教育權

確保所有身心障礙者都有機會接受早期教育、初級義務教育、中等義務教育。對於身心障礙者的包容性與教育權包括：不拒絕條款、接受包容性、優質和免費教育的權利、無障礙和消除障礙、教育中的合理便利、支助、社會均等、職業培訓和能力建設、終身學習（第 24 條）。

（十六）健康權

免受到歧視，確保其同樣有機會獲得醫療服務，包括性健康與生殖健康領域之醫療、對醫生與其他醫護人員培訓有關身心障礙權利，及對愛滋病毒、疾病預防工作之認識（第 25 條）。

（十七）適應訓練與康復

依據個別需要與體能評估，提供康復訓練；提供在地就近服務及對偏遠地區身心障礙者的服務（第 26 條）。

（十八）工作與就業權

享有工作與謀生之權利、職業訓練與媒合、創業機會、同值同酬。本條在指導締約國通過不歧視、無障礙、合理便利、積極措施之原則以落實身心障礙者之人權。如：在公開勞動力市場獲得就業的權利、工作與就業中不受歧視的權利、無障礙工作場所、工作場所的合理便利、促進身心障礙者就業的積極措施等，以促進身心障礙者能享有工作與就業權利（第 27 條）。

（十九）適足的生活水準與社會保護

包括獲得清潔飲水、適足食物、衣物和住房而採取之措施、參加公共住房方案、享受退休福利和參加退休方案而採取之措施（第 28 條）。

（二十）參與政治與公共生活

確保身心障礙者的投票程序、設施與材料的無障礙設施（第 29 條）。

（二十一）參與文化生活、娛樂、休閒和體育活動

在平等基礎上，參與文化生活並有機會發展及利用自己的創造、藝術智力和潛力。如獲得以無障礙形式所提供的文化材料、獲得以無障礙形式所提供的電視節目、電影、戲劇和其他文化活動、可以進出文化表演或文化服務場所（第 30 條）。

（二十二）特殊境況

確保身心障礙婦女不受歧視（第 6 條）；身心障礙兒童在平等基礎上享有人權與自由、考量身心障礙兒童之最大利益（第 7 條）。

參、小結

一、身心障礙並非固定不變，可隨著不同社會的普遍環境而改變

身心障礙者人權要旨：生命權、自由和人身安全、法律平等權、免於被酷刑及剝削、免於被暴力和凌虐、尊重身心完整的權利、擁有國籍、遷徙自由及在社區生活的權利、表達意見自由的權利、尊重隱私、尊重家庭和家居、受教育權、健康權、工作權、獲得適足生活水準、參與政治和公共生活的權利、參與文化生活的權利。

造成身心障礙的因素，有些是天生的，有些是後天疾病、老化或意外傷害所致，這與公約中所提示之身心障礙是演變中的概念，是阻礙身心障礙者參與社會的各種態度與環境障礙產生的結果相呼應。因此，國家透過政策盡可能實施消除一切歧視身心障礙的措施，使身心障礙者得以在無障礙的環境中生活並融入社會。愈是無障礙的環境，則愈能讓身心的障礙不會是個問題，能降低不便。在平等的基礎上，讓身心障礙者享有同等的機會與自主。

二、身心障礙者權益

我國身心障礙者權益保障政策主要為《身心障礙者權益保障法》，分為保健醫療權益、教育權益、就業權益、支持服務、經濟安全及保護服務等六章，此回應公約中之身心障礙者的健康權、生命權、適應與康復、平等權、教育權、就業權、無障礙、免遭暴力虐待、社會參與等內涵。有關精神障礙者的預防及醫療、權益保障、融入社區生活的措施規定於《精神衛生法》內，而關於身心障礙者接受適性教育的權利，則規定於《特殊教育法》中。身心障礙會造成生活各方面的不便，經由社會福利政策逐步建構不歧視、無障礙環境、適性教育等措施，使其獲得同等的機會，增進權能。

第六節 結語

我國是一個由多元族群組合的國家，有相當多的東南亞移工；而在某些地方仍時有所聞酷刑的發生，如軍隊、監獄。因此，除了已簽署的兩公約等五項國際人權公約之外，《消除一切形式種族歧視權利公約》、《保護所有移徙工人及其家庭成員權利國際公約》與《禁止酷刑和其他殘忍不人道或有辱人格待遇或處罰公約》有待未來研擬簽署，作為指導國家保障各種類型及處境的人權方針。

雖然我國並非為聯合國之會員國，但是身為國際社會之一員並已為開發國家之列，應與時俱進重視人權的保障。隨著多項社會福利法規及國內法律的修訂，逐步使人權保障的政策更臻完善，更重要的是將政策轉為具體的實踐與落實，藉由行政、教育、宣導、對話等方式，讓社會大眾能夠對人權與生命權有更具體的思考與了解，培養對生命價值的重視及對人性尊嚴的尊重，以降低兒童虐待、關係暴力、身心障礙被歧視等諸多違反人權的情事發生。

延伸閱讀

❖ 人權

余佳玲（譯）（2006），Center for Civic Education著。《泡泡伯與菲菲認識權威》。臺北律師公會叢書（三）法治教育系列。臺北：臺北律師公會。

周逸芬（譯）（1997），L. Kristiansson, & D. Stemberg著。《不是我的錯》。新竹：和英。

洪蘭（譯）（2008），國際特赦組織，J. Burningham等29位畫家繪。《人人生而自由》。臺北：聯經。

郭家琪（譯）（2006），Center for Civic Education 著。《熊熊家族認識正義》。臺北律師公會叢書（三）法治教育系列。臺北：臺北律師公會。

郭菀玲（譯）（2006），Center for Civic Education 著。《小魚潔西認識隱私》。臺北律師公會叢書（三）法治教育系列。臺北：臺北律師公會。
郭振純（著），陳玉珠（繪）（2018）。《綠島人權燈塔》。臺北：前衛。
張國儀（譯）（2020），P. Bharara 著。《尋找正義：一位聯邦檢察官的首度告白，顛覆你心中的公平和真相》。臺北：遠流。
張寧恩（譯）（2009），B. Schlink著。《我願意為你朗讀》。臺北：皇冠。
漢聲雜誌社（譯）（1991），世界特赦組織日本分部著。《世界人權宣言》。臺北：英文漢聲。
戴玲慧（譯）（2006），Center for Civic Education著。《動物管理員認識責任》。臺北律師公會叢書（三）法治教育系列。臺北：臺北律師公會。
簡貞貞（譯）（1999），C. Darrow 著。《丹諾自傳》。臺北：商周。
電影：《園長夫人：動物園的奇蹟》（*The Zookeeper's Wife*）。

❖ 兒童人權

兒童權利公約資訊網，網站：crc.sfaa.gov.tw/news.php。
臺灣兒童權利公約聯盟，網站：cylaw.org.tw。
聯合國兒童基金會，網站：https://www.unicef.org。
林真美（譯）（1997），C. B. Abells著。《請不要忘記那些孩子》。臺北：遠流。
林真美（譯）（2012），T. Bogacki著。《好心的國王：兒童權利之父——柯札克的故事》。臺北：親子天下。
林蔚昀（譯）（2012），Janusz Korczak 著。《如何愛孩子：波蘭兒童人權之父的教育札記》。臺北：心靈工坊。
陳怡潔（譯）（2017），A. Serres 著，A. Fronty 繪。《我是小孩，我有權利……》。臺北：字畝文化。
謝維玲（譯）（2016），D. J. Smith著，S. Amstrong繪。《天下的孩子都是一樣的：一本關心全球兒童的書》。臺北：臺灣東方。

❖ 婦女人權

陳慧女（著），郭育誌（繪）（2017）。《希朵說什麼？消除對婦女一切形式歧視公約》。臺南：翰林。

Chapter 3

精神疾患與犯罪的關係

一般來說，多數患有嚴重精神障礙的人並不會犯罪，只有特定的精神疾病會提高暴力犯罪的風險，若加上酗酒及物質濫用（substance abuse）情形，則更增加暴力犯罪風險（姬健梅譯，2017）。在臨床實務中，有些人的心理問題是因為生理症狀所引起，並不是單純的心理或社會問題（Morriso, 1997）；有些人的外表看起來與正常人無異，但是行為表現可能讓人感覺有些怪異，不容易馬上被評估是否為常見的精神疾患，需要透過進一步的診斷來加以確認，如人格障礙（personality disorder, PD）。

在社會工作實務裡，精神醫療社會工作和醫務社會工作有較多的機會接觸到病患，尤其精神醫療社工是以精神障礙者及其家屬為工作對象。雖然在一般社工實務中，接觸精神障礙者的機會並不多，但社會工作者仍須具備精神與心理評估技術，以進行完整的社心評估。本章介紹精神疾患的思覺失調症（schizophrenia）及人格障礙類型與犯罪的關係、精神障礙在法庭上的抗辯理由，以及對犯罪者之精神、心理、社會之鑑定評估相關的司法精神鑑定（forensic psychiatric evaluation）、司法心理鑑定（forensic psychological evaluation），和量刑前社會調查（pre-sentence investigation）。

第一節 思覺失調症與犯罪的關係

壹、思覺失調症的症狀

思覺失調症為美國精神醫學會（American Psychiatric Association, APA）出版的《精神疾病診斷與統計手冊》（*Diagnostic and Statistics Manual of Mental Disorders,* DSM）中的第一軸向之臨床疾患。第二軸向包括人格障礙及智能障礙（mental retardation/intellectual disability）等兩種型態，第三軸向為一般的醫學狀況，如身體與生理的疾病，第四軸向為心理社會及環境的適應問題，第五軸向為就以上四個軸向的整體功能進行評估，從1～100分評估患者狀態，不過該診斷手冊的第五版已經不採用多軸向診斷系統。

依據《精神疾病診斷與統計手冊》第五版（DSM-5）對思覺失調症的診斷標準為：在一個月內出現以下至少下列二項或以上的症狀，且這些症狀已經造成個人在工作、學業、生活、人際關係或自我照顧等面向的障礙與困擾（孔繁鐘、孔繁錦編譯，1998；台灣精神醫學會譯，2014）：

1.妄想，如被害妄想、關係妄想等。

2.幻覺，如視、聽、觸、嗅、味幻覺。

3.解構的語言，如語無倫次、離題、邏輯不連貫。

4.整體而言混亂或僵直的行為。

5.負性症狀，如減少情感表達或動機降低。

妄想、幻覺、解構的語言、混亂或僵直的行為，都是屬於正性症狀，是一般人於常態時不會出現的症狀。一般人都會有隨著情境與心情狀態的情感表達，但是思覺失調症患者的情感表現卻不足夠，缺乏情感，沒有愉悅感，如在應該高興或傷心時，他們的情感表露是貧乏的，顯現不出開心、悲傷的表情，此為負性症狀。

貳、思覺失調症與犯罪

英國國務院在 1989 年的一項研究顯示，約有 30～40%的謀殺犯有精神疾病，另一項在 1984 年的倫敦監獄的研究，有三分之一的謀殺犯有精神疾病，其中 9.3%為思覺失調症患者，而在其他的研究也發現，在所有思覺失調症患者中，有嚴重暴力危險者約占 0.05%，且多是對家人或熟識者暴力或對己的自傷行為，而發生暴力當時，多是在疾病的急性活動期（Bonta & Andrews, 2016）。這些數據可知涉及傷害、殺人之刑事犯罪者，並非皆是精神疾患者，而是當疾病處在不穩定的急性活動期，又缺乏家庭與社會資源的支持與外在控制時，才有可能因為疾病症狀，如妄想或幻覺的影響，而出現暴力。

思覺失調症患者經常深受幻覺、妄想所苦，需要治療與協助。為了解涉及暴力、謀殺案件被告的犯行原因，是否因為疾病的症狀所使然，此常為精神鑑定的原因。

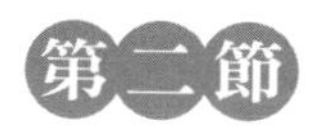

第二節 人格障礙與犯罪的關係

壹、人格障礙的類型

人格障礙為《精神疾病診斷與統計手冊》的第二軸向，分為 A、B、C 三群的十種人格障礙。所謂人格障礙，係指內在經驗與行為偏離文化所期待的持久模式，表現在認知、情感、人際功能、衝動控制等方面，此模式普遍且缺乏彈性，通常發生在青少年期或成年初期，時間持續且造成在工作、生活、人際的痛苦及功能減損（孔繁鐘、孔繁錦編譯，1998；台灣精神醫學會譯，2014）。

一、A 群人格障礙（cluster A personality disorders）

以古怪及孤僻為共同特徵，依其個別特徵而分為三種類型：以不信任且懷疑他人為主特徵的「妄想型人格障礙」（paranoid personality disorder）；以人際疏離為主特徵的「孤僻型人格障礙」（schizoid personality disorder）；以怪異思考與古怪行為為主特徵的「思覺失調型人格障礙」（schizotypal personality disorder）。此類型人格障礙可藉由精神科的藥物治療，控制其病況。

二、B 群人格障礙（cluster B personality disorders）

以情緒起伏過大為共同特徵，依其個別特徵而分為四種：以有一連串反社會行為或犯罪行為為主特徵的「反社會型人格障礙」（antisocial personality disorder）；以常造成人際關係緊繃為主特徵的「邊緣型人格障礙」（borderline personality disorder）；以過度尋求他人注意為主特徵的「做作型／戲劇型人格障礙」（histrionic personality disorder）；以過度自誇為主特徵的「自戀型人格障礙」（narcissistic personality disorder）等四型。這類型障礙無法由藥物加以改善，需藉由心理諮商與治療予以協助。

三、C 群人格障礙（cluster C personality disorders）

以焦慮或害怕為共同特徵，依其個別特徵而分三種：以過度畏避為主特徵的「畏避型人格障礙」（avoidant personality disorder）；以太過依賴他人為主特徵的「依賴型人格障礙」（dependent personality disorder）；以過度專注完美及次序為主特徵的「強迫型人格障礙」（obsessive-compulsive personality disorder）等三類型。這類型障礙者可藉由抗焦慮劑、抗憂鬱劑等藥物來減輕其症狀，但還是要藉由心理諮商與治療來加以改善。

上述三群人格障礙中，A 群的妄想型人格障礙常會談論暴力但通常不會有暴力行為，但在臨床上較有短期暴力或自殺行為的風險；A 群的孤僻型、思覺失調型人格障礙及 C 群人格障礙較不危險，但當其生氣、憂鬱或

伴隨有第一軸向的生理疾病時，即可能會發生暴力或自殺行為。暴力行為常發生在B群人格障礙，通常表現出戲劇性、情緒化與缺乏規律等行為特徵（Tardiff, 2001）。

貳、常見人格障礙與犯罪

一、反社會型人格障礙

依據《精神疾病診斷與統計手冊》第五版（DSM-5）的診斷標準為：當事人至少年滿十八歲，在十五歲之前即有行為規範障礙症（conduct disorder）[1]，基本特質是對他人權益不尊重及侵犯的一種廣泛行為模式，符合以下三項，或三項以上（孔繁鐘、孔繁錦編譯，1998；台灣精神醫學會譯，2014）：

1. 無法遵守社會規範及守法，經常遊走於法律邊緣。

2. 為個人私利或樂趣而詐欺，如：一再說謊、使用化名、欺騙愚弄他人。

3. 行事衝動，無法長遠規劃。

4. 易怒且好攻擊，不時與人鬥毆。

5. 行事魯莽、無視自己或他人的安危。

6. 一貫的無責任感，如無法維持工作或亂開空頭支票。

7. 缺乏良心自責，無動於衷或合理化自己對他人所造成的傷害、虐待或偷竊。

---

1 在DSM-IV原譯為「品行疾患」（conduct disorder），列在「通常初診斷於嬰兒、兒童或青少年期之疾患」，在DSM-5列於「侵擾行為、衝動控制及行為規範障礙症」。其特徵包括攻擊他人及動物、破壞財物、欺騙或偷竊、嚴重違反社會規範等四大類，總計十五項的行為（如打架、恐嚇、強暴、凌虐動物、縱火、毀損、偷竊、詐欺、逃家或逃學），在過去一年中符合三項或以上，而於出現的項目中，至少有一項是發生於過去六個月之內。

反社會型人格障礙會忽視並侵犯他人的權益，包括暴力行為。其易怒、好攻擊，對象包括兒童及配偶，發生對家人的行為即是家庭暴力。會有破壞財物、偷竊、騷擾他人等犯罪行為。具衝動性而無計畫，對自己的傷害或破壞行為並不會自責且加以合理化，反而責備被害人懦弱或愚笨，如：暴力行為是被害人自找的，或認為自己應該得到性、財物或權利。有時也會有不安全駕駛、酒後開車或進行雜亂危險的性行為。會快速做決定而不會考慮自己或他人的後果，常導致危險行為或頻換工作及關係。他們喜歡操控，通常會因善辯及表面的吸引力而讓治療人員失去治療方向（Tardiff, 2001）。

反社會型人格障礙的暴力行為源自個人的自私及缺乏良心，約有四分之三被判有罪的重刑犯符合反社會型人格的診斷標準；其常伴隨藥物濫用（drug abuse），研究顯示約有四分之三的反社會型人格障礙合併藥物濫用（張本聖、徐儷瑜、黃君瑜、古黃守廉、曾幼涵編譯，2014），衝動性與酒癮會升高暴力及自殺的風險。反社會型人格障礙者較難治療，雖然他們很危險，除非伴隨有可治療的疾病，如焦慮、憂鬱或藥物濫用，但治療的預後多半不佳（Tardiff, 2001）。

廣義來說，反社會型人格障礙與病態人格（psychopathy）可互用，主要是違反法律的行為，惟反社會型人格障礙被列入 DSM 的診斷中，但病態人格並無（張本聖等編譯，2014）。Cleckley（1976）定義病態人格著重在個人的思想與情感，偏向由先天特質而來的異常，心理病態的主要特徵是缺乏情感，沒有羞恥感，所表現出來對他人看似正面的情緒其實是裝腔作勢；因為缺乏焦慮感，故難以從錯誤中學習；因缺乏悔意而導致不負責任的行為，以殘忍方式對待他人，其以衝動方式表現反社會行為的目的是為了興奮或特定目的（張本聖等編譯，2014）。病態人格是比反社會型人格更為棘手的人格障礙類型，在臨床上難以治療處遇。

二、邊緣型人格障礙

邊緣型人格障礙的盛行率大約是 1%～2%（Paris, 1999），由於不穩定

的情緒特質，需要持久的治療關係與過程，一直是心理學研究中關注的焦點。本診斷是在 1980 年納入 DSM-III 中，精神科醫師長期以來使用「邊緣」（borderline）這個名稱，是用以表示搖擺於嚴重的精神官能症特質與精神病發作之間的患者（曾慧敏、劉約蘭、盧麗鈴譯，2001）。邊緣型人格者在DSM-5 的診斷標準為：自成年期早期開始的一種廣泛模式，對人際關係、自我形象、情感表現極為不穩定，且非常容易有衝動行為，表現下列各項中的五項，或五項以上（孔繁鐘、孔繁錦編譯，1998；台灣精神醫學會譯，2014）：

1. 瘋狂地努力逃避真實或想像中的被拋棄。（不包含診斷準則 5 的自殺或自傷行為。）

2. 不穩定且強烈的人際關係模式，特徵為在「理想化」及「貶抑」兩個極端之間轉換。

3. 認同障礙：自我形象或自我感顯著持續的不穩定。

4. 至少有兩方面潛在自我傷害的衝動行為（如：過度花費、性氾濫、物質濫用、危險駕駛或暴食）。（不包含診斷準則5的自殺或自傷行為。）

5. 一再的自殺行為、姿態、威脅或自傷行為。

6. 心情常過度反應而情感表現不穩定（如：強烈陣發性的心情惡劣、易怒或焦慮，通常持續數小時，很少超過幾天）。

7. 長期感到空虛。

8. 不適當且強烈的憤怒，或對憤怒難以控制（如：時常發脾氣、總是發怒、一再地肢體衝突）。

9. 暫時的與壓力源相關聯的妄想意念或嚴重的解離症狀。

被診斷為邊緣型人格障礙者中，曾遭遇身體虐待、性虐待、口語暴力、疏忽者約占 60～80%（Gabbard, 1996），其中約有 84%是遭受親生父母的虐待或疏忽（Zanarini, Frankenburg, Reich, Marino, Lewis, Williams, & Khera, 2000）、67%～86% 遭受性虐待（Bryer, Nelson, Miller, & Krol, 1987）、71% 遭受身體虐待（Herman, Perry, & van der Kolk, 1989）。Paris（1994）即指出

童年時期的經驗顯著影響到日後邊緣型人格障礙的發生，包括：創傷（trauma），如性虐待、身體與口語暴力；早期的分離或失落 （early separation or loss）、病態的親子關係（abnormal parenting）。

Linehan（1993）提出邊緣型人格障礙症的「素質－壓力理論」（diathesis-stress theory），指出當一個人因為生物因素無法控制自己的情緒，且長期成長於不被認可的家庭中，則容易發展為邊緣型人格障礙。在不被認可的環境中會忽略且不尊重個人的感受，個人想表達情感卻受到忽視，甚至遭受處罰，其中不被認可的極端情形即是兒童虐待。當孩子的情緒調解不良又不被父母認可，被忽視或處罰，使得孩子壓抑情緒，當累積到爆發而引起父母關注，兩者相互影響，孩子就在不斷的情緒失調與不被認可的情境下反覆循環（張本聖等編譯，2014）。

不穩定是邊緣型人格障礙的關鍵特徵，包括情緒、自我概念、人際關係的不穩定，而發展出衝動的自傷行為傾向（曾慧敏等譯，2001）。Linehan（1993）指出邊緣型人格在情緒、人際、行為、認知及自我功能上失調，並顯現出空虛與絕望、破壞性的關係、衝動、非善即惡的思考（以「全好」或「全壞」的觀點看待自己與他人，且常在這兩種觀點之間搖擺不定）、低自尊。Tardiff（2001）指出邊緣型人格障礙者會因為被拒絕而發狂，其與照顧者或親密伴侶間有強烈的關係，期望這些人能保護他或拯救他，但當這些人不符合其不切實際的期望時，即會有發怒、口語或身體暴力、自殺或其他的自傷行為。生氣是邊緣型人格主要的情緒反應及組成核心，如長期感覺空虛或情緒的迅速轉換，從焦慮到憂鬱到生氣發怒；也因其認同上的阻礙及自我的缺陷而強烈地需要照顧者、親密伴侶或其他人的關係（Tardiff, 2001）。

邊緣型人格障礙者的暴力及自殺行為會因其他因素而惡化，衝動者會嚴重造成暴力、自殺行為或其他自傷行為，大約 10%會有自殺危機，隨著酒精或藥物濫用而升高自殺危機，在成人期則會升高暴力行為（Tardiff, 2001）。反社會型及邊緣型人格障礙者的特徵在於操控及危險行為，反社會型人格障礙者會運用衝動獲取利益、權利或物質，邊緣型人格障礙者在

感受到被拒絕時，會表現憤怒、以操控獲取照顧者及親密伴侶的關心；這兩種障礙者均同樣缺乏自責，並漠視暴力或危險行為對他人所造成的傷害（Tardiff, 2001）。反社會型人格障礙者為對於社會規範的挑戰與違犯，邊緣型人格障礙者為對人際關係與人我界限的挑戰。

三、做作型／戲劇型人格障礙

做作型／戲劇型人格障礙者在DSM-5的診斷標準為：自成年期早期開始的一種廣泛模式，過度情緒化及尋求他人注意的普遍行為型態，表現符合以下五項，或五項以上之特質（孔繁鐘、孔繁錦編譯，1998；台灣精神醫學會譯，2014）：

1. 當處於自己不是外界注意的焦點時會感到不舒服。
2. 時常以不恰當的性誘惑或性挑逗的方式與他人交往。
3. 展現快速轉變和膚淺表現的情緒。
4. 利用自己的身體外觀來吸引他人注意。
5. 說話風格過度空泛，缺少細節。
6. 情緒表達顯露自我誇示、戲劇化和過度誇張。
7. 易受暗示（如：容易受他人或外在情境所影響）。
8. 自認為有高於實際狀況的人際關係親密程度（不怎麼親密的關係，卻被視為很親密）。

上列診斷準則顯示做作型人格障礙者普遍過度情緒化與尋求被注意，若未成為焦點則會很不舒服，他們會透過戲劇化、狂熱及調情的行為而尋求被注意。Tardiff（2001）指出做作型／戲劇型人格障礙者為展現性勾引而很重視外表、穿著及打扮；充滿戲劇性的言語，但沒有內容，且常會抱怨有許多身體疾病以吸引照顧者、家人、朋友的注意，當尋求注意失敗時，會變得生氣或想要自殺。其企圖暴力或自殺的行為，是為了要讓自己成為注意的焦點，同時也在懲罰那些未令其成為注意焦點的人；而若其伴隨著憂鬱情緒，則可能會有較嚴重的自殺意圖（Tardiff, 2001）。

反社會型人格障礙者與做作型／戲劇型人格障礙者同樣都有衝動性、淺薄性、生氣及操控性，但做作型／戲劇型人格障礙者有較過度的情緒表現；邊緣型人格障礙者與做作型／戲劇型人格障礙者均尋求他人注意，且情緒轉變很快，惟邊緣型人格障礙者有較頻繁及較嚴重的自殺與暴力行為（Tardiff, 2001）。

四、自戀型人格障礙

依據DSM-5的定義，診斷標準為：從成年期初期起，在各種不同情境下表現的一種廣泛模式，幻想或行為上的誇大、需要被人讚賞、缺乏同理心，表現出符合以下五項，或五項以上的特點（孔繁鐘、孔繁錦編譯，1998；台灣精神醫學會譯，2014）：

1. 對自我重要性的自大感（如：誇大成就與才能、在沒有相稱的情況下期待被認為優越）。
2. 專注於無止境的成功、權力、顯赫、美貌或理想的愛情等幻想中。
3. 相信自己特殊而唯一，僅能被其他特殊或居高位者所了解，或應與之相關聯。
4. 需要過度的讚美。
5. 強調頭銜、自命特權（如：不合理的期待自己擁有特殊待遇，或別人會自動順從自己的意願）。
6. 人際關係上剝削他人（如：占別人便宜以達到自己的目的）。
7. 缺乏同理心，不願辨識或體會他人的感受與需求。
8. 時常妒忌別人，或認為別人妒忌著自己。
9. 顯現自大、傲慢的行為或態度。

自戀型人格障礙者極度需要被注意，且會高估自己的成就及能力，若未受到他人的尊崇，則會感到很驚訝或生氣，認為自己只與高官或特殊人物（如臨床人員、律師或其他知名單位）有關係。自戀型人格障礙者的自尊很脆弱，需要他人的讚美，且會認為被讚美是其應得的權利。研究顯示，

自戀型人格障礙者的幼年，多半接受到來自於父母的情緒冷漠及過度強調孩子的天賦能力與成就（張本聖等編譯，2014）。

自戀型人格障礙者的暴力行為有兩種形式：一種是因為自覺未能得到應有的讚美、注意或尊敬而生氣，而可能會轉為口語或身體暴力；另一種則是較為嚴重的邪惡型自戀（malignant narcissism），具有攻擊及妄想，其暴力是有目的性的，可能是為了政治、性或其他目的，這些人可能是為獲得性滿足而殺人、為金錢或為報復而殺害父母或家人，也可能是具有能力的權力者，位居政府機關或犯罪組織的高層，或是集體屠殺的殘忍政治領導者、犯罪組織的殺人者（Tardiff, 2001）。

五、妄想型人格障礙

依據DSM-5的診斷標準為：從成年期初期開始，在各種情境下呈現對他人不信任或懷疑的普遍行為型態，認為別人都是惡意的，表現符合以下四項，或四項以上（孔繁鐘、孔繁錦編譯，1998；台灣精神醫學會譯，2014）。

1. 在沒有充分的證據下，懷疑他人都在利用、傷害或欺騙自己。
2. 毫無憑據地懷疑朋友或同伴的忠誠及可信度。
3. 因懷疑別人會運用訊息來傷害他，而拒絕信賴他人。
4. 在別人善意的舉動或言語中解讀出貶抑或威脅。
5. 時時懷恨在心（如：無法寬恕別人對自己的侮辱、傷害或輕蔑）。
6. 別人無意，卻自覺人格或名譽被侮辱，因而急速憤怒回應或反擊。
7. 反覆不合理的懷疑配偶或性伴侶的忠誠。

妄想型人格障礙者普遍不信任且懷疑他人，懷疑朋友的忠心，對他人的動機常解釋為具傷害性。在沒有證據的支持下，總認為別人想利用、傷害或欺騙他，對於他人所給予的正向回饋多半解讀為是威脅。

妄想型人格障礙者若認為別人要傷害他，心中會有怨恨、敵意的感受，而會以羞辱、威脅、訴訟的方式對抗那些讓他覺得是會傷害他的人。他們通常不會使用暴力，但是一旦採取暴力行為的話，則會一發不可收拾，如集體謀殺。若是在親密關係間存有妄想想法，則可能會有暴力行為，為了要避免被背叛，會想要持續控制親密關係，如懷疑配偶或伴侶的意圖或忠誠，並監控其行動，且會蒐集證據去支持自己的懷疑，如此則會造成對親密伴侶的爭執或身體暴力（Tardiff, 2001）。

 精神障礙犯罪的抗辯

壹、以心神喪失抗辯（insanity defense）

心神喪失（insanity）或譯為心智失常，是一個法律名詞，而非心理學名詞；若為心神喪失並不表示就得到精神疾病診斷準則上的疾病（杜仲傑、沈永正、楊大和、饒怡君、吳幸宜譯，2002）。在司法體系講究是非的觀念，個人的犯罪行為理當接受法律制裁，除非個人有特殊原因而不必負責，如未成年人；若是有減輕罪行的條件，不用為其犯行負責，那麼一定是有某些原因使其無須負擔其罪行（杜仲傑等譯，2002），而這也就是心神喪失可能會被罪犯作為在法律上抗辯的一個原因。二十世紀初期，美國知名律師克拉倫斯・丹諾（Clarence Darrow）為李查・婁柏（Richard Loeb）與納森・利奧波德（Nathan Leopold）這兩位犯下綁架殺童的青少年犯的抗辯中，即以心神喪失為抗辯理由之一[2]（郭豫珍，2008；簡貞貞譯，1999）。

歐美等國家在以心神喪失抗辯的法律判決上，自十九世紀以來，已發展出幾個法則，以下簡介歐美對於以心神喪失作為抗辯的數個準則。

2　本案為美國二十世紀初丹諾律師執業生涯中的重要辯護案「婁柏—利奧波德案」，詳見《丹諾自傳》（簡貞貞譯，1999）。

一、不可抗拒的衝動

不可抗拒的衝動（irresistible impulse）是在 1834 年時，美國俄亥俄州的案例所成立的概念，即病態的衝動性或驅力，致使個人無法控制其行為而犯下罪行，則心神喪失的抗辯是合法的（唐子俊等譯，2011）。

二、麥諾頓法則

在 1724 年時，英國的法庭即主張：假如一個人不知道自己的所作所為，並與一隻狂暴的野獸無異時，就不需要為其行為負責；不過現代的法律責任認定標準，主要是根據 1843 年的麥諾頓判決（M'Naghten decision）（曾慧敏等譯，2001）。

1804 年時，蘇格蘭人麥諾頓（Daniel M'Naghten）因罹患妄想症，認為遭到英國首相的迫害，因而企圖刺殺首相，但是卻誤殺了首相的祕書。在接受法庭審判時，法庭基於麥諾頓聽到上帝告訴他要去刺殺首相的聲音之心神喪失的理由，而判他不需為其行為負責，而送到精神病院終身監禁。然而，當時維多利亞女王對這項判決甚為不悅，要求重新檢視這項判決，但原判決仍獲得支持，心神喪失的法律定義亦納入書面條文（引自曾慧敏等譯，2001：771）。直到 1843 年的麥諾頓判決成立之後，即建立所謂的麥諾頓法則（M'Naghten Rule），主要原則為（Moran, 1985）：

1. 凡是沒有證據證明其為精神障礙，則推定其神智清醒。

2. 對於受到刑事指控的人來說，以下情況可為辯護理由：由於精神疾病，使其在缺乏理智的情況下活動，而不了解自己行為的性質和特徵；或是即使知道自己行為的性質和特徵，也不知道自己的行為是錯誤的。

3. 精神障礙的抗辯，必須具備三個要素：第一，被告在行為當時，必須缺乏健全的精神；第二，這種欠缺必須由精神疾病所引起；第三，這種欠缺的結果必須是被告不知道其行為的性質，或不知道他的行為是違法的。

4. 舉證責任由被告負擔證明（Dix, 1981）。

麥諾頓法則是很嚴謹的，亦沿用至美國，不過因其未關注到某些可能會知道自己的行為是錯的，但是卻無法控制自己的行為者，因此在美國的某些州會將「不可抗拒的衝動」條文增列至州法令中（杜仲傑等譯，2002；曾慧敏等譯，2001）。

三、杜漢法則

繼麥諾頓法則之後，美國在1954年的*Durham v. United States*案例，即為後來的杜漢法則（Durham Rule），有更深遠的影響。這是發生在1951年，居住於華盛頓的杜漢（Monte Durham）被控告闖入他人私宅。他也以心神喪失抗辯，但是法官並不允許，因其狀況不符合麥諾頓法則，故被判有罪（杜仲傑等譯，2002：716）。在這個判例中，主要的決定因子為：犯罪行為是否因精神疾病所造成，而這個判例也反映了醫療模式對法律判決的影響。

杜漢法則比麥諾頓法則更寬廣些，但是在現實上很難應用；因心理疾病與心理缺陷的定義不清楚，也很可能被過度解釋（杜仲傑等譯，2002）。

四、美國法律學院法則

另一種用來判斷心智喪失的法則為美國法律學院法則（American Law Institute Rule, ALE Rule，簡稱阿里法則），這是由一群反對麥諾頓法則與杜漢法則的人所提出，其要旨為：一個人如果在犯行當時是由於心理疾病或缺陷的結果，而缺乏實質能力去察知罪行（是非）的能力，或是使自己行為符合法律規範的能力，則不必為其刑責負責（杜仲傑等譯，2002；曾慧敏等譯，2001）。這個法則闡釋並定義心理疾病或缺陷是一種思考或情緒的狀況，在此情況下「行為的控制力」是有障礙的，此法則目前已在美國被廣泛使用（引自杜仲傑等譯，2002）。

五、有罪，但有精神疾病

從1883至1964年，英國的法院漸漸傾向將心神喪失犯罪判決為有罪，

亦即「心神喪失但有精神疾病（有罪但亦有心理疾病）」（guilty but mentally ill, GBMI）的判決。在美國，1975 年最初由密西根州開始採用，自 2000 年起陸續有 20 州採用之（曾慧敏等譯，2001）。

六、《心神喪失辯護改革法案》

1980 年代，美國逐漸致力於釐清心神喪失的法律抗辯。在 1981 年 3 月，發生辛克萊（John Hinckley Jr.）刺殺美國總統雷根而被起訴的案例，但最後以「心神喪失而判無罪」（not guilty by reason of insanity, NGRI），引起重大的反彈（唐子俊等譯，2011）。在這種判決中，犯罪者雖被判無罪而不必接受刑罰，是無罪開釋的特殊情形，但卻必須監禁在精神醫療機構，直到他的精神狀態恢復正常到足以釋放為止。事實上，許多人在司法精神醫院所待的時間，遠比他們被判決服刑的期間還要長（唐子俊等譯，2011；張本聖等編譯，2014）。

因為辛克萊案所帶來的壓力與效應，美國在 1984 年於聯邦層級針對心神喪失抗辯頒布《心神喪失辯護改革法案》，提出數項令使用心神喪失無罪抗辯困難度提高的條款，如：排除美國法律學院法則的不可抗拒之衝動、將缺乏實質能力鑑別改為無法鑑別、精神疾病或心智缺陷必須是重度、將舉證責任由檢方轉移到被告、被告可以在精神病院住院後獲釋等（唐子俊等譯，2011）。

有關心神喪失的標準整理如表 3-1，以了解心神喪失抗辯在法律上所建立法則的歷史演進。

表 3-1　心神喪失的標準

年代	法則	特徵
1834 年	不可抗拒的衝動	病態的衝動或驅力使個人無法控制，迫使其犯下罪行。
1843 年	麥諾頓法則	犯罪當時，被告因嚴重混亂而不知道自己當時正在做什麼，或不知道自己所做的事是錯的。
1954 年	杜漢法則	被告之犯行是否為心理疾病或心理缺陷所引起。
1962 年	美國法律學院法則（阿里法則）	1. 被告之犯行是否因心理疾病或心理缺陷所引起，而使其缺乏實質能力了解行為的不當或使自己的行為符合法律的要求。 2. 精神疾病或心理缺陷，不包括重複的犯罪或其他反社會行為。
1975 年	有罪，但有精神疾病	犯罪行為在法律上被判定有罪，因此即使當事人有嚴重精神疾病，也能對其犯行負起道德及法律上的責任。但也因此當事人應在監獄醫院或其他適合的機構接受精神疾病治療，而不是在一般的監獄內接受處罰。
1984 年	《心神喪失辯護改革法案》	1. 犯罪行為是因為嚴重的精神疾病或心理缺陷，致無法了解罪行的本質。 2. 提出證據的責任由檢方轉到辯方，辯方必須證明當事人心神喪失。 3. 若被判定不再有危險性且精神疾病復原，可由司法或自監獄醫院中釋放，但這可能比被判有罪監禁更長的時間。

資料來源：參考唐子俊等譯（2011：754）；增修自張本聖等編譯（2014：747）。

貳、行為能力與責任能力

一、行為能力

《民法》規範人的權利能力為：享受權利，負擔義務之能力。《民法》第 6 條：「人之權利能力，始於出生，終於死亡。」及第 16 條：「權利能力及行為能力，不得拋棄。」

行為能力是指個人得以自己的意思表示，使其行為發生法律上效果的能力。《民法》第 13 條：「未滿七歲之未成年人，無行為能力。滿七歲以

上之未成年人，有限制行為能力。未成年人已結婚者，有行為能力。」第12條：「滿十八歲為成年。」第14條第一項：「對於因精神障礙或其他心智缺陷，致不能為意思表示或受意思表示，或不能辨識其意思表示之效果者，法院得因本人、配偶、四親等內之親屬、最近一年有同居事實之其他親屬、檢察官、主管機關或社會福利機構之聲請，為監護之宣告。」第15條：「受監護宣告之人，無行為能力。」

從上述法規，可以將人的行為能力歸納為以下三種情形：

1. **完全行為能力**：年滿十八歲以上的成年人。
2. **限制行為能力**：年滿七歲以上之未成年人。
3. **無行為能力人**：未滿七歲之未成年人，及受監護宣告者。

另外，識別能力係指對於事務有正常認識及預見其行為能發生法律效果的能力，相當於構成行為能力基礎的意思能力。《民法》第187條第一項：「無行為能力人或限制行為能力人，不法侵害他人之權利者，以行為時有識別能力為限，與其法定代理人連帶負損害賠償責任。行為時無識別能力者，由其法定代理人負損害賠償責任。」

二、責任能力

責任能力係指生理、精神健全發育，能夠理解行為的社會義務而決定實行，足以使其分擔刑罰制裁之能力，亦即違反法律而應負責的能力。

《刑法》第18條：「未滿十四歲人之行為，不罰。十四歲以上未滿十八歲人之行為，得減輕其刑。滿八十歲人之行為，得減輕其刑。」第19條以精神狀態界定的責任能力：「行為時因精神障礙或其他心智缺陷，致不能辨識其行為違法或欠缺依其辨識而行為之能力者，不罰。行為時因前項之原因，致其辨識行為違法或依其辨識而行為之能力，顯著減低者，得減輕其刑。」及第20條以生理狀態界定的責任能力：「瘖啞人之行為，得減輕其刑。」

由上述法規，可將責任能力區分為下列三種情形：

1. **完全責任能力**：年滿十八歲，精神狀態正常而無瘖啞情形者，為完全責任能力者。

2. **減輕責任能力**：十四歲以上未滿十八歲之人、滿八十歲之人、瘖啞人，以及因精神障礙或心智缺陷致辨識行為違法，或依其辨識而行為之能力顯著降低者（為舊法之精神耗弱）。

3. **無責任能力**：未滿十四歲之人、因精神障礙或心智缺陷致不能辨識行為違法或欠缺依其辨識而行為之能力者（為舊法之心神喪失）。

除了《刑法》第19條之無責任能力或減輕責任能力是依據精神狀態，及第20條瘖啞人的減輕責任能力是以生理狀態界定之外，其餘均以生理年齡為界定責任能力標準。而是否符合精神狀態的無責任能力或減輕責任能力標準，須透過精神鑑定提供專業意見，協助法官衡酌之。

參、精神鑑定

一、精神鑑定的定義

精神鑑定為司法精神醫學（forensic psychiatry）之一環，司法精神醫學在研究任何涉及法律與精神醫學間之問題的醫學，為醫學之次專科（林信男，2002）。德國司法心理學家Saimeh指出，狹義來說，司法精神醫學是針對犯罪行為人的精神鑑定和治療，主要在將患病而不具有責任能力的罪犯及健康而具有責任能力的罪犯區分開來，廣義來說，也包括涉及民法與社會法精神醫學問題（姬健梅譯，2017）。

二、精神鑑定的範圍

精神科醫師的精神鑑定範圍包括：(1)刑事領域方面為鑑定責任能力、受刑能力及訴訟能力、作證能力；(2)民事領域方面為鑑定行為能力、受監護宣告或是受領精神慰問金等；(3)行政領域方面主要是依據《精神衛生法》對於精神障礙之社區、住院、治療等之強制鑑定及身心障礙鑑定等。

另如《法醫師法》第13條規範法醫師之執業項目：「法醫師之執業項目如下：一、人身法醫鑑定。二、創傷法醫鑑定。專科法醫師之執業項目如下：一、性侵害法醫鑑定。二、兒童虐待法醫鑑定。三、懷孕、流產之法醫鑑定。四、牙科法醫鑑定。五、精神法醫鑑定。六、親子血緣法醫鑑定。七、其他經主管機關指定之法醫鑑定業務。」

三、精神鑑定的法源

以涉及犯罪行為之刑事案件來說，多是鑑定被告的精神狀態，包括責任能力、訴訟能力、受刑能力，以責任能力最常見（吳文正，2010），即鑑定其是否符合刑法第19條之情形。其他需要鑑定被告以外的精神狀態情形者，以《刑法》第222條第一項第三款及第225條之妨害性自主罪的犯罪被害人，如：「對精神、身體障礙或其他心智缺陷之人犯之者」、「對於男女利用其精神、身體障礙、心智缺陷或其他相類之情形，不能或不知抗拒」，以及刑法第341條之詐欺犯的被害人「意圖為自己或第三人不法之所有，乘未滿十八歲人之知慮淺薄，或乘人精神障礙、心智缺陷而致其辨識能力顯有不足或其他相類之情形」（吳文正，2010）。此外，《刑事訴訟法》第186條第一項第二款亦規定對證人之證言能力的鑑定：「證人應命具結。但有下列情形之一者，不得令其具結：一、未滿十六歲者。二、因精神障礙，不解具結意義及效果者。」

四、實施鑑定的團隊成員

實施精神鑑定的專業人員除了醫師之外，隨著其他醫事專業人員法規的立法，在專業分工及多元角度評估的趨勢下，相關專業人員亦為鑑定團隊成員之一。如《護理人員法》第24條第一項第一款規範護理人員的業務包括「健康問題之護理評估」；《心理師法》第13條第一、二款規範臨床心理師業務有「一般心理狀態與功能之心理衡鑑」及「精神病或腦部心智功能之心理衡鑑」，第14條第一款規定諮商心理師的業務為「一般心理狀態與功能之心理衡鑑」；《職能治療師法》第12條第一款規範的業務範圍之一為「職能治療評估」。此外，《社會工作師法》第 12 條第一款「行為、社會關係、婚姻、家庭、社會適應等問題之社會暨心理評估與處置」，雖然社會工作者並未被歸為醫事人員之一，但是在醫務領域的社會工作者亦要參與鑑定業務，對當事人及其家庭、社會環境關係進行社會心理評估，提供生理與心理以外之家庭與社會關係的評估內容。

在合格的精神醫療專科醫院所完成的精神鑑定是由精神醫療團隊共同完成，包括：精神科醫師、護理師、心理師、社工師、職能治療師等成員。鑑定報告內容包括：生理檢查（含血液、尿液等常規的身體檢查、理學檢查、腦波等）、智力測驗、心理測驗、家庭與社會關係評估等，綜合上述檢查、施測、觀察、會談等之資料做出精神鑑定報告。

五、鑑定地點與時間

依據《刑事訴訟法》第 203 條：「審判長、受命法官或檢察官於必要時，得使鑑定人於法院外為鑑定。前項情形，得將關於鑑定之物，交付鑑定人。因鑑定被告心神或身體之必要，得預定七日以下之期間，將被告送入醫院或其他適當之處所。」可知鑑定得在法庭外為之，並得將鑑定之物交付鑑定人。例如：心理師接受法院轉來之鑑定案，在進行鑑定之前，會收到法院交付案件的所有卷證相關資料，之後再與被鑑定人約定鑑定時間及地點，完成會談、觀察、測驗等鑑定過程並做出鑑定報告。而在醫院的精神鑑定地點以門診為主，少數特別案例需要較長時間的觀察而以住院期間進行鑑定，如詐病案例就需要住院長時間的觀察（吳文正，2010）；惟住院觀察進行鑑定需要長時間的戒護，司法機關通常會因為擔心被告逃脫，而甚少以住院鑑定。

一般進行鑑定的時間多半是在偵查及審判階段居多，司法官依據案件起訴或審判的需要而委託醫療機構或專業鑑定人。但是，若在審判階段被告有心神喪失情形則停止審判，依據《刑事訴訟法》第 294 條第一、二項：「被告心神喪失者，應於其回復以前停止審判。被告因疾病不能到庭者，應於其能到庭以前停止審判。」其他特別情形為在執行階段，如受死刑諭

知者在心神喪失中，則停止執行，如《刑事訴訟法》第465條第一項：「受死刑之諭知者，如在心神喪失中，由司法行政最高機關命令停止執行。」及《刑事訴訟法》第467條第一款：「受徒刑或拘役之諭知而有左列情形之一者，依檢察官之指揮，於其痊癒或該事故消滅前，停止執行：一、心神喪失者。……」

六、涉及鑑定被告行為當時精神狀態的爭議

法院委託的精神鑑定多半希望醫院提供被告在犯行當時的精神狀態，然從美國2004年《聯邦證據法則》（Federal Rule of Evidence, FRE）第七章的「意見與專家證言」第704條（a）款之最終爭點意見為：「以意見或推論所為之證言，除了有本條（b）款之情形外，不得因其含有應由陪審團所做決定之最終爭點而異議。」同條（b）款：「在刑事案件中之專家證人對於涉及被告精神狀態或條件作證時，不得對被告犯罪或抗辯相關之精神狀態或條件是否該當提出意見或推論。此種最終爭點僅屬陪審團之職權。」（陳昇融，2004；引自吳文正，2010）顯見專家證人／鑑定人的角色與功能在提供專業上的見解予法院判決之參酌，最終的判決仍在於法官與陪審團之職權。這是在1984年間，因為辛克萊刺殺雷根總統案件，其以心神喪失抗辯而被判無罪之後所增訂之條款。我國之鑑定人所提供的精神鑑定亦如此，當面臨爭議時，仍回歸到由法院審酌裁判。

然而，在實務上有時單憑一份鑑定報告，法院仍未能做出明確的裁判，尤其是在重大刑案時。此時，則應再另找專家進行鑑定報告，若是第二份鑑定報告仍未能令法官有所依恃，則再找另一位專家鑑定之，再透過委員會的機制進行對鑑定報告的審核，此可參考加拿大之司法審核委員會（Review Board）的方式。加拿大曾經發生過某精神病患（Winko）因為被鑑定為精神失能者（mental disability），其對於被鑑定的專業性提出抗辯，質疑鑑定的可信度。加拿大因此通過一項《精神疾患法案》（Part XX.1 of Criminal Code of Canada, titled "Mental Disorder"），此為提供司法精神體系指引的詳細法案，之後也據此成立司法審核委員會，為一超然審核精神鑑定的機制；

規定各省在遇到申請精神鑑定審核時，應組成司法精神醫學鑑定審議委員會，組成者至少五人，其中一人為精神科醫師，另一人為有執照的心理師或醫師，主席為律師（Carver & Langlois-Klassen, 2006）。加拿大在該案例之後，成立司法審核委員會審酌各精神鑑定報告，更進一步審核專業鑑定報告書，為案件中當事人的權益做更嚴謹的把關。

他山之石，可以攻錯，我國未來之精神鑑定，亦可建立多專業委員會的審核機制，委員成員包括精神醫學、心理學、法律、社會工作等專業，由各專業學會推薦委員人選。當遇不同的鑑定報告結果有不同見解時，透過委員會的審核機制提供更為科學嚴謹的審核結果予法院參酌，以協助法官的審判。

肆、心理鑑定及量刑前社會調查

除了精神鑑定之外，心理鑑定及量刑前社會調查亦為刑事案件評估當事人心理狀態的方式。司法院於民國 107 年函訂《刑事案件量刑及定執行刑參考要點》第 5 點，將鑑定區分為精神鑑定、心理鑑定或量刑前社會調查報告，審判長依據《刑事訴訟法》第 288 條第四項就被告科刑資料進行調查時，得囑託請相關專業領域之鑑定人、醫院、學校或其他相當之機關、團體為精神鑑定、心理鑑定或量刑前社會調查報告。

一、心理鑑定

心理鑑定常見於審判階段時，法官為更能了解當事人的情狀，委託相關領域專家鑑定行為人或被害人的心理狀態。目前主要法源依據為《家庭暴力防治法》、《性侵害犯罪防治法》、《刑法》第 57 條所列各款。行為人的鑑定內容包括：犯案動機、家庭概況、精神狀況、成長史、生活史等面向，主要在鑑定行為人的再犯風險、教化可能性，並藉由相關量表的施測，評估其再犯危險性及可接受治療性。被害人的鑑定內容為心理受創傷情形、社會適應等評估，主要在了解被害人的心理及創傷情形。鑑定人透

過心理衡鑑、會談及觀察等做出鑑定結果。

二、量刑前社會調查

量刑前社會調查是基於被告之人權，了解被告之犯案動機、生命史等內容，以作為量刑之參考，也能提供教育、矯正、犯罪防治等領域在社會預防與輔導之重要依據。主要是依據《刑法》第 57 條的第四、五、六款，針對重大刑案犯罪行為人在進行量刑前就其生活狀況、品行、智識程度所做的整體性調查，通常由法官委託專家團隊進行，此團隊成員包含心理師、社工師等專業。主要就行為人及其家人、重要他人等進行訪談，通盤了解行為人的成長史、生活史、人格特質、與其犯行的關係脈絡等，其目的不在鑑定，而是透過調查與訪談了解其生命史，提供法官在審判前的參考，以為量刑的考量。

司法領域的社工人員亦參與此類之鑑定或調查實務，以下將精神鑑定、心理鑑定及量刑前社會調查之區別整理如表 3-2。

第四節 結語

本章探討精神疾患、心神喪失、責任能力及精神鑑定的概念，當涉及當事人犯行當時精神狀態的爭議時，仍回歸到法院審酌裁判。在尋求真理與發現真實的過程中，信度與效度是重要的檢測原則，當檢方與辯方對鑑定結果有不同看法時，建議再另找第二位或第三位專家鑑定人，尋求多方意見以為參酌。

表 3-2　精神鑑定、心理鑑定及量刑前社會調查

項目	精神鑑定	心理鑑定	量刑前社會調查
法律依據	《刑法》第 19 條第一、二項：「行為時因精神障礙或其他心智缺陷，致不能辨識其行為違法或欠缺依其辨識而行為之能力者，不罰。行為時因前項之原因，致其辨識行為違法或依其辨識而行為之能力，顯著減低者，得減輕其刑。」	《家庭暴力防治法》、《性侵害犯罪防治法》、《刑法》第 57 條所列各款。	《刑法》第57條第四、五、六款：「科刑時應以行為人之責任為基礎，並審酌一切情狀，尤應注意下列事項，為科刑輕重之標準：一、犯罪之動機、目的。二、犯罪時所受之刺激。三、犯罪之手段。四、犯罪行為人之生活狀況。五、犯罪行為人之品行。六、犯罪行為人之智識程度。七、犯罪行為人與被害人之關係。八、犯罪行為人違反義務之程度。九、犯罪所生之危險或損害。十、犯罪後之態度。」
鑑定對象	犯罪行為人	犯罪行為人、被害人	犯罪行為人
鑑定人員	以精神科醫師為首的精神醫學團隊，亦包含心理師、社工師等。	心理師、精神科醫師。	心理師、社工師、精神科醫師等。
鑑定內容與範圍	犯罪責任能力、犯罪當時的精神能力。多為一般刑案及重大刑案。主要訪談行為人，亦可能訪談其家人、重要他人。	當事人（行為人及被害人）的心理狀態。主要以訪談當事人為主，兼及家人或親近之友人。	針對重大刑案犯罪行為人生命史的調查，包含：成長歷程、家庭、婚姻關係、健康史、求學史、職業史、人際互動等。訪談行為人、家人及重要他人。

延伸閱讀

❖ 思覺失調症

電影：《飛越杜鵑窩》（*One Flew Over the Cuckco's Nest*）。

電影：《心靈點滴》（*Patch Adams*）。

電影：《美麗境界》（*A Beautiful Mind*）。

❖ 反社會型人格障礙／病態人格

林麗冠（譯）（2019），T. Erikson 著。《無良這種病》。臺北：時報文化。

筆鹿工作室（譯）（2015），M. E. Thomas 著。《反社會人格者的告白：善於操控人心、剝削弱點的天才》。臺北：智富文化。

瞿名晏（譯）（2016），J. Fallon 著。《天生變態：一個擁有變態大腦的天才科學家》。臺北：三采文化。

電影：《沉默的羔羊》（*The Silence of the Lambs*）。

電影：《人魔》（*Hannibal*）。

電影：《人骨拼圖》（*The Bone Collector*）。

❖ 邊緣型人格障礙

邱約文（譯）（2005），J. J. Kreisman & H. Straus 著。《愛你，想你，恨你——走進邊緣人格的世界》。臺北：心靈工坊。

電影：《女生向前走》（*Girl, Interrupted*）。

電影：《致命的吸引力》（*Fatal Attraction*）。

電影：《歡迎來到我的世界》（*Welcome to Me*）。

電影：《夢露與我的浪漫週記》（*My Week with Marilyn*）。

❖ 精神鑑定

甘鎮隴（譯）（2021），R. Taylor 著。《在成為凶手之前》。臺北：尖端。

李淑伸（譯）（2021），V. C. Shnaidman 著。《認識司法精神醫學》。臺

北：麥田。
高忠義（譯）（2020），K. Daynes 著。《一個司法心理學家的告白》。臺北：商周。
姬健梅（譯），楊添圍（審訂）（2017），N. Saimeh 著。《告訴我，你為什麼殺人：司法精神醫學專家眼中暴力犯罪者的內心世界》。臺北：臉譜。

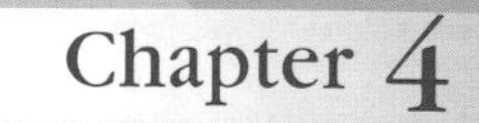

社會工作與修復式正義

修復式正義（restorative justice），亦譯為修復式司法，目前應用於司法實務。從事與司法相關業務的社會工作者，也常使用修復式概念於實務中，如家事事件的調解、家庭關係修復的應用等；或是鄉鎮調解委員會應用修復式司法於車禍案件的調解，甚至是傷害或其他刑事案件的調解等。本章介紹修復式正義的概念及其實務的研究及應用，尤其是社工人員經常接觸保護性業務的家暴及性侵害實務。

修復式正義的概念

壹、修復式正義的定義與要素

一、修復式正義的定義

修復式正義認為正義是一種調解、協商的過程，而不是一種引用法律作成片面決定的過程，其重視關係的維繫及協商，主要在回復並重建平等的社會關係，以滿足人類彼此關懷與尊重的基本需求（許春金，2006）。修復式正義認為犯罪是一種破壞社會關係及損害個人的行為，在處理犯罪的過程中應納入各方的參與，重新界定需求與義務，並以鼓勵犯罪人發展同理心與責任感的方式來彌補犯罪造成的傷害，藉此發揮治療並重新界定社會界限、達成社會平衡的目的（黃蘭媖，2012）。

傳統的刑事正義（criminal justice）或稱報復式正義，認為犯罪是對法律與國家的危害，正義是要由國家來科以刑罰，所以要追究的是誰犯了罪、犯罪者犯了哪個法、犯法者要受到什麼樣的處罰，故透過審判讓犯罪者接受應有的刑罰，透過刑罰來為其犯行負起責任。而修復式正義認為犯罪是人與人之間的關係被破壞，正義需由加害者、被害者、社區大眾一起參與，並努力將錯誤更正，因此要求加害者要有所反省，了解其對被害人所造成傷害的同理，並能對被害者道歉，為其犯行負責（謝慧游，2007；引自盧玲穎，2011：24）。

具體來說，修復式正義是對於破壞人與人之間關係的衝突事件，為了修補其對現在所造成的傷害，並期許能使未來更美好，而召集所有利害關係當事人一同參與調解過程，對象包含加害者、被害者及社區，透過面對面方式進行協商過程，使加害人承認錯誤、願意負責，而被害人與社區接受此結果，最終使加害人得以再復歸社會，而此處理方式與結果能使各方均感到滿意（許春金、洪千涵，2009）。

二、修復式正義的要素

許春金（2006）認為修復式正義有五個要素：

1. 以「社會」、「衝突」的觀點，而非「法律」的觀點來看待犯罪事件。

2. 修復式正義是一種回復損害的「關係式正義」。

3. 主張發現問題，回復損害、治療創傷，而能進行廣泛有意義的社會革新，從而為社會創建更多更好的和平及福祉。

4. 修復式正義尋求加害者、被害者及社區的共同參與修復及治療。

5. 犯罪處理的場域在社區。

這些要素指出修復式正義關切被害人的治療與復原，及其在程序過程與結果資訊的需求，對受害事實的敘說、增能及補償的需求；關心加害人對傷害結果負責任，對被害人的同理、接受矯正或治療；關心社區對正義的需求，強化社區也是犯罪受害人的概念、提供社區共同修復傷害的機制、提升社區的整合機制（盧玲穎，2011）（圖 4-1 為正義女神所象徵的公平與正義的意義）。

貳、修復式正義的相關概念

一、道歉

道歉（apology），源於希臘語（απολογία，即apologia），是一種人類社會的行為、社交禮儀，也是做人處事的藝術，道歉在現代社會中也意味著承認犯錯（維基百科，2017）。然而，在一般的人類生活中，要真心誠

圖 4-1　瑞士伯恩市的正義女神雕像

說明：佇立在瑞士伯恩市（Bern）Kramgasse 大道，噴泉池上的正義女神（Lady Justice）蒙住雙眼、右手握長劍、左手持天平。蒙眼代表平等、客觀的法治精神，長劍代表制裁違反公義者的正義力量，天平代表公平與公正的審判（維基百科，2020a）。

意地道歉認錯並不容易，通常需要當事者覺察其行為有錯誤，能夠悔悟，知道要為自己的錯誤負責，並能改正。由於部分犯罪加害人並未真心認錯道歉，而增加被害人的傷痛；即使加害人接受刑罰，卻依然再犯，則被害人的傷害永無止息。因此修復式正義認為，對於犯罪行為所造成的後果，須透過修復的方式來協助被害人，要求加害人為犯行負責並同理被害人的痛苦，進而能對被害人道歉，藉以撫平被害人的創傷。

二、寬恕

寬恕（forgiveness），或譯為原諒或饒恕。寬恕是一種自願行為，指受害者放棄對加害者的消極感情，如復仇，甚至還能為對方祝好；寬恕也常作為一種美德，在宗教學、心理學、社會學等領域研究其作用及原理（維基百科，2022）。Enright 認為寬恕是：個人在理性思考下認為他們曾被不公平地對待，當他們願意放下憎恨與其他相關的反應並寬恕加害者，在仁慈的道德的原則下盡力對加害者做出慈愛、無條件的尊重、寬宏大量及道德的愛（林維芬、張文哲、朱森楠譯，2008）。

寬恕是個人在理性思考下，在正義原則的基礎上，正視過去受到不公平對待所帶來的傷害，對傷害加以療癒，並進一步放下對加害者的復仇與憤怒情緒，不再被過去綑綁，開啟個人面對自己與未來的新世界。

第二節 修復式正義的實務應用

壹、修復式正義的應用研究

一、修復式正義的研究

多數暴力的傷害都涉及關係的破壞，尤其是家庭內成員及熟識者間的性侵害。Laxminarayan（2013）的研究比較家暴被害人、性侵害被害人及其

他嚴重犯行被害人，對於所接收到的「訊息正義」（informational justice）與在被有尊嚴對待的「人際正義」（interpersonal justice）的看法，發現性侵害被害人所知覺的人際正義有顯著差異，而這三者在訊息正義方面並無顯著差異。顯示被害人更在意的是自己能否受到尊重、公平且友善的對待。

Herman（2005）訪談22位家庭暴力及性侵害的受害女性有關參與刑事正義與修復式正義的經驗與觀點，她們提及希望能達到公開揭露及羞辱加害人、剝奪他們既有的地位，以及維護自己與未來潛在受害人的安全等兩個目標，也對於加害者是否受到報復或懲罰、是否要原諒加害人或與加害人復合並不感到關心與興趣，她們希望能盡快忘卻受害記憶並重新過自己的生活。這些結果顯示，家暴及性侵害受害女性對於正義的觀點包含了報復式正義的公開揭露與羞辱加害人，並剝奪其享有的身分地位，以及修復式正義的強調罪行對她們的傷害而非對法律的冒犯、對於錯誤的矯正重於過往的報復、強調社區對受害事實的肯認及罪行的唾棄、解除受害的恥辱優於對加害人的唾棄等元素（引自羅燦煐，2010：117）。

羅燦煐（2010）指出我國目前的《性別平等教育法》在處理校園性侵害、性騷擾事件，包含報復式正義與修復式正義的原則，此準司法調查處理程序在多元化的校園性騷擾事件中，可引入修復式正義概念針對情節輕微的事件進行處理，突顯四項精神：受害人以主體身分參加程序並可得到滿意結果、加害人了解其行為對受害人及學校造成之傷害並願意認錯負責、朝向修復傷害並預防性騷擾再次發生，以及受害人與加害人均可結束此事件之衝擊並得以回歸校園。在校園性騷擾的事件，以修復式正義在情節輕微事件的處理有其可行性。

陳慧女與盧鴻文（2013）的研究探討10位性侵害被害人對於修復式正義的看法，發現多數被害人認為創傷難以平復，也不認為有公平正義的存在，並希望加害者不要再出現在自己的生活中，認為加害人不會有任何的改變與悔改；加害人若是要道歉的話，也是要在真心悔改的情形下為之，而且加害人需要接受心理治療。修復式正義的要素分為：在被害人方面，在處遇流程中需要獲得完整的協助，也需要家庭與環境的支持；在加害人方面，加害人要承認自己的犯行與過錯並真心道歉、需要加重其刑責、公開並剝奪其身分地位；在防治體系方面，專業人員要具備基本的專業訓練，提供被害人友善與尊嚴的協助環境，強化人際正義與過程正義遠比不確定的結果正義來得重要。

陳慧女（2015）調查五個縣市家庭暴力及性侵害防治中心的 37 名社工人員對修復式正義應用於性侵害案件的看法，認為尋求被害人的正義依序為：加害人被定罪判刑、接受治療、向被害人道歉、承認犯行並真心悔改、不再犯行、須體會到被害人的痛苦、被害人獲得心理諮商、獲得賠償金及完整的協助、去汙名化等。實施時應以被害人為中心，尊重被害人及家屬的意願與需求，並以被害人的心理復原、撫平創傷為優先，其次為強化被害人認知並非自己的錯，加害人要為犯行負責。指出應以刑事正義為基礎，再擴及至修復式正義，以及社會大眾共同投入傷害的修復。

二、道歉信的研究

道歉信應用於治療及關係修復的研究不多，在美國各州的犯罪「被害人服務方案」（Victim Services Progam）（圖 4-2），特別推展「被害人與加害人的對話方案」（Victim Offender Dialogue Program）（圖 4-3），其中有一項「道歉信銀行」（Apology Letter Bank）（圖 4-4）的措施，由治療者彙整在獄中服刑加害人的道歉信，並徵詢有意願閱讀道歉信的被害人或家屬，予其閱讀並於被害人治療團體中回應及討論，提供被害人及家屬在修復方面的對話機制（陳慧女、林明傑，2013）。

關於道歉的研究，Webster 與 Beech（2000）邀請 31 名在社區接受治療的兒童性侵犯寫下對被害人的道歉信，以紮根理論方法分析其同理心，結果顯示他們多半淡化其不法的權控行為、責備被害人、詳述犯罪細節，這也就是為何加害人會否認其犯行、譴責被害人，對被害人造成二度傷害的原因。研究指出道歉信可應用在治療中，探討其同理的內涵。Daly（2003）的研究顯示，被害人認為加害人的道歉是真誠的，占 27%；然加害人認為

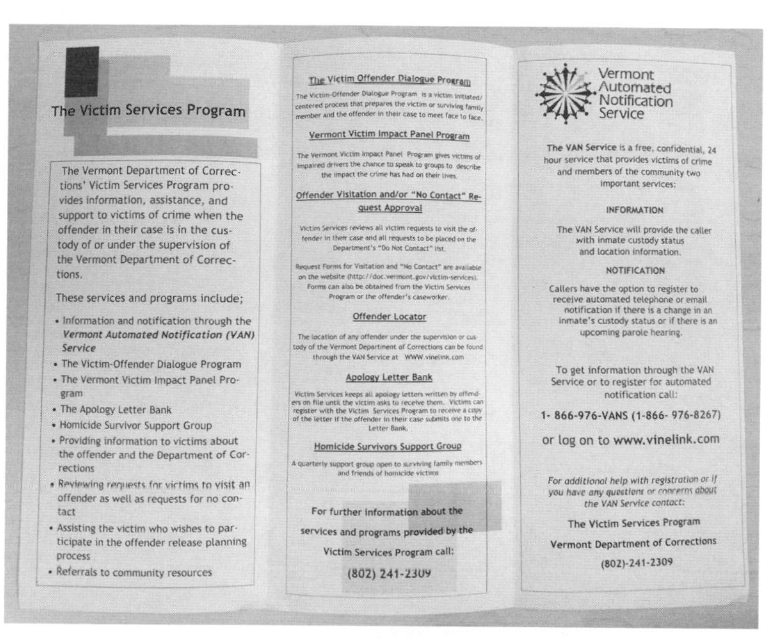

圖 4-2　「被害人服務方案」簡介

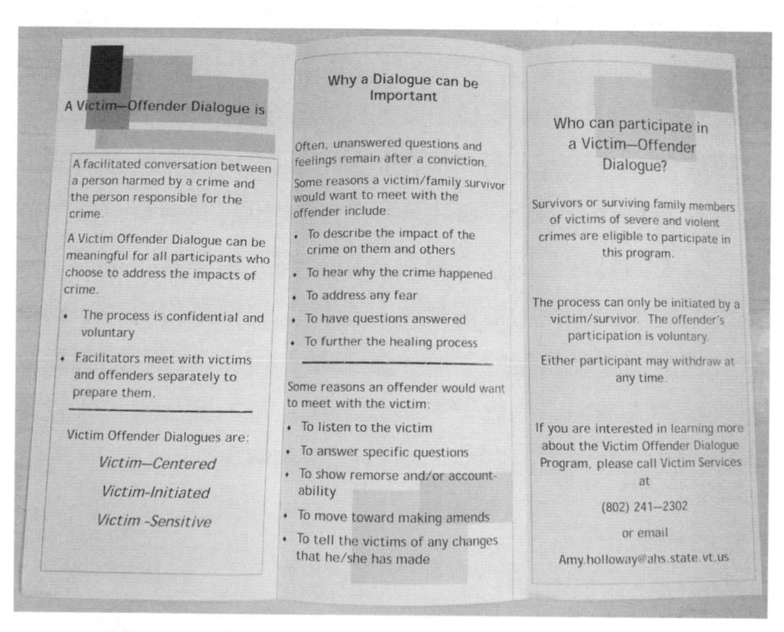

圖 4-3　「被害人與加害人的對話方案」簡介

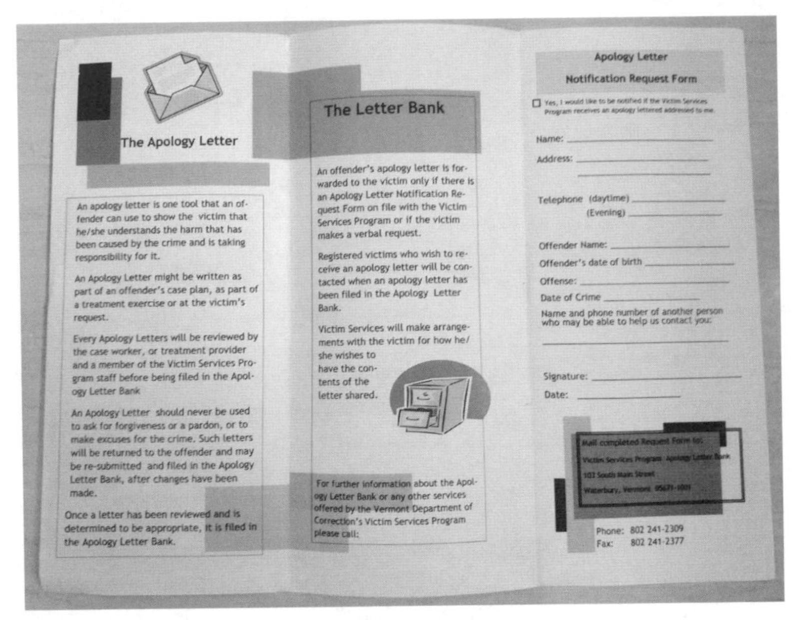

The Apology Letter

An apology letter is one tool that an offender can use to show the victim that he/she understands the harm that has been caused by the crime and is taking responsibility for it.

An Apology Letter might be written as part of an offender's case plan, as part of a treatment exercise or at the victim's request.

Every Apology Letters will be reviewed by the case worker, or treatment provider and a member of the Victim Services Program staff before being filed in the Apology Letter Bank

An Apology Letter should never be used to ask for forgiveness or a pardon, or to make excuses for the crime. Such letters will be returned to the offender and may be re-submitted and filed in the Apology Letter Bank, after changes have been made.

Once a letter has been reviewed and is determined to be appropriate, it is filed in the Apology Letter Bank.

The Letter Bank

An offender's apology letter is forwarded to the victim only if there is an Apology Letter Notification Request Form on file with the Victim Services Program or if the victim makes a verbal request.

Registered victims who wish to receive an apology letter will be contacted when an apology letter has been filed in the Apology Letter Bank.

Victim Services will make arrangements with the victim for how he/she wishes to have the contents of the letter shared.

For further information about the Apology Letter Bank or any other services offered by the Vermont Department of Correction's Victim Services Program please call:

Apology Letter
Notification Request Form

☐ Yes, I would like to be notified if the Victim Services Program receives an apology lettered addressed to me.

Name: ____________
Address: ____________
____

Telephone (daytime) ____________
(Evening) ____________

Offender Name: ____________
Offender's date of birth ____________
Offense: ____________
Date of Crime ____________
Name and phone number of another person who may be able to help us contact you:
____

Signature: ____________
Date: ____________

Mail completed Request Form to:
Victim Services Program Apology Letter Bank
103 South Main Street
Waterbury, Vermont 05671-1001

Phone: 802 241-2309
Fax: 802 241-2377

圖 4-4　「道歉信銀行方案」簡介

本身道歉是真誠的，占 60%。此顯示加害人與被害人之間的鴻溝仍大，修復的作為仍大有空間。

陳慧女（2017）的研究邀請 3 位性侵害被害人、44 位加害人，分別請加害人寫道歉信，請被害人閱讀信件後寫下回應，再將被害人的回應給加害人閱讀後，請其寫下感想。研究顯示加害人所寫的道歉信多數能表達出被害人遭受傷害的恐懼、憤怒、警覺、自卑感、骯髒感、不易信任他人等反應。被害人對加害人的道歉信反應，會因其復原階段而有不同感受與看法。若採取道歉信作為修復的對話，須考量其復原階段及閱讀道歉信的意願，重視以被害人為中心的修復。被害人所在意的關係修復不見得是與加害人的關係，而是與自己的關係、與自己的和解。

三、寬恕的研究

(一) 國外的研究

Freedman 與 Enright（1996）對 12 位年齡 24～54 歲、在童年遭遇性侵

害的成年女性施以寬恕治療的研究，結果顯示她們與對照組比較後，自尊有提升，希望感提高、焦慮與憂鬱都有降低，其中的正向感受與行為、負向感受與認知都有改變。

Helm、Cook 與 Berecz（2005）調查 114 名大學生，分析性受害組與非受害組的心理與生理幸福感，結果發現不管對加害人的寬恕程度如何，多數的受害人與加害人都會保持一定的距離，寬恕與和解不見得是所有受害人適當的治療目標，而有個別差異。Tener 與 Eisikovits（2015）深度訪談 20 位在童年遭受家內性侵害的猶太裔婦女，發現她們對於寬恕有四種類型：(1)藉由忘記過去遭受的傷害來表示寬恕；(2)復仇者；(3)藉由寬恕加害人來保護家庭的完整性；(4)寬恕被用來滿足社會的偷窺慾且對真正的寬恕有限。她們的寬恕較為消極，認為寬恕是一種遺忘、復仇、保護家庭的完整、形式上的表示。

另一項以寬恕為主題的書寫治療應用在南韓性受害者的療效研究，各有 16 位參與者隨機分配於實驗組與對照組，年齡平均為 22.3 歲，實驗組參加四次的寫作會議，每次 30 分鐘撰寫有關自我寬恕的文章，結果發現兩組有顯著差異，尤其書寫組的羞恥感與憂鬱感顯著降低，創傷後的成長提升（Ha, Bae, & Hyun, 2019）。

這些研究顯示，寬恕對於被害人在提升自尊與希望感、降低焦慮與憂鬱、增進生活適應及個人成長方面是有助益的。不過寬恕對所有被害人不見得都有預期的正面效果，也必須考量個別差異及文化的脈絡性。

（二）國內的研究

洪素珍與王玥好（2004）訪談 13 位童年性受害者對寬恕議題的處理及覺知歷程。研究發現寬恕是一個歷程，並非靜態的決定，寬恕自己是寬恕加害者的基礎，若受害者先處理本身的傷害，再考慮是否寬恕，這種寬恕較為穩定。寬恕的積極面在於處理個人負面情緒、讓事件成為過去、接受傷害發生的事實、寬恕自己、從不同角度觀看自己與加害人，以及發現受苦的意義。

王慧琦（2014）探討配偶外遇的女性經歷寬恕的歷程，將寬恕依階段分為操控對方的寬恕、表現寬宏的寬恕、配合期待的寬恕、無愧於心的寬恕、全然交託的寬恕等五類型，前三個類型是假性的寬恕，是壓抑負面情緒，虛假表現正面的善意，而後兩個類型是真實的寬恕，是克服負面情緒並展現慈愛。其研究發現華人因好面子、重視表面和諧及群體關係，寬恕的忍耐成分較多，在考量寬恕時會在意他人看法及輿論壓力，故多是假性寬恕，顯示華人有條件、消極性的寬恕成分居多，呈現寬恕的文化差異性。

劉曉穎（2015）訪談 3 位性侵害被害人寬恕歷程的研究，受訪者表示要她們承認性侵害的事實、承認情緒是不容易的事，直到出現可以信任的資源支持時，才可能承認並揭露事實與情緒。面對寬恕會經歷受害期、壓抑期、混亂期、放下期等四個階段。寬恕的認知內涵包含面對原諒與不原諒的衝突及矛盾和反覆的過程；不只原諒加害人，也原諒自己、原諒直接與間接的重要他人；寬恕是持續的過程，先有來自上帝的寬恕，而後才能寬恕自己。而寬恕對個人來說有重拾家庭與家族關係、理解性創傷、具有正向詮釋能力等影響。

陳慧女（2020）訪談 2 位性被害人的研究，發現在心理層面上，寬恕是回到本身的復原及療癒，處理本身的負面情緒，進而寬恕自己，也期待加害人的改過，才能擴及對加害人的寬恕。對於加害人的寬恕是屬於補償式、期望式的寬恕，屬於有條件的寬恕。寬恕也是一個自我提升、自我獲得自由的歷程，在心理的認知與情緒、人際關係與社會適應的調節，以及司法的正義與修復等向度上，對被害人具有心理健康、人際適應、社會正義的療癒意義。

貳、修復式正義應用的面向

經由法務部及民間團體的推展，目前修復式正義概念已應用在校園霸凌事件（范慧瑩，2009；陳泰華，2008；陳昭順，2013）、校園性騷擾事件（羅燦煐，2010）、刑事案件（洪英花，2011）、家庭暴力事件（李浩

然，2006）、家事事件的調解中。以家事事件及家庭暴力為例，相關研究結果顯示修復式正義應用於關係修復有助益，包括有第三人的協助可以增進當事人面對問題、有機會修復家庭關係與夫妻感情、縮短訴訟時程等益處，然而若在婚姻暴力之雙方權力不對等情形下，則尚不適合進入修復程序（王玲琇，2013）。

參、修復式會談的實施

一、修復式司法的法規

《刑事訴訟法》於民國109年修正公布，以呼應國際人權公約的精神，提升被害人在訴訟的主體性、增進被害人的保護，並增訂修復式司法制度，分別於偵察及審判階段有進行修復式司法及保護被害人的條文。

轉介修復式司法的依據為本法第 248-2 條第一項：「檢察官於偵查中得將案件移付調解；或依被告及被害人之聲請，轉介適當機關、機構或團體進行修復。」及第 271-4 條第一項：「法院於言詞辯論終結前，得將案件移付調解；或依被告及被害人之聲請，於聽取檢察官、代理人、辯護人及輔佐人之意見後，轉介適當機關、機構或團體進行修復。」

保護被害人隱私規定於本法第 248-3 條第一、二項：「檢察官於偵查中應注意被害人及其家屬隱私之保護。被害人於偵查中受訊問時，檢察官依被害人之聲請或依職權，審酌案件情節及被害人之身心狀況後，得利用遮蔽設備，將被害人與被告、第三人適當隔離。」及第 271-2 條：「法院於審判中應注意被害人及其家屬隱私之保護。被害人依第二百七十一條第二項之規定到場者，法院依被害人之聲請或依職權，審酌案件情節及被害人之身心狀況，並聽取當事人及辯護人之意見後，得利用遮蔽設備，將被害人與被告、旁聽人適當隔離。」

二、修復式促進者的資格

修復式促進者（restorative promoter）須具有性別與多元文化觀，充分了解修復式司法的理念及程序、相關法律知能、建立關係、溝通與促進對話的能力，有參與被害人及加害人服務的助人經驗，具有法律、社會工作、心理、諮商輔導或相關專業領域知能者。其由地檢署聘任，任期二年，期滿得續聘，遴選要點詳見《各地方檢察署遴聘修復促進者及督導實施要點》。

三、修復式會談的進行

進行修復式的會談需要雙方均有意願，並有至少一位受過調解與修復式司法專業訓練的修復式促進者擔任會談的進行。雙方可由律師陪同參與，而被害人也可以請社工人員陪同出席。會談的進行掌握 Robenberg 所提出的善意溝通四要素原則（蕭寶森譯，2019）：雙方陳述事件的始末、雙方表達自己的感受、雙方表達自己的需求、雙方表達自己的請求。

調解者或促進者依循這四要素，分別請問雙方：

1. 請就你所發生的事情提出觀察與陳述（必須以不帶評斷的方式描述），你們發生了什麼事？

2. 你自己對這件事有什麼感受？

3. 你感受自己背後的需求是什麼？（如：生理、安全感、愛與歸屬感、尊重、自我實現、自由、樂趣等需求）

4. 你認為對方會有什麼感受？

5. 你認為對方感受其背後的需求是什麼？（如：生理、安全感、愛與歸屬感、尊重、自我實現、自由、樂趣等）

6. 衡量雙方的感受與需求之後，你會提出什麼請求？

請雙方從本身的角度體會自己在這件事情上的看法、感受與需求，並換位思考，從他人的角度去體會並同理他人的感受與需求，讓雙方皆能在一種面對事情、處理事情，也能試著去感受到對方的感受的前提下，盡可

能圓滿（即便不盡滿意，但能接受的原則下）處理事件造成的傷害與爭執，這是一種感受的理解與關係的修復過程。

第三節 結語

本章介紹修復式正義的概念及應用，並擴及對道歉、寬恕的探討。社會工作在協助個人及家庭的過程中，著重的不只是司法的正義，因為對於當事人而言，所獲得的結果可能是不確定的。但與司法正義同樣重要的是人際正義與程序正義，即使結果不見得盡如人意，但是專業人員在處遇過程中，依然很重要的是要傳遞給當事人「希望」（圖 4-5）。

圖 4-5　美國紐約州奧本尼市政中心公園內的碑文

說明：這是美國紐約州奧本尼（Albany）市政中心，在法院旁的公園裡，鑲嵌於地面的圓形碑文，鐫刻著對犯罪被害人的誓詞。立碑由左至右為：真相（truth）、正義（justice）、希望（hope），代表刑事司法除了發現真實、追求正義之外，更重要的是帶給被害人及家屬希望。

延伸閱讀

劉嘉路（譯）（2018），T. Elva & T. Stranger 著。《寬宥之南：開普敦天空下，一趟責任與原諒的和解之旅》。臺北：遠流。

蔡惟方、蔡惟安（譯）（2019），J. Thompson, R. Cotton, & E. Torneo 著。《認錯：性侵受害人與被冤者的告白》。臺北：游擊文化。

Part 2

法庭作證、陪同出庭及倫理議題

Chapter 5

科學證據與專家證人

社會工作者處理保護案件首重對問題的調查與評估，如兒童保護案件的調查，首先就個人及重要他人、家庭關係、兒童受虐情形及危險程度進行評估，之後進行適當的安置、輔導等各項處遇。整個調查與評估都與未來的處遇及後續司法處置有相當關係。社會工作者的科學態度和專業知能在整個評估與處遇過程中展露無遺，在執行業務時因為當事人的案件而出庭作證，成為證人或是專家證人也時有所見，在法庭上如何面對交互詰問，也是需要具備的知識。爰此，本章介紹科學證據的原則、證人、專家證人及交互詰問。

第一節 科學證據的呈現

在美國每年約有一半的誤判案件是因為目擊證人的錯誤記憶所致（Rattner, 1988），解決的方法就是提供專家證詞以支持證人之可信度。在探討專家作證（expert testimony）之前，首先說明美國在採納科學證據的歷史中最重要的兩個判例，分別為佛瑞判例（*Frye v. United States*, 1923）與道柏判例（*Daubert v. Merrell Dow Pharmaceuticals, Inc.*, 1993），其對爾後科學證據的採認準則之建立，提供依循的指標。

壹、佛瑞判例

佛瑞案是第一個決定科學證據之容許性應與其他證據不同的案例。本案的詹姆士・佛瑞（James Alphonzo Frye）被控二級謀殺罪，測謊專家對佛瑞所做的測謊結果顯示其並未說謊，辯方律師認為測謊專家具備本案之專門訓練與經驗，顯示該測謊有其可信度；因為未受過訓練或毫無相關經驗的一般人不太可能做出正確的判斷，故當面臨某類非普通知識或經驗可判斷的案件時，專家的意見應具有證據力。因此辯方律師要求專精測謊領域的專家來擔任專家證人，以檢驗其測謊結果，但是遭到駁回。最高法院認為測謊在相關的科學社群中，並未達到被普遍接受的程度，而不允許測謊證據之容許性。當時，測謊結果尚未為科學界所普遍認同，因此該案之測謊結果不具證據能力。

因此，佛瑞判決提出「佛瑞測試」（Frye Test），又稱為「普遍接受原則」（general acceptance test），包括兩個判斷步驟：首先，專家必須被認定為具備與該案件相關專業領域的知能；其次，專家必須為同專業領域的其他專家所普遍接受（Matson, 1999）。爾後，據此建立專家的意見作為證據的準則。

貳、道柏判例

一、道柏判例在法庭判決的影響

道柏案為民事侵權行為的訴訟。原告傑生・道柏（Jason Daubert）與艾立克・舒勒（Eric Schuler）兩人控告Merrell Dow Pharmaceuticals, Inc.藥品公司，因其妻在懷孕期間服用該藥廠所製造的Bendectin藥物治療嘔吐，致嬰兒出生時有殘缺。此案例受爭議的地方在於原告所提的證據是引用流行病學研究的次級資料而來，再據以分析用來支持原告的主張。審判法院發現

原告所提供的證據並不充分，第一，法院認為已發行的流行病學研究論文中，並未包含證明Bendectin藥物與新生兒先天缺陷之統計上的顯著關係；第二，雖然原告意圖將既有的流行病學資料顯示其與藥物造成缺陷之間具有統計顯著性，但是其並未充分滿足所提出流行病學統計上的顯著差異之證據性。因此，本案法院之陪審團認為「Bendectin或許導致原告之傷害」，但因證據並不符合其所屬專業社群中被普遍接受的程度，因而作出被告無罪之判決。

道柏判例作出科學方法學的使用是否有效、研究是否可應用於審判上的議題、其他的研究是否支持專家之研究的判斷原則（Penrod, Fulero, & Cutler, 1995），希望能將不好的科學加以剔除，並留存好的科學（Tomkins, 1995）。

由於佛瑞準則所強調的「普遍接受」不適用於日新月異的專業技術發展，甚至會妨礙採用新近的技術或觀點於鑑定工作上，因此，在道柏判例之後，1993 年 6 月美國最高法院以《聯邦證據法則》取代佛瑞準則，法院不再以該學科專家之一致性意見為依據（Tomkins, 1995）。最高法院訂定專家證據被考量的五項指導原則，由各法院決定其是否接受科學證據，在這五個原則中並沒有一項是專斷性的。

1. 科學技術是能被測試的。
2. 科學或技術曾為專業同儕所審查而發表或出版。
3. 其可信度有已知或潛在的誤差率。
4. 控制該項技術的操作方式有其現存的標準程序。
5. 在科學社群中，該技術有被接受的程度。

二、道柏判例在專家作證的影響

道柏判例的確放寬科學證據的可用標準，但是對法官的改變並不大。在該判例之後，法官對專家證人與目擊證人仍存有部分保留態度，考慮的因素包括：有些法官認為目擊證人的效度研究仍未成熟、法院深信交互詰問仍很有用、法官可能認為只要告誡目擊證人好好想一想即可、法院認為專家證人的解釋可能會混淆陪審員（Penrod et al., 1995）。不過也有人認為在道柏判例後，應會增加法院對專家證人之使用率（Horowitz, Willging, & Bordens, 1998）。

參、我國法律的證據原則

一、證據

（一）證據裁判主義

我國《刑事訴訟法》第 12 章〈證據〉中對於證據有詳細規定。《刑事訴訟法》第 154 條規定：「被告未經審判證明有罪確定前，推定其為無罪。犯罪事實應依證據認定之，無證據不得認定犯罪事實。」指出證據必須有事實依據，根據「無罪推定原則」辦案。

（二）自由心證主義

《刑事訴訟法》第 155 條規定：「證據之證明力，由法院本於確信自由判斷。但不得違背經驗法則及論理法則。無證據能力、未經合法調查之證據，不得作為判斷之依據。」

二、人證

《刑事訴訟法》第 175 條至 196-1 條規定人證。如傳喚證人之規定在第 175 條：「傳喚證人，應用傳票。傳票，應記載下列事項：一、證人之姓名、性別及住所、居所。二、待證之事由。三、應到之日、時、處所。四、無正當理由不到場者，得處罰鍰及命拘提。五、證人得請求日費及旅費。」

三、創傷證據

被害人在性侵害及性剝削之創傷證據的規定在《性侵害犯罪防治法》第 17 條、《兒童及少年性剝削防制條例》第 13 條、《人口販運防制法》

第 27 條。如《性侵害犯罪防治法》第 17 條：「被害人於審判中有下列情形之一，其於檢察事務官、司法警察官或司法警察調查中所為之陳述，經證明具有可信之特別情況，且為證明犯罪事實之存否所必要者，得為證據：一、因性侵害致身心創傷無法陳述。二、到庭後因身心壓力於訊問或詰問時無法為完全之陳述或拒絕陳述。三、依第十五條之一之受詢問者。」

在《性侵害犯罪防治法》第 16-1 條：「於偵查或審判中，檢察官或法院得依職權或依聲請指定或選任相關領域之專家證人，提供專業意見，經傳喚到庭陳述，得為證據。前項規定，準用刑事訴訟法第一百六十三條至第一百七十一條、第一百七十五條及第一百九十九條。」由於性侵害之心理創傷非用理學檢查所能證明，因此，此條例在藉由該領域專家的專業評估意見，增進司法人員了解性侵害的身心影響。

第二節 社會工作者在法庭中的作證

壹、法庭中的證人類型

Barker 與 Branson（2000）指出社會工作者在法庭上可能擔任的證人類型有：事實證人（fact/lay witness）、資訊證人（material witness）、特質證人（character witness）、專家證人等類型，均有其不同的目的與功能，以下簡述其內涵。

一、事實證人

這是指發生在案件現場當時，當事人是該事件的直接觀察者。例如：兒童保護社工人員至案家訪視調查兒童是否受虐，對兒童及家庭的資訊進行事實的蒐集及了解，作為其對施虐父母提起訴訟之依據；認定父母是否施虐，則端視兒童保護社工人員對該事件所相信之一方為何（Barker & Branson, 2000）。

二、資訊證人

而另一種事實證人即為資訊證人，也就是當事人對案件所持有的資訊是很重要的，沒有他即無法成立該案件。如果說兒童保護社工人員真的在訪視時目擊兒童遭受虐待，社工人員有可能是該案的重要證人；但是其當時所觀察的情境並非案家一般之生活情境，因為現實生活中施虐者是不太可能會當著社工人員的面打孩子，不過社工人員還是可以在法庭上描述其所看到的情形（Barker & Branson, 2000），此類似於目擊證人（eyewitness）。

三、特質證人

通常在法庭的審判中，特質證人是較為次要的證人，主要是提供有關涉及案件當事人（通常是被告）之一般人格與相關之資訊。例如：對於參加戒酒處遇團體的被告者，社工人員可就其協助被告戒酒的情形，提供法庭關於被告的評估資訊。像這樣的案例，社工人員並沒有呈現直接的證據資料，一般而言，較傾向於在法庭上為特質證人（Barker & Branson, 2000）。

四、專家證人

專家證人是具有專門的知識、技術、經驗、受過訓練或教育的人，能向法官或陪審員解釋一些其可能不了解的、有關辯護的重要事項，專家並不是代替法官或陪審團去審判案件，而是以其專門的知識與經驗協助法官或陪審團了解案件的內容（Stern, 1997）。

雖然在法庭上，不同性質的證人角色有其差異，但是實際上這些角色有部分重疊處，不過終極目的均在法庭陳述其評估結果與所了解的事實。

貳、社會工作者擔任證人

從事保護案件的社會工作人員有較多的機會出庭作證，在法庭最主要

的工作為陳述對案件當事人及問題的直接觀察與個人發現。作證內容主要是對於調查的案件作證，如兒童虐待案、監護權訪視案、收出養案、性騷擾及性侵害案等，這些多是擔任事實證人的角色，就其實際上所看到、經驗到、評估了解的部分，針對問題回答（Barker & Branson, 2000）。

我國《刑事訴訟法》第 176-1 條規定除了法律另有規定外，不問何人，於他人之案件，有為證人之義務。在同法第 178 條第一項也規定證人經合法傳喚，無正當理由而不到場者，得科以新臺幣三萬元以下之罰鍰，並得拘提之。第 182 條規定證人為醫師、藥師、助產士、宗教師、律師、辯護人、公證人、會計師或其業務上佐理人或曾任此等職務者，就其因業務所知悉有關他人祕密之事項受訊問者，除經本人允許者外，得拒絕證言。但身為助人工作者的社工師及心理師並未列於得拒絕證言之人。

參、出庭的準備

一、出庭的原因

除了因為個案的司法議題被傳喚出庭而擔任作證之外，實務上也有社工人員因為處理兒童虐待、性侵害等保護案件，而遭兒童家長提訴。亦有人因為執行業務時的過失或失職、違反專業倫理，而被當事人或關係人提起訴訟，這些情形均為出庭的可能原因。

Barker 與 Branson（2000）認為社會工作者在面對訴訟時，經常因為訴訟耗時良久，身心皆承受相當壓力，因此應盡可能獲得相關訴訟資訊、擁有堅強的支持系統、訴訟預算的預備、法律諮詢等，都是減低訴訟壓力的方式。

二、在法庭上成為有效的證人原則

Barker 與 Branson（2000）提出在法庭擔任有效證人的十項指南，可為出庭作證之參考：

1. 真實地回答每一個問題，若自己真的不知道，就回答「不知道」。

2. 簡潔地、清楚地、有自信地回答問題。

3. 避免對問題有情緒上的反應，或對有敵意的問題過度反應。

4. 不要回答超出問題以外的任何問題，也不要主動回答其他額外的細節或不相關的事實。

5. 勿對詰問者所提的問題、無禮的態度、敵意的方式做個人化的反應，要知道他們只是在做他們應該做的事情而已。

6. 在回答任何問題之前，需暫停一下對問題做謹慎的了解；避免對詰問者快速的詢問過於迅速的回應，這樣很容易有模糊的或不確實的回答。

7. 在回答之前不要拖太久的時間，不適當的延遲會讓人感覺到你似乎不確定或不誠實。

8. 在每一個問題之後稍做暫停，最好不要對律師就你尚未透露的資訊提出反駁。

9. 當對方提出異議時，須馬上停止；在法官確認其反對的理由及規則之後再繼續下去。

10. 面對律師、法官及所有在場的人員時，總是保持平靜、有禮貌；不要對問題、程序、規則及相關人員做爭辯。

第三節　專家證人

壹、鑑定人／專家證人

一、鑑定人與專家證人的探討

我國《民事訴訟法》第二編第一章第三節設有〈鑑定〉專目，《刑事訴訟法》第十二章第三節設有〈鑑定及通譯〉專節（第 197 至 211 條），均有關於鑑定人之規定。《刑事訴訟法》第 198 條：「鑑定人由審判長、

受命法官或檢察官就下列之人選任一人或數人充之：一、就鑑定事項有特別知識經驗者。二、經政府機關委任有鑑定職務者。」在《民事訴訟法》第326條第一項亦規定：「鑑定人由受訴法院選任，並定其人數。」可知鑑定人是本於其專門知識，輔助法院判斷特定證據問題之專家，而專家以其專門知識，就待證事實所為的判斷，需經過鑑定的法定程序，才能成為法院裁判的基礎（王梅英，2000）。

鑑定證人是指依特別之專門知識而得知過去事實之人，於《刑事訴訟法》第210條：「訊問依特別知識得知已往事實之人者，適用關於人證之規定。」也就是說，具備專門知識始能覺察得知過去事實之人，具有證人與鑑定人之雙重角色，性質上為鑑定人，但其是就得知過去事實而陳述，又具有證人性質（林鈺雄，2014）。

司法院於110年修訂的《法院諮詢專家要點》的規定，法院認為必要時，得依職權行專家諮詢之民事事件、民事強制執行事件及刑事案件。第九點第一項規定：「專家應本於良知及專業確信，提出專業意見供法院參考，不參與事實認定及法律判斷。」因此，參與審判諮詢之專家較接近於鑑定人，在型態上，類似審判程序中之法官顧問，而實質上，仍不改其為鑑定人之本質；在相關案件之審判中，其與法官之互動關係甚為重要，而專家所為之專業意見，除左右當事人間之同意與否，亦會影響法官之判斷（黃朝義，2000）。

根據高鳳仙（2002）之見，認為我國的《民事訴訟法》及《刑事訴訟法》所規定的鑑定及鑑定證人與國外之專家證人不盡相同，但相當類似，都是具備特別知識而到法庭提供意見，並以該意見作為證據資料，以協助法官或陪審團認定事實並做成裁判。

二、專家證人的意義

在專業領域中的專家與在法庭中的專家是不同的，在法庭中的專家並不是代替法官或陪審團去審判案件，而是以其專門的知識與經驗協助法官或陪審團了解案情的內容（Stern, 1997）。我國《法院諮詢專家要點》之要點九，亦載明專家提出專業意見供法院參考，並不參與事實認定及判斷。

專家是該領域之學有專精的學者、具豐富經驗的臨床工作者，或是該領域有相當經驗的人員。Stern（1997）列出專家的可能資歷包括：所受的教育、學位論文、實習訓練、曾參加的特定訓練、曾參加相關研討會、協（學）會會員、曾獲相關學術獎項、持有證照、從事相關研究、發表相關論文、出版相關書籍、擔任相關領域之諮詢顧問等。若以性侵害案件為例，專業人員在法庭上對兒童性侵害案件的作證，主要是以其專業訓練與經驗提供有關兒童性侵害議題的內涵，以及遭受性侵害的兒童所具有的一般特質之情形作證（Mason, 1998）。

張熙懷（2003）提出「教育、訓練、經驗」（Education, Training, Experience, ETE）概念，專家證人必須具備「嚴格的教育、不斷的訓練、豐富的經驗」，以取得專家證人之地位；然此部分亦須通過雙方與法官之檢驗，辯方律師或檢察官亦常會以此打擊專家證人之威信。其認為每位出庭的專家最好依 ETE 之內容彙整自己的專業簡歷，包括：(1)教育（education）：註明畢業學校、科系、接受過的課程訓練、專業證照、碩博士論文、期刊論文等；(2)訓練（training）：專業訓練或在職訓練、參加之專業學會或協會；(3)經驗（experience）：相關工作經驗、擔任採證鑑定經歷、鑑定報告被採證過幾次等。

三、專家證人的角色與功能

一般而言，專家證人在法庭上扮演著教育者、解述者、說明者、倡導者的角色（Horowitz et al., 1998; Stern, 1997）；有效能的專家證人也是靈活、有見聞、細心、能清楚表達、有常識、有警覺性的（Stern, 1997）。有時候，專家證人也會是「被僱來的槍手」（hired gun），也就是被請來講該造所期待的證詞（Hans, 1989）。不管是擔任辯方或檢方、原告之專家證人，都應遵守其專業倫理，迴避個人利益，為當事人之權益作最大之考量。Stern（1997）也認為不管是採用哪一種準則或標準，專家都要能展現其專業理論的可信度，而所有類型的專家作證都須立基於科學或專業的原則。

美國在十九世紀時，弗蘭西斯・韋爾曼（Francis L. Wellman）律師就曾表示在美國有60%的訴訟得參考專家證人的證詞，而唯有透過對於專家證人的交互詰問，才能啟蒙陪審員、司法人員，協助其對於證詞做出公正的評價（周幸、陳意文譯，1999）。從這段話中，可見專家證人在法庭上對於科學證據的呈現有其功能及重要性，對於決定判決的法官、陪審員而言，亦具有相當之影響作用。

Stern（1997）認為社會工作者及相關專業者在法庭上擔任專家證人通常有三種功能，分別為：

（一）背景證人（background witness）

提供與案件相關的基本科學原則或現象的一般科學背景資訊。例如：在兒童性侵害案件中，對於兒童為何不敢揭露遭受侵害之事實，專家可能是引用科學研究來描述兒童之所以遲遲不揭露的比例，並運用臨床案例報告來說明兒童不敢揭露的原因。

（二）個案證人（case witness）

專家回顧與該案件相關的資訊，包括：臨床個案紀錄、警方之筆錄、證人之陳述、會談之錄影、證詞、其他既存的案件資料，這些資料可充分提供專家去發展一個確實與合理的意見。個案證人除了提供一般的資訊之外，也提供與該案件相關的直接意見。所以在性侵害案件中，專家證人可評估上述資料的可信度，提出兒童為何不揭露的原因之意見。

（三）評估證人（evaluating witness）

運用背景資訊的知識、回顧個案資料，對案件當事人做獨立的評估。專家可就專業知識與經驗、評估的結果，發展其對案件的見解。因此，在性侵害案件中，專家可就背景資訊、既有的個案資料、專業上的評估等三方面來發展並提供兒童不敢揭露遭受侵害原因的意見。

貳、專業人員擔任專家證人之情形

Mason（1991a）統計美國各州與聯邦法院自 1980 至 1990 年間的檔案資料，探討有關上訴法院在性侵害案件運用專業人員擔任專家證人的情形。總計有 122 個案件，其分析專家證人的定義、專家作證的本質、法官的判決、法官的心證等，結果發現專家證人以臨床專業人員居多（總計 160 人中，專業人員占 146 人，其他人員占 14 人），其中社會工作師占 34%，臨床心理學家占 31%，諮商師或治療師占 12%，精神科醫師占 8%，醫師占 8%，其他人員占 9%（包括教授、警政調查人員、校長），而專家證人的出庭案件以兒童作證最多，其中有 87%是與兒童會談。

我國性侵害案件使用專家證人於審判或偵查階段的情形，目前無統計數據，故無法得知實況；但實務上已有法官會委請專家對被害人進行心理鑑定，也有較多的兒童或智能障礙者的性侵害案件，會請社工師、心理師以證人身分出庭作證。

第四節 專家的出庭作證

壹、鑑定人／專家證人的義務

一、到庭義務

我國對於證人在法庭的角色，於《刑事訴訟法》第 163、166、176-1、178、182、193 條，以及《民事訴訟法》第 302、305、307、311 條中均有規定，可詳見各法條內容。鑑定人／專家證人之鑑定義務、鑑定報告、到庭義務規定於《刑事訴訟法》第 197、199、206、208、210 條。

《刑事訴訟法》第 199 條規定：「鑑定人，不得拘提。」由於具有專

門知識之人，通常不只一人，可以更換，其具可替代性（鑑定證人為例外），因此不得拘提到案；但是，證人具有不可替代性，故得命拘提（林鈺雄，2014）。同法第 197 條規定：「鑑定，除本節有特別規定外，準用前節關於人證之規定。」鑑定人一旦被法官選任，則有鑑定之義務；然實務上，若被選任人有其困難，如人力或儀器不足等因素，則應具文向法官解釋之（王兆鵬，2003）。

二、具結義務

依據《刑事訴訟法》第 202 條：「鑑定人應於鑑定前具結，其結文內應記載必為公正誠實之鑑定等語。」及第 158-3 條：「證人、鑑定人依法應具結而未具結者，其證言或鑑定意見，不得作為證據。」鑑定人在鑑定前應具結，公文書須公正誠實記載。故依法應具結而未具結的鑑定意見，因未經嚴格證明，欠缺積極要件而無證據能力，不得為裁判基礎。

三、鑑定報告

《刑事訴訟法》第 206 條規定鑑定結果以言詞或書面報告呈現：「鑑定之經過及其結果，應命鑑定人以言詞或書面報告。鑑定人有數人時，得使其共同報告之。但意見不同者，應使其各別報告。以書面報告者，於必要時得使其以言詞說明。」

四、專家諮詢

《法院諮詢專家要點》第二、三點規定得行專家諮詢的民事事件之醫療糾紛涉訟、民事強制執行事件之交付子女或子女會面交往執行事件，以及刑事案件之因醫療行為致死或重傷案件、性侵害犯罪案件、少年刑事案件等與社會工作實務相關。

專家名冊規定於要點七之第一項：「地方法院、少年及家事法院應依各種事件類別，就管轄區域內具有特別知識、技能或工作經驗，適於為諮詢之專家，遴選並予列冊，提供法官或司法事務官選任時之參考。」

諮詢方式規定於第九點第二項，諮詢專家的方式得以電話、到院或其他方式為之。保密原則規定於第十一點，專家因諮詢而知悉他人職務上、業務上的祕密或其他涉及個人隱私的事項，應保守祕密。

貳、出庭前的準備

一、出庭前的身心準備

鑑定人在出庭之前，應對案件有深入的了解，若之前有提供鑑定報告，應再次閱讀報告內容，並備妥實施鑑定的工具（測驗、量表、媒材）、專業文獻、紀錄等，事前的充分準備尤為重要。若為辯方律師所聘之專家證人／鑑定人，則事先與律師溝通或預作演練。鑑定人應是具有自信且可受信任，出庭時的穿著須合宜，著正式服裝，如西裝、套裝等，具備專業的態度及舉止，並且對於律師、法官、陪審團表現出尊重的態度（Barker & Branson, 2000）。

二、在法庭作證的原則

在法庭上，針對律師的提問盡可能簡要、以本身專業話語陳述；若是所回答的內容是屬於專業或技術方面的內容，則須以法官、陪審員能聽得懂的方式陳述（Schutz, 1997）。也就是要根據問題來回答，避免模糊不清或個人情緒性的回應，像是：「我想……」，或「我覺得……」的方式（Barker & Branson, 2000）。Stern（1997）認為在交互詰問過程中，專家證人應謹守以下七個原則：

1. 要記得對方的律師可能跟你一樣緊張。
2. 身為一位專家證人，你有相當大的權力可以決定交互詰問如何進行。
3. 要非常專注地聆聽問題。
4. 要知道交互詰問並非是專業上的辯論或尋求真實，事實上它是一種對辯過程中攻擊的一部分。

5. 要時常想著你所被問的問題，就好像這些問題是在你所生活的真實世界中被問起般。

6. 要保持專業。

7. 要保持誠實。

三、專家證人的舉證技巧

張熙懷（2003）舉出專家證人的八項舉證技巧，前三項為前述之嚴格的教育、不斷的訓練、豐富的經驗，其餘五項如下：

（一）全面的素材

對於資料的蒐集愈完整愈好。

（二）新穎的工具

使用新穎的工具，並應有經常的保養與校正，並保持良好的精確度。若使用測驗量表，則留意是否有最新修訂版本，若有的話，則採用最新版本施測。

（三）先進的方法

如果有較好且較新的方法，要用此方法，使鑑驗結果具較高之可信度。

（四）無瑕的保存

證據或檢體應有嚴密的保存程序與方式，如檔案有嚴密的交送流程與上鎖之鐵櫃。

（五）可靠的文獻

鑑定須依據相關之研究文獻，並引述研究文獻出處，留意文獻的最新版本。

參、交互詰問制度

一、交互詰問的意義

交互詰問（cross-examination）指刑事案件在法院開庭調查證據時，可以由檢察官、辯護律師或被告分別對證人直接問話，使證人講出對自己一方有利之證據；或是發現對方所舉的證人為不實的虛偽陳述時，可以提出質問，讓其虛偽陳述洩底而不被採信。進行交互詰問，必須遵守一定的順序，一方問完才輪到另一方發問，故稱為交互詰問；其目的在於發見事實的真相，藉由開庭判斷被告到底有沒有犯罪（司法院，2016）。可知，法庭上的交互詰問是在檢視證人證詞真實性的重要方法，在司法上有相當的重要性（周幸、陳意文譯，1999）。故交互詰問的目的在協助發現事實，經由多角度觀察及雙方質疑的方法，使所得之事實能最接近真實。

二、交互詰問的過程

我國《刑事訴訟法》第 166 條規定，交互詰問的過程分四個部分，即主詰問、反詰問、覆主詰問、覆反詰問，該條文如下：「當事人、代理人、辯護人及輔佐人聲請傳喚之證人、鑑定人，於審判長為人別訊問後，由當事人、代理人或辯護人直接詰問之。被告如無辯護人，而不欲行詰問時，審判長仍應予詢問證人、鑑定人之適當機會。前項證人或鑑定人之詰問，依下列次序：一、先由聲請傳喚之當事人、代理人或辯護人為主詰問。二、次由他造之當事人、代理人或辯護人為反詰問。三、再由聲請傳喚之當事人、代理人或辯護人為覆主詰問。四、再次由他造當事人、代理人或辯護人為覆反詰問。前項詰問完畢後，當事人、代理人或辯護人，經審判長之許可，得更行詰問。證人、鑑定人經當事人、代理人或辯護人詰問完畢後，審判長得為訊問。同一被告、自訴人有二以上代理人、辯護人時，該被告、自訴人之代理人、辯護人對同一證人、鑑定人之詰問，應推由其中一人代

表為之。但經審判長許可者，不在此限。兩造同時聲請傳喚之證人、鑑定人，其主詰問次序由兩造合意決定，如不能決定時，由審判長定之。」綜合本條文，交互詰問程序如下。

（一）主詰問

主詰問即是傳喚證人在法庭詢問時，在法官確定該人是所傳喚之鑑定人（此即人別訊問）後之第一次詰問。如果證人是檢方聲請傳喚，就由檢察官先對證人進行第一次詰問；而如果證人是辯方聲請傳喚，就由辯方或其辯護人先對證人進行第一次詰問。其目的在於清楚無誤地透過一問一答之詰問方式，引導證人向法庭作出對聲請傳喚一方要證明之案件事實作有利的陳訴，以達建立場景、建構事實之目標（張熙懷，2003）。主詰問可參考《刑事訴訟法》第 166-1 條。

（二）反詰問

反詰問即是傳喚證人在法庭詢問時，在法官確定該人是所傳喚之鑑定人（此即人別訊問）後之第二次詰問。如果證人是檢方聲請傳喚，就由辯方對證人進行第二次詰問；而如果證人是辯方聲請傳喚，就由檢方對證人進行第二次之詰問。反詰問之目的為：(1)得出有利己方之事實；(2)打擊、削弱對方證人之可信度；(3)彈劾證人鑑定人供訴之憑信性，與引出在主詰問時未揭露或被隱瞞之另一部分事實，而達發見真實之目的（張熙懷，2003）。反詰問詳見《刑事訴訟法》第 166-2、166-3 條。

（三）覆主詰問

覆主詰問即是傳喚證人在法庭詢問時，在法官確定該人是所傳喚之鑑定人（此即人別訊問）後之第三次詰問。如果證人是檢方聲請傳喚，就由檢察官先對證人進行第三次詰問；而如果證人是辯方聲請傳喚，就由辯方或其辯護人先對證人進行第三次詰問。其目的在令聲請證人之一方有機會澄清己方證人在反詰問時所作之供證及答案（張熙懷，2003）。覆主詰問詳見《刑事訴訟法》第 166-4 條。

（四）覆反詰問

覆反詰問即是傳喚證人在法庭詢問時，在法官確定該人是所傳喚之鑑定人（即人別訊問）後之第四次詰問。如果證人是檢方聲請傳喚，就由辯方對證人進行第四次詰問；而如果證人是辯方聲請傳喚，就由檢方對證人進行第四次詰問。其目的為：(1)得到新的對己有利之陳訴；(2)破壞覆主詰問中證人陳訴之可靠性（張熙懷，2003）。覆反詰問詳見《刑事訴訟法》第 166-5 條。

第五節　結語

司法人員雖具有法律上的權威地位，但是身為與司法人員共同為當事人伸張正義的合作者而言，社會工作者可以發揮教育者、解述者、溝通者、倡導者的角色，讓司法人員能夠從社會與心理的觀點去理解當事人的身心困境，協助司法發現真實、保障當事者人權，以實現法治國家的目的。

延伸閱讀

何美瑩（譯）（1999），H. Coleman & E. Swenson 著。《法庭上的DNA》。臺北：商周。

周幸、陳意文（譯）（1999），F. L. Wellman 著。《交叉詢問的藝術》。臺北：商周。

林淑貞（譯）（1999），E. Loftus & K. Ketcham 著。《辯方證人》。臺北：商周。

郭乃嘉（譯）（2002），B. Kennedy 著。《證人詢問的技巧》。臺北：元照。

電影：《辣手美人心》（*Final Analysis*）。

Chapter 6

兒童作證及偵訊輔助工具的使用

自《性侵害犯罪防治法》實施以來，性侵害案件的起訴率在民國97～103年為 47～50%，107～111 年則為 35～40%，有逐年遞減趨勢，而定罪率在86～90%（法務部，2022）。可見案件一旦被起訴，被定罪的比率很高。顯示在偵查階段的蒐證極為重要，若能有具體明確的事證，則能提高起訴率。

性侵害多半是隱密性的侵犯行為，除非有第三者的目睹，多是當事人的單一指認，其證詞成為重要的證據來源。然而，證詞是否確實可信？是否因外在因素的引導而編造？除了身體的驗傷證據之外，多半仰賴言詞證據，但是兒童及智能障礙者因認知限制、表達能力受限、對性侵害缺乏了解等因素，在指認及表達上有困難，不易獲得具體證據。實務上常有確實的案件，因為證據不足而不予起訴或未能定罪；也有並非確實案件，卻因誘導式的詢問、當事人年幼或智能障礙因素而將想像與現實混合，建構不實的案情，造成起訴甚至定罪的結果。因此，檢警體系應具備蒐證與詢訊問技巧，並協同心理諮商、精神醫學、社會工作、特殊教育等專業的協助。

爰此，本章探討兒童及智能障礙者的記憶與受暗示性情形、與兒童會談的原則、介紹在偵訊過程中可使用的輔助工具，並探討國外對於偵訊輔助娃娃（sexual anatomically correct doll, SAC doll）[1] 在性侵害案件使用的相

1 偵訊輔助娃娃為縫有嘴巴、肛門、陰部開口等性特徵的娃娃，作為偵訊輔助之用，並非一般的玩具娃娃。關於偵訊娃娃的詳細介紹，可參考洪素珍、蔣素娥、陳美燕（2003）之手冊說明（第 150-153 頁及第 173 頁）。

關研究，佐以案例說明偵訊輔助娃娃在未經標準化的訓練下被使用之問題，並提出若干實務建議。

第一節　兒童作證

壹、兒童作為證人的考量

一、美國麻州的「賽倫女巫審判事件」

在1692年6月10日至9月19日期間，美國麻薩諸塞州的賽倫村（Salem Village）有20名居民因為使用巫術的罪名而被起訴，最後被處死。這些人被處死的證據就是一群年紀在五至十六歲之間的孩童所講的證詞，他們聲稱看到女巫的作為，並在看到女巫之後即昏厥、癱瘓或吐出鐵釘來。然而，後人從賽倫審判（Salem decision）的紀錄中發現，紀錄顯示出這些孩子是受到暗示性說詞的誘導，父母、牧師、法官勸服孩子確實看到行使巫術的證據。在1706年，有位當時指控女巫的女孩安・普特南在對牧師的告解中後悔當年其所作的證詞及被引導的情形（林淑貞譯，1999：198-200）。也因此，在1895年之前，兒童仍被視為無作證能力。直至1895年，美國最高法院做出解釋：兒童不能被視為沒有自主能力的人，兒童的作證能力應視個別案例而定（Haugaard, Reppucci, Laird, & Nauful, 1991）。

賽倫女巫審判事件是兒童被暗示性的誘導做出的證詞，在多年之後還原其真相。然而，實務上兒童究竟是否可以作為證人呢？美國著名的專研認知與記憶的心理學家伊莉莎白・羅芙托斯（Elizabeth Loftus），在擔任辯方證人的多年經驗中，以其對記憶的研究，發現有不少被誤判的案件（林淑貞譯，1999）。因此，記憶是否可靠？兒童的記憶是否足以被採信？這些都是兒童證人的爭議。

二、兒童證人之可信度低的原因

Leippe 與 Romanczyk（1989）從研究發現並歸納一般認為兒童的證詞較不可信的原因有：(1)陪審員對兒童的記憶能力與誠實性的負面刻板印象；(2)兒童在法庭上的表現過度緊張、缺乏自信；(3)兒童的年齡也是影響陪審員評估檢核其證詞可信度之因素。但在 Markus 與 Horowitze（1995）的研究指出，若六歲的兒童證人在法庭上表現出有能力且確信堅定的態度，也會取信於陪審員。

三、兒童能否作為證人的爭議

關於兒童記憶與兒童作證之可信度的心理學研究有兩個派別，其中一派認為兒童很容易在暗示性問題的誘導下說出另一個不同版本，或者是乾脆採取詢問者的版本；另一派則認為兒童不會故意謊報創痛性的事件，兒童不會故意撒謊。不過伊莉莎白．羅芙托斯根據其多年的研究認為：並非是「撒謊」，而是「故意」，記憶的改變通常是不自覺的，記憶的扭曲也是漸進的過程，不是思考之後的結果，兒童可能受到暗示而有扭曲的記憶，成人的記憶也可能充滿矛盾（林淑貞譯，1999）。那麼兒童的證詞是否可以採信？以下進一步就知覺、記憶、暗示性等方面了解之。

貳、兒童的知覺過程與記憶

一、兒童對事件的影像與記憶

事件記憶（episodic memory）是一種幫助編碼、儲存、回憶發生在我們身上之事件的記憶系統。早期的研究者均認為兒童缺乏充分的認知複雜性，以形成對事件影像的正確性；但多年來的研究發現，均認為兒童對事件的影像比以前的研究發現來得好些，他們對事件的影像是有關聯的，非片斷的。Nelson（1986）認為只要是兒童對事件有熟悉度，那麼兒童即能對事件作出較正確的報告。

已有相當多針對兒童的知覺與記憶的研究，發現不同年齡的兒童有其差異。大抵而言，八歲之前的兒童之選擇性、知覺力較不完整，愈年幼的孩童（七歲以下）的注意力較不易集中、愈年幼兒童的記憶之正確性較低（Horowitz et al., 1998）。

然而，也有研究指出：以兒童對事件記憶的正確性而言，學齡前兒童與年齡較大兒童之間並無區別，且其記憶力亦不因事過多年而有所衰退（Fivush, 2002）。而年齡較小的兒童對於所經歷事件的回憶，也可以有相當的正確性及深廣性（Baker-Ward, Gordon, & Omstein, 1993）。因此，彭南元（2000）認為，在兒童性侵害案件中探討適當訪談兒童證人之受到暗示性的問題，較之記憶力問題來得更為重要。

二、兒童記憶的受暗示性

暗示性（suggestibility）是指在知覺過程中對外在訊息或壓力缺乏抵抗力。由於兒童的記憶比成人更為受限，也較不成熟、易受暗示（Horowitz et al., 1998），許多對兒童暗示性的研究也協助臨床工作者對兒童受暗示性有進一步的了解，並能在實務工作中予以注意並加以克服。例如，Goodman 與 Reed（1986）的研究認為成人受暗示的比率比兒童低，而三歲兒童最容易受到暗示性問題之引導。但是 Ceci 與 Bruck（1995）認為成人也可能會因受暗示而有錯誤的記憶。

兒童是事件中的被動旁觀者或主動參與者，與其受暗示性影響有關，Rudy 與 Goodman（1991）的研究發現：年紀較大的兒童（七歲）比年幼兒童（四歲）有較正確的記憶，兒童是事件的主動參與者比被動旁觀者較不受暗示性之影響。

Horowitz 等人（1998）整理多篇對於兒童受暗示性的研究發現，有幾個因素會影響兒童受暗示，包括：(1)當兒童本身的記憶模糊、問兒童問題的人地位愈高時（Goodman & Helgeson, 1988）、詢問者是成人而不是小孩時（Ceci, Ross, & Toglia, 1987），或對事件經驗愈有壓力時，兒童會更容易受暗示；(2)兒童也並非對不同事件都有相同的受暗示程度，像是對於人、

物有較高的受暗示性，但是對事件的受暗示性低（Dent & Stephenson, 1979）；(3)若能事先向兒童預告其被問的問題有可能是模糊的，那麼他們可以較有信心地回答，則可減低受暗示性（Warren, Hulse-Trotter, & Tubas, 1991）。

也有心理學家從諸多的研究結果歸納指出，年齡較大的兒童受到暗示性的程度並不比成年人為高（Myers, 1993）。然而，對於年齡較小的兒童是否更容易受暗示性，則也不必過度擔心（彭南元，2000），因為也有研究發現，許多年齡較小的兒童對於暗示性及誤導性問題的抗拒能力，往往會超乎一般成年人的想像（Saywitz, Goodman, Nicholas, & Moan, 1991）。

參、兒童的作證能力

一、建構作證能力

兒童的證據能力，即為兒童的作證能力，彭南元（2000）指出：在美國之自然人並無分成年人或兒童，只要具有能力者皆可對社會上一般事理有所認識，因此，可以作為證人的兒童須對事件的發生具有注意及記憶能力，並能掌握真假的分際，且能對公民具有陳述真實之作證義務有所認識及了解。亦有研究顯示，絕大多數三至四歲的兒童即已具備此項能力；目前在美國各州，已摒棄傳統之兒童不能作證的推定，原則上認為其有作證能力（Myers, 1993, 1997；引自彭南元，2000：41）。

綜合上述探討，可知在性侵害案件中探討兒童受暗示性的問題較之記憶力問題更為重要（彭南元，2000）。Horowitz 等人（1998）指出在司法程序中，於兒童出庭作證之前，其作證能力必須被建構好。因此，研發具有信度與效度的標準化詢問程序，由具有專業訓練者進行詢問，那麼兒童是可以做出可信的證詞（陳慧女、林明傑，2003）。所以在與兒童進行會談時，如何詢問是重要的議題，遠比記憶力與暗示性問題更顯重要，只有詢問者在具有專業訓練的基礎下進行詢訊問，方能得到接近真實的證詞。

二、法律上的規定

證人在法庭作證應具結，《刑事訴訟法》第 186 條第一項規定未滿十六歲及精神障礙者不得令其具結：「證人應命具結。但有下列情形之一者，不得令其具結：一、未滿十六歲者。二、因精神障礙，不解具結意義及效果者。」即使兒童有作證能力，但因未具結，故其證詞能力可能因此而減弱。

為協助兒童或智能障礙者能夠在司法程序中陳述有效的證詞，《性侵害犯罪防治法》第 15-1 條第一項：「兒童或心智障礙之性侵害被害人於偵查或審判階段，經司法警察、司法警察官、檢察事務官、檢察官或法官認有必要時，應由具相關專業人士在場協助詢（訊）問。但司法警察、司法警察官、檢察事務官、檢察官或法官受有相關訓練者，不在此限。」因此，自民國 105 年之後由中央及地方政府辦理司法詢問員（forensic interviewer）培訓課程，經培訓考試合格者即列為專業人才名冊，並提供各地檢署與法院參考與運用。此司法詢問員即在協助兒童及智能障礙被害人於詢訊問過程中陳述證詞，使其減少受暗示的誘導，提升證詞的可信度。

肆、兒童出庭前的準備

一、協助兒童出庭

雖然並非所有的兒童都能在法庭上作證，但是在充分的準備下，大多數的兒童還是能稱職地出庭，以下是協助兒童準備出庭的措施：

1. 協助兒童認識法庭的環境與配置設施，如實地參觀法庭，或是使用法庭實體模型、繪本[2]等方式讓兒童認識，以具備對法庭環境的基本概念（圖 6-1）。

---

2 勵馨基金會出版的《勇闖法庭 Go Go Go》繪本有法庭模型、內政部出版《我們的法庭系列》繪本，介紹法庭中的人員、立體的法庭配置圖，說明出庭的意義、出庭前的準備等。

2. 讓兒童認識法庭中的人員，如法官、檢察官、書記官、律師、法警等角色及其法庭的座位。

3. 事先與兒童進行角色扮演，模擬實際的可能詢問情境及如何回答。

4. 陪同人可攜帶彩色筆、彩虹筆、蠟筆、圖畫紙、紙張、著色簿、故事書、桌遊、紙牌、小幅拼圖等媒材，讓兒童在等待過程中除了打發時間，也減低焦慮緊張，穩定情緒。目前部分法院在等候室設置類似兒童遊戲室的設備，提供兒童證人等候時緩解情緒的環境設施。

5. 在出庭過程中，給予兒童正向的情緒支持，讓他知道你相信他所說的內容，他能夠擔任一位好證人。

6. 如果可以的話，允許兒童的父母或重要他人陪伴，讓他感覺有人在支持他，以降低焦慮不安。

圖 6-1　認識法庭規則

資料來源：《我們的法庭系列》101 年修訂版，法庭活動 5：幫助你認識法庭裡的人物與法庭規則。台北：內政部家庭暴力及性侵害防治委員會。

二、法庭席位

根據《法庭席位布置規則》，刑事法庭及民事法庭的座位圖，詳見圖6-2、6-3。以刑事案件的普通法院為例，會有三位法官，坐在中間者為審判長，坐於兩邊者為受命法官及陪席法官，受命法官為案件之主要承辦法官。法官席的下階座位為書記官、通譯。緊接著，左邊為被告及辯護律師席，右邊為檢察官、自訴人席，中間為應訊臺。之後為證人、鑑定人席，最後面為旁聽席。惟性侵害案件為不公開審理的案件，故不開放旁聽。此外，為保護被害人（證人），依據《性侵害犯罪防治法》第16條的保護措施，被害人出席法庭會有隔離措施，或是在另一個有視訊設備的會談室，同步進行法庭活動。

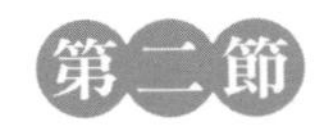 兒童及智能障礙者的會談要點

壹、基本會談要點

詢問者與兒童或智能障礙者的詢訊問，應避免過度引導的問題。以下是 Westcott、Davies 與 Bull（2002）指出的會談要點[3]：

1. 詢問者必須與兒童適當地溝通其清楚的需求。（說明：意即告訴兒童會談的目的及需要他配合的部分。）

2. 詢問者應與兒童建立關係，並釐清期待（如：開放式問話、減少談話的時間、允許兒童回答不知道或不了解）。

3. 詢問者不應在任何時間中斷兒童的述說，應讓兒童維持其記憶架構進行陳述。（說明：當兒童有較多的陳述時，應鼓勵其敘說，詢問者不應打斷。）

---

3 在每一要點之後的說明是作者根據要點內容的進一步說明，俾便讀者更清楚實際的會談實施。

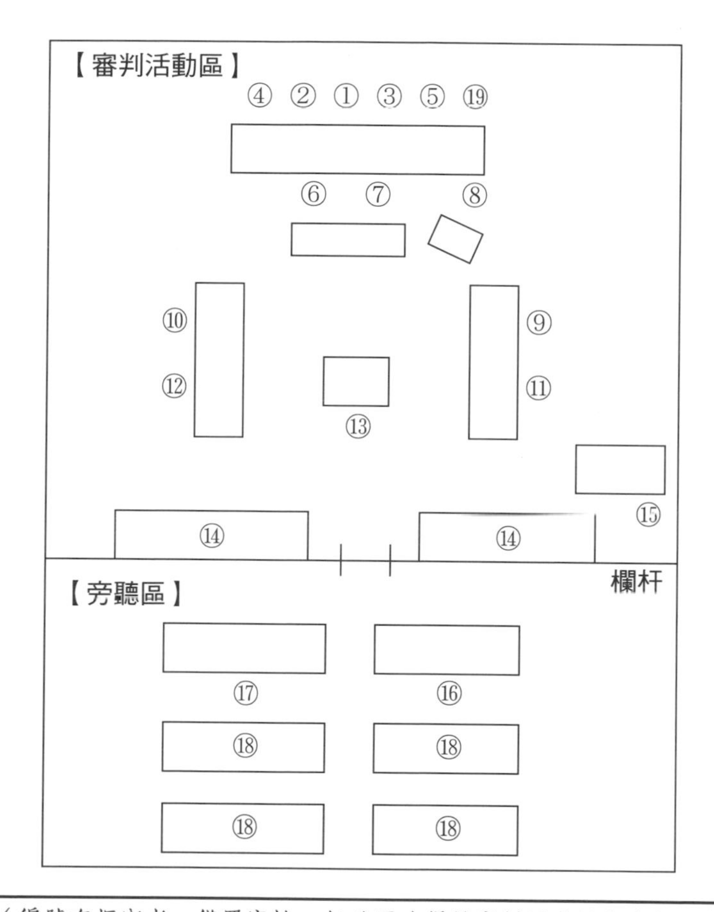

說明：（編號在框內者，僅置座椅，但必要時得於審判活動區內席位置桌）

①審判長席
②法官席
③法官席
④法官席
⑤法官席
⑥書記官席
⑦通譯、錄音、卷證傳遞席
⑧技術審查官席
⑨檢察官席（自訴代理人席）
⑩辯護人席
⑪自訴人席（附帶民事訴訟原告及代理人席）
⑫被告及輔佐人席（附帶民事訴訟被告及代理人席）
⑬應訊臺（供當事人以外之人應訊用）
⑭證人、鑑定人席
⑮被害人、告訴人及代理人席（陪同人、訴訟參與人及代理人席）
⑯學習法官（檢察官）席
⑰學習律師、記者席
⑱旁聽席
⑲調辦事法官席

附註：

一、如現行被害人席不適於布置遮蔽設備，審判長或法官得指定法庭內適當位置為被害人席位並布置遮蔽設備（如編號⑧或其他適當位置）。

二、法院因法庭之動線設計，有戒設安全考量時，得將編號⑨、⑪及編號⑩、⑫之席位為彈性對調，並將編號⑮之席位併同調整至與編號⑨、⑪同側之適當位置。

圖 6-2　刑事法庭布置圖

資料來源：全國法規資料庫網站 http://law.moj.gov.tw/，查詢日期：2022 年 6 月 20 日。

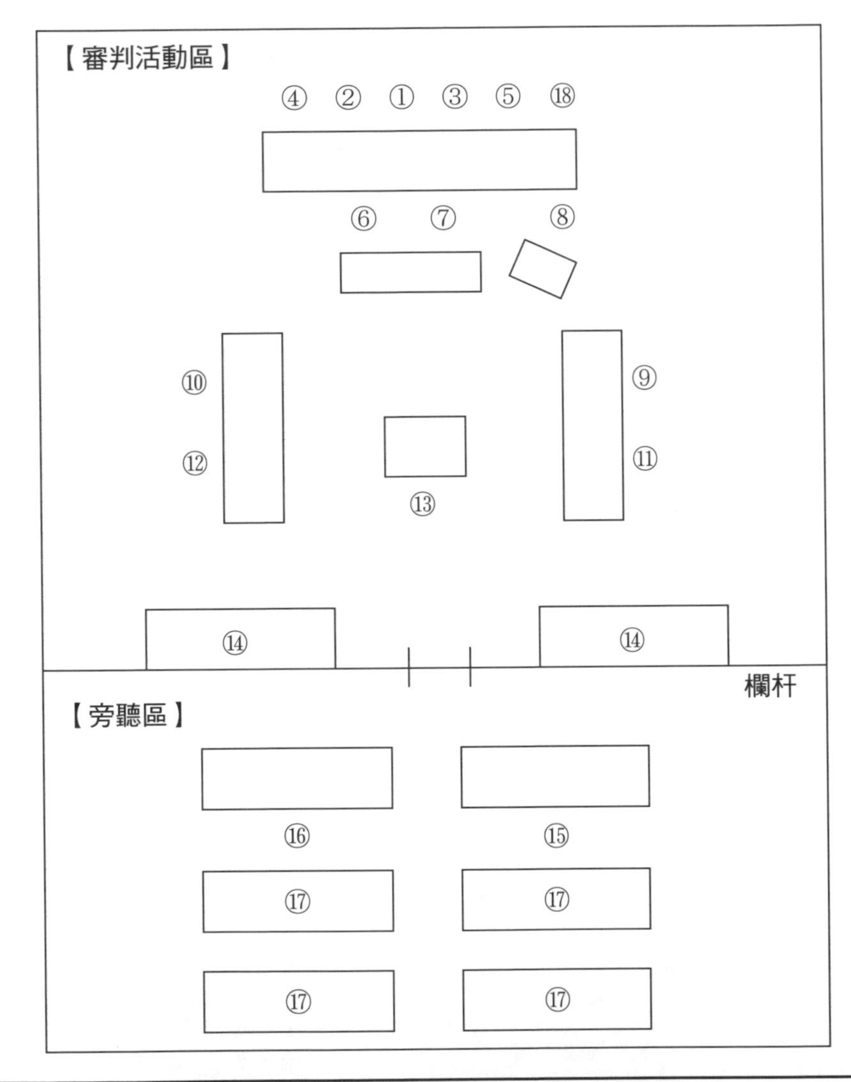

說明：（編號在框內者，僅置座椅，但必要時得於審判活動區內席位置桌）

①審判長席
②法官席
③法官席
④法官席
⑤法官席
⑥書記官席
⑦通譯、錄音、卷證傳遞席
⑧技術審查官席、商業調查官席
⑨原告（上訴人、參加人）代理人席
⑩被告（被上訴人、參加人）代理人席
⑪原告（上訴人、參加人）席
⑫被告（被上訴人、參加人）席
⑬應訊臺（供當事人以外之人應訊用）
⑭證人（專家證人）、鑑定人、獨立參加人（含智慧財產專責機關參加人）席
⑮學習法官（檢察官）席
⑯學習律師、記者席
⑰旁聽席
⑱調辦事法官席

圖 6-3　民事法庭布置圖

資料來源：全國法規資料庫網站 http://law.moj.gov.tw/，查詢日期：2022 年 6 月 20 日。

4. 在較長的回答過程中，當兒童有更多的細節描述時，可以開放式問題（open question）詢問三、四次，但也要考量兒童的年齡。

5. 如果要詢問特定或封閉式問題（closed question）時，應恢復以開放式問題詢問。（說明：如要詢問事發地點，應將「是在學校或家裡？」更改為「是在什麼地方？」；如要詢問誰是加害人，應將「是○○老師對你做這件事的嗎？」更改為「是誰對你做這件事？」）

6. 封閉式問題與引導式問題應盡量避免之。（說明：有時候仍不可避免需要詢問封閉式問題，但即便是要以封閉式問題詢問，也應是建立在開放式問題的基礎上去做詢問。）

7. 避免封閉式問題的主要原因是在避免兒童單一的回應。因為：(1)會讓兒童回答得更少；(2)兒童容易受封閉式問題的暗示性；(3)對於兒童再次回憶經驗會有問題；(4)兒童很少可以正確回答敏感性的問題；(5)兒童很少可以自發性地因應他們不知道如何回答的封閉式問題；(6)對兒童而言，回答封閉式問題是容易的。（說明：尤其是對於順從性與受暗示性高或是較低自信的兒童，他們可能會在既有的選項中說出答案，即使這些封閉式選項並沒有符合他實際情形的答案。有時候會因為詢問者過多的單一封閉式詢問，兒童會只針對問題回答，而不會有更多的回答，詢問者因而錯失許多可能的資訊；因此，在開放式問題的基礎上，鼓勵兒童針對問題逐步陳述是較可行的方式。實務上常有兒童表示因為詢問者沒有問他這個問題，所以就沒有說，此顯示以開放式問題詢問的重要。）

8. 會談過程中，若迅速轉換開放式問題，可能會傷害兒童的信任。（說明：詢問者須順著會談的話題展開詢問，而非個人想到什麼就問什麼；詢問的問題應具有脈絡性，而非跳躍式詢問。）

9. 不應使用建議式的問話（如：引導式、對發生在兒童身上的事情做解釋等）。（說明：詢問者不應就發生在兒童身上的事件加以解釋，如：「你覺得他為什麼會對你做這件事？」）

10. 兒童的語言不應被視為理所當然，其語意不應被強調。（說明：對於兒童所說的內容，如「他摸我的鴨鴨」、「他叫我摸他的大便」，針對語句中的「鴨鴨」或「大便」，應進一步了解其所稱為何，可能不是一般大人所認為的鴨子或實際的大便，也許鴨鴨與大便都是兒童表示「隱私部位」的名詞。）

11. 詢問者不應鼓勵兒童對加害人有刻板印象。（說明：如詢問兒童「那位叔叔長得怎樣？高高的？帥帥的？兇兇的？」這些都不是適當的詢問，帶有主觀評論的意涵。試想對一位學齡前或智能障礙的兒童，每個人對他而言都是「高高的」，而「帥帥的」則是每個人的主觀感覺，因人而異，且年幼孩童是否知道「帥」的定義呢？如果要確認當事人的長相，可以請兒童畫出特徵來，或是以相片等方式進行標準程序的指認。）

12. 兒童不應被鼓勵去想像事件（如：假設的情境）與虐待有關。（說明：詢問者應避免詢問假設性的案情，像是「當他摸你的時候，你有閃身想避開；但是如果他當時打你的話，你會怎麼反應？」這些是與實際案情無關聯的假設，也具有引導意涵，無助於對實際案情的了解。）

13. 一些非口語的技巧，可以當作增加會談的策略，但並非適合所有兒童。（說明：除非兒童無法以言語表達，再考量使用媒材輔助詢問，而媒材的選擇應以兒童所熟悉且詢問者具有操作訓練的專業為原則。對於智能障礙兒童，因其認知能力及口語表達能力的限制，多半會使用圖卡、圖畫等教具媒材協助詢問。）

14. 洋娃娃與玩具的使用在一些事件陳述上的使用，可能會有錯誤或不適當的連結，特別是五歲以下的兒童。〔說明：Morgan（1995）認為尤其是二歲半到五歲半的年幼兒童，因口語表達限制，可能更要仰賴媒材的協助，此與 Westcott 等人（2002）的看法略有差異。但仍要回歸到使用偵訊輔助娃娃或玩具等媒材作為偵訊輔助工具時，訊問者必須是曾受過訓練且已有經驗者，否則可能有引導的質疑。〕

15. 偵訊輔助娃娃（見圖 6-4）不宜使用在五歲以下的兒童，並應注意在詢問較大的兒童時，詢問者要知道正確的使用方式。（說明：使用偵訊輔助娃娃於偵訊過程中，需要在具有標準化的操作程序下由受過專業訓練的人員進行，方有其信效度。）

圖 6-4　有性器官的娃娃

16. 詢問兒童界定特定事件的情形（如：第一次、最近一次、印象最深刻的），可以幫助兒童提供更詳細的事件內容。（說明：除了單一的侵害事件，大部分的性侵害事件多是多次且長期的，詢問時可以就最近發生的一次或是印象最深刻的一次開始詢問起，兒童會比較容易進入記憶。）

17. 有關加害人的想法及假設性的事件不應被提及。（說明：詢問過程中，不應以假設性的問題詢問，或是詢問兒童認為加害人會怎麼說？或怎麼想？這些都不是兒童可以預期或想像的。）

從以上所揭示的會談原則，可知建立在非引導式詢問的基礎下進行會談是基本且重要的。正式詢問之前，需要讓兒童了解他要接受何種談話；首先要讓兒童知道這個會談的目的，並讓兒童知道「實話」與「謊話」的區別，例如：給兒童一張蘋果的圖片，請問他「在圖片上的是什麼水果？」如果他回答是蘋果，那麼就是實話；若回答是橘子，那就是謊話。也要告知兒童，若他對於所詢問問題的答案是不知道的，可以回答不知道；若是聽不懂問題，可以再次詢問。詢問者對於兒童的回答內容，不應給予讚美或質疑之意，這具有暗示意涵，有增強其答案是詢問者所想要得到的回答，或是該答案是詢問者不認可的疑義。

貳、美國國家兒童健康與人類發展機構詢訊問要點

根據美國國家兒童健康與人類發展機構（National Institute of Child Health and Human Development, NICHD）[4] 所發展的針對兒童之詢訊問，分為介紹階段、轉換到實質問題、調查事件、結束等程序（趙儀珊，2016；Teoh & Lamb, 2010）：

一、開場白

自我介紹、說明此次會談的目的、確認實話與謊話、告知會談過程中若聽不懂、不知道或說錯的回應方式。

二、建立關係

詢問兒童平常的喜好活動，藉此了解其平日生活型態並建立關係。

三、訓練孩子回答有關特定情節的回憶

特殊事件（選擇一件兒童最近經歷的事情詢問、盡量選擇一件與案件發生相近的事情詢問）、昨天發生的事情、今天發生的事情、偵訊本案事實。

四、把重心轉移到本案事實

進入到讓兒童了解為何今天會在這裡接受訪談、詢問本案情相關的內容；如把發生在你身上的事情從頭到尾說一次、我看到你這邊有一個傷口是怎麼造成的。

---

4 NICHD為現代婦女基金會引進，為訓練專業人員進行兒童及智能障礙者的詢問程序。

五、調查犯罪

開放式問題詢問案情（把整件事告訴我、然後發生了什麼、再多告訴我一些；你剛剛提到了○○，描述一下讓我知道）、區別不同的事實（因發生不只一次，需要就每次詢問清楚細節；針對兒童之前告知的訊息提出詢問，如最近一次發生的經過、發生了什麼事）、以直接問句詢問（詢問是何人、何時、何地、何物、如何、做了什麼）。

六、休息

此時暫時休息，詢問者藉此時將剛剛訪談的內容稍做整理，檢視是否有漏掉的訊息，並思考接下來偵訊如何進行。

七、引導兒童講出剛才沒有提到的資訊

在休息時間結束後，針對之前兒童沒有提到的額外重要資訊再多問一些開放式與直接的詢問。

八、如果兒童沒有提及所預期的資訊

只可以使用與本案有關的提詞詢問。

九、有關揭露的資訊

最近這一次事情發生後是怎麼處理的？然後發生了什麼事？別人是怎麼知道這件事情的？誰是第一個知道這件事情？這個人是怎麼知道這件事情的？還有其他人知道這件事情嗎？

十、結束

謝謝兒童的協助、詢問兒童是否還有要告訴詢問者的事情、有什麼問題想問、給予兒童聯絡方式。

十一、以中性話題閒話家常做結束

這邊結束之後你要去哪裡？做什麼？現在是幾點幾分，我們的訪談完成了。

在詢問問題時，應以開放式問題、指示性問題詢問，避免以封閉式問題、誘導性問題詢問，也要避免非實質性問題，如訓斥受訪兒童、詢問社工或被害人家屬、與社工或相關人等討論筆錄（趙儀珊，2015）。

圖 6-5、6-6、6-7、6-8 依序為兒童遊戲室、家庭會談室、等待詢訊問會談室、正式詢訊問會談室的布置（2011 年拍攝於美國佛蒙特州矯正署的兒童倡導中心，Chittenden Unit for Special Investigations, CUSI）。

圖 6-5　兒童遊戲室

圖 6-6　家庭會談室

圖 6-7　等待詢訊問會談室

圖 6-8　正式詢訊問會談室

說明：進行詢訊問的會談室裡，上方設有錄影設備，牆面設有單面鏡，當隔壁的會談室關燈，可看到詢訊問會談室裡的情形。

第三節　詢訊問輔助工具的使用

壹、選擇詢訊問輔助工具的原則

以往內政部為協助兒童及智能障礙性侵害案件偵查、提高司法起訴定罪率，而研發縫製不同性徵的男女偵訊輔助娃娃、圖卡、立體書及互動光碟等多元媒介之性侵害案件輔助工具，協助兒童及智能障礙者陳述事實（蔡和穎，2012）。目前各縣市家庭暴力及性侵害防治中心均備有偵訊輔助娃娃，但事實上，偵訊娃娃並非唯一的偵訊輔助工具，其他如繪畫、投射測驗、手偶、人體結構圖等均可為偵訊過程中指認性器官與性侵犯行為之工具。尤其，使用輔助工具者若未經專業訓練而運用之，可能會受到因輔助

工具引導暗示而得出證詞的質疑，當然也會受到法庭上辯方律師的攻訐。因此，若在偵訊過程中，未能依據科學證據原則蒐證，有可能造成未能蒐得確實證據而不起訴，錯失對於真實案件的處理；也可能因為在未具專業訓練人員的不當引導下取得不確實之證詞，造成不當起訴而誤判之結果。

選擇輔助工具的原則，洪素珍等人（2003）指出有以下考量：

1. 輔助工具永遠沒有辦法取代應進行的詢訊問過程。

2. 使用輔助工具是為了幫助接受詢問者更容易表達自己，使其更具有信心及掌控感，使詢訊問過程能較自然的表達，故不應強迫當事人使用某一輔助工具。

3. 使用輔助工具時，應接受基本訓練，並有練習機會，可增加在正式使用時的信心及使用之信效度。

4. 使用輔助工具應在筆錄製作過程中呈現出來。[5]

5. 決定是否使用輔助工具，並沒有一定的標準，應考慮下列原則：受害者的口語表達能力是否清晰、詢訊問者對於使用輔助工具是否感到有信心，可以自在地使用。

洪素珍等人（2003）指出，尚未有研究顯示何種類型案件應適用何種輔助工具或使用的適當時機。一般而言，以兒童或智能障礙者熟悉及喜歡的輔助工具為優先，可提供三種讓其選擇，若詢問者在一開始就知道兒童口語表達能力不佳，則在建立關係階段可開始使用輔助工具，如使用畫畫的方式，否則可在進入主要詢訊問的階段才使用。洪素珍等人列出以下詢訊問輔助工具的選擇，包括：白紙、著色書（書的主題不需要針對性侵害）、蠟筆、塑黏土、玩具電話、手上玩偶（如：手偶、指偶）、填充動物玩具、人體結構圖、偵訊娃娃、娃娃屋等。

不論使用哪一種輔助工具，使用者都應該事先接受充分的訓練，並有多次使用經驗，是在有自信下為之，方能讓輔助工具發揮最大的協助效用。

---

5 在筆錄逐字稿中不僅呈現口語言詞內容，也要呈現非口語部分，如表情、手勢、動作等。

若是使用者不熟悉如何操作輔助工具且缺乏自信能夠勝任的話，那麼在使用時就有可能因不當使用，造成所獲得的證詞不具效度與信度的問題。

貳、運用偵訊輔助娃娃增進兒童記憶力的爭議與討論

一、運用偵訊輔助娃娃的爭議

美國在 1990 年代有 95%的兒保機構均已使用偵訊輔助娃娃（Everson & Boat, 1990）。在性侵害案件中，一般使用於兒童的偵訊輔助工具有兩種：房間小模型（娃娃屋）與偵訊輔助娃娃的應用（Horowitz et al., 1998）。

國外使用偵訊輔助娃娃的諸多研究，多是在 1990 年代前後所為，但是 2000 年之後相關研究並不多。美國佛蒙特州矯正署的性侵害防治方案在評估兒童性侵害案件，已經不使用偵訊輔助娃娃，因為使用娃娃會被質疑有暗示性的問題，目前多是讓兒童以繪畫的方式描述其案情，以避免因引導而受到質疑（陳慧女、林明傑，2013），如圖 6-9 為兒童自行繪製人形圖，並標示身體被碰觸部位。

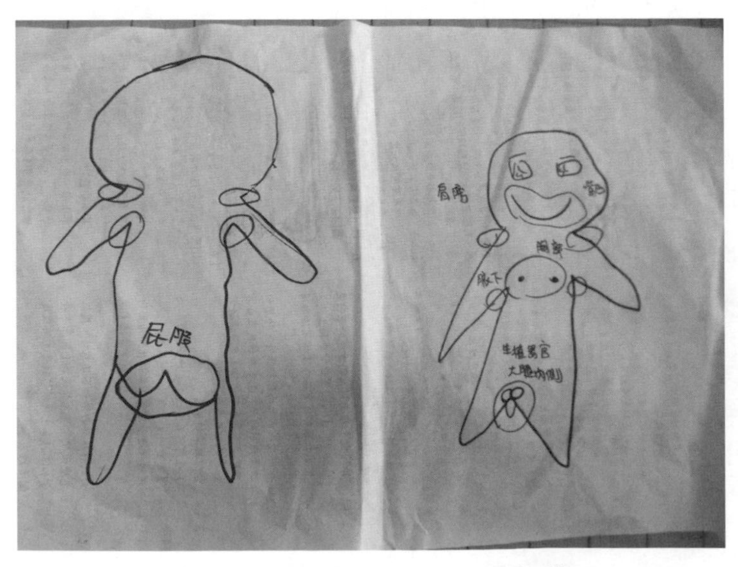

圖 6-9　標出被碰觸的身體部位

說明：兒童在薑餅人形圖上，圈出被碰觸的身體部位。

二、偵訊輔助娃娃的研究與討論

相關的研究均指出在使用輔助娃娃時，若未有標準化的程序，則容易遭受對兒童暗示性的批評。在Bruck、Ceci、Francouer與Renick（1995）的研究即發現對於三歲兒童使用偵訊輔助娃娃會增加錯誤的報告，其認為兒童可能會因暗示性的問題而改變記憶，若使用偵訊輔助娃娃則會增加其使用記憶之效應（引自 Horowitz et al., 1998: 211）。

O'Callaghan與D'Arcy（1989）研究使用輔助工具對兒童記憶的影響，讓兒童看三分鐘的錄影帶之後進行訪談，第一組做自由回憶、第二組在自由回憶後加上使用娃娃、第三組被詢問24個短答問題、第四組被詢問短答題並加上使用娃娃，結果發現：(1)在訊息上：短答問題比自由回憶可得到更多訊息，若使用輔助工具會比沒使用工具得到更多訊息；(2)在準確度上：若以短答問題詢問，則有無使用輔助工具並無差異；若自由回憶加上使用輔助工具，則會減低準確度。顯示使用輔助工具及短答問題可增加訊息量的獲得，但自由回憶加輔助工具的準確度降低，比較可以確定的是短答問題較不會減低記憶之正確度。

而在 Goodman 與 Aman（1990）的研究發現並無證據顯示使用娃娃會對記憶產生反效果。然 Bruck 等人（1995）認為年齡很重要，年齡愈小愈容易受暗示，尤其是三歲以下的兒童，其建議最好不要使用偵訊輔助娃娃（引自 Horowitz et al., 1998: 219）。Westcott 等人（2002）所揭示的兒童會談要點中，就特別指出娃娃與玩具的使用在一些事件的陳述可能會有錯誤或不適當的連結，特別是五歲以下的兒童。

Skinner 與 Berry（1993）指出使用偵訊輔助娃娃有以下的問題是需要加以質疑及注意的：(1)缺乏標準化（缺乏信度）的使用程序，不同的人使用娃娃可能會缺乏信度；(2)使用娃娃對兒童做評估時，缺乏標準化程序；(3)對於兒童的行為反應缺乏標準化的計分；(4)對於能一致性地使用偵訊輔助娃娃的方法上欠缺訓練；(5)未受侵害者與受侵害者之行為的差異應有標準化的資料可供參考。

在 Goldberg 與 Yates（1990）對於偵訊輔助娃娃在受性侵害組與未受性侵害組兒童的研究發現兩組有顯著差異，主要是在性刺激、攻擊的行為上，但是該研究也指出，娃娃的使用並不能用來證明兒童是否遭受性侵害之事實。August 與 Forman（1989）研究兩組各有 16 名五至八歲之受性侵害組與未受性侵害組之女童，在使用娃娃的會談與遊戲上之攻擊、逃避、隱私部位、自由遊戲之情形，發現受性侵害組呈現更多與性有關的行為，尤其是當其獨自與成人互動時，對於娃娃會有更多的逃避。

Morgan（1995）指出美國在 1985 至 1994 年間，有 12 個關於使用偵訊輔助娃娃的研究結果顯示：(1)一般未受性侵害的兒童在碰觸與探索娃娃的生殖器官時都滿平常的，但是曾受性侵害兒童則會出現不尋常的展示性交行為；(2)曾受性侵害的兒童比一般兒童更會以性意涵的方式去玩娃娃。Morgan 也指出有關成人與兒童記憶的研究，兩者都能有接近正確的回憶，但是兒童會困難於自由回憶及對開放式問題回應，他們更需要以特定、明確的問題詢問，或需要仰賴一些媒材的協助，尤其是二歲半到五歲半的兒童。但在使用媒材作為輔助工具時，須是受過專業訓練者。

許多對於偵訊輔助娃娃的研究都有其不同的結果與看法（Horowitz et al., 1998）；但是也沒有充分的證據顯示在評估的過程中不應使用偵訊輔助娃娃，透過對專業人員詢訊問技巧的訓練、發展出標準化的程序，應能增進使用偵訊輔助娃娃的效度（Lie & Inman, 1991）。顯然，最主要的還是發展標準化的操作程序，若能發展標準化的會談及詢問步驟，具科學的、可評量的操作流程，那麼對於兒童作為證人的信效度上會有更多的助益。

第四節 警訊筆錄過程使用偵訊輔助娃娃的案例分析

表 6-1 是某當事人案件中之疑似被害人（九歲中度智能障礙兒童）的警訊筆錄逐字稿[6]（陳慧女，2014a），左欄為詢問過程逐字稿，右欄為根據 Westcott 等人（2002）詢問要點的檢核分析說明。

表 6-1　警訊筆錄使用偵訊輔助娃娃的詢訊問過程

詢問過程（口語及非口語行為）	分析
P：你叫什麼名字？ C：×××（此時兒童手上已經拿著娃娃在把玩）。 P：好棒喔！你今年幾歲啊？ C：（手比二） S：知道嗎？二歲喔？這是幾歲？ P：你今年幾歲？ S：忘記啦？ P：你念幾年級？念哪一個學校？ M：講啊！你讀什麼國小？ P：什麼國小？你現在是念國小幾年級？一年級還是二年級？	1. 警察與社工在開始詢問之時，並未說明會談目的、未事前評估案童所習慣使用的媒材、未說明娃娃的用途，而直接給案童偵訊輔助娃娃在手上把玩。從會談開始，使得娃娃在此次會談中已有引導暗示意涵。 2. 警察回以「好棒喔」，具暗示性。在標準的會談中不能給予受訪者肯定讚美之詞。

6　本逐字稿已經當事人同意摘錄以為教學研究之用，基於隱私保密原則，已經匿名處理，並將大部分內容刪節，只節錄其中使用偵訊輔助娃娃的過程，但仍保有整體脈絡。案例可參閱陳慧女（2018）。

（續上表）

詢問過程（口語及非口語行為）	分析
S：你要講完。（把娃娃收走） ——此過程中警察及社工、案母輪流詢問兒童之學校、年級資料，但兒童答錯。	3. 社工將娃娃收走的舉動（第一次收走娃娃）在告訴案童不回答就不可以玩娃娃，意味著不聽大人指示回答就收走娃娃懲罰之。由於案童未被告知娃娃在此次會談的功用，且一直在其手上把玩，明顯已干擾會談。
P：你住哪裡？家裡住哪裡？住址是什麼，知道嗎？家裡電話是幾號？	
C：住○○那邊。	
M：你趕快講，那邊的電話是幾號？ ——兒童回答不完整，案母代為回答。	
P：那我跟你講喔，我們現在會有同步的錄影、錄音喔，所以你等下講話要大聲一點，知不知道？	
C：知道。	
P：你今天來這裡是因為什麼事情？你要告訴我們什麼事情？	
C：（沒反應）	
S：你不知道啊？	
M：你在幹麼？	
C：（一直在玩娃娃）	4. 案童在玩娃娃，社工在之前收走娃娃後，娃娃又回到案童手上。
P：你要跟我們講什麼事情？	
M：你跟警察講啊。	5. 案童一直專注在玩娃娃，似乎未聆聽警察與社工的問話。娃娃在警訊過程中有所干擾。
C：（一直在玩娃娃，此時開始一直在玩娃娃的生殖器）	
S：你看你有沒有很棒，可以講得很清楚，快點。	6. 社工告訴案童「你有沒有很棒」，這句話意味著案童要回答才會很棒，具有暗示意涵。
C：（繼續玩娃娃的生殖器）	
P：因為什麼事情要跟我們講？	
C：（繼續玩娃娃的生殖器）	
S：你跟誰的事情？	
C：（繼續玩娃娃的生殖器）	
M：講啊，趕快。	
C：（繼續玩娃娃的生殖器）	

（續上表）

詢問過程（口語及非口語行為）	分析
P：你幹麼一直玩那個啦？那個是什麼？ C：（繼續玩娃娃的生殖器）	
S：等一下再玩。（把娃娃拿走） C：（生氣、拍沙發） P：那是什麼東西？娃娃的什麼東西？哪一個器官？ C：娃娃。 S：那個地方是哪裡？那個地方叫什麼？啊？	7. 社工再次把娃娃拿走（第二次收走娃娃），意味著兒童不回答就收走娃娃，有懲罰其不回答就收走娃娃之意涵。
C：眉毛。 P：那個是眉毛喔？ S：那這個呢？（手指娃娃的生殖器）這是什麼？這個長長的是什麼？ P：那是什麼？ C：小鳥。 P：有沒有看過誰的小鳥？	8. 案童回答「眉毛」，但是社工以手指娃娃的生殖器詢問「這是什麼？這個長長的是什麼？」明顯有引導暗示。
S：還沒啊，你還沒有講完。（把娃娃收走）你講完我再借你玩。快點，你回答完這個問題，我再借你玩。為什麼你會看到？ C：○○的小鳥。 P：你為什麼會看到？是在什麼時候看到的？ C：（沒有反應） S：你還記得哪一天嗎？ C：（沒有反應） P：是他給你看的？還是你自己跑去看的？ C：他脫褲子。 P：誰脫褲子？ C：○○。 P：在哪裡脫的？怎麼脫？你要不要表演？用那個娃娃。	9. 社工將娃娃收走（第三次收走娃娃），接著又說「快點，你回答完這個問題，我再借你玩。」明顯意味著兒童不回答就不給娃娃，暗示兒童一定要講。

(續上表)

詢問過程(口語及非口語行為)	分析
C:在××地方。 ——此後過程中,經警察與社工以封閉式引導問話詢問兒童當時的過程。 C:(一直把玩娃娃)	
M:你不要一直玩。(收走娃娃) C:(兒童一直要拿娃娃玩) P:你先回答我的問題,待會兒再給你玩。 ——警察繼續詢問關於案情過程。但兒童一直在玩娃娃。	10. 案母亦跟社工一樣收走娃娃,顯示整個警訊過程中並未以標準程序使用娃娃,使得娃娃也是可以被非專業人員隨意拿取使用。案母似乎學習社工以收走娃娃要求案童回答的做法。
S:等下再玩(拿走娃娃),你先回答。 ——社工與警察繼續詢問案情、地點、時間。以封閉式問話「是不是」、「有沒有」等問句詢問。 S:你有東西沒有跟我們講。你那天有跟我們講,你沒有跟我們講。	11. 社工收走娃娃(第四次收走娃娃)並要案童先回答。
C:(沒有反應,一直在玩娃娃) M:你不要一直玩(收走娃娃),你跟他們講。你好討厭,你都不講。不給你玩了。 ——繼續詢問案情,要確認布的顏色。 P:那個布是什麼顏色的? C:(沒反應)	12. 娃娃又回到案童手中,案母再次收走娃娃。案母要案童配合回答,將娃娃收走以懲罰案童不回答,案母的行為與社工的行為一樣。
S:有沒有我們身上穿的顏色?有沒有?那個布的顏色,有沒有我們現在身上可以看到的顏色? C:(沒反應)。	13. 社工以在場每個人身上所穿衣服的顏色要案童指認顏色,然而若都沒有案童所認為的顏色的話,要如何回答?
P:有沒有圖案?花花的? C:(沒反應) S:上面有沒有圖案?有沒有繡花花啊?還是什麼?有嗎?還是你不知道?	14. 警察與社工以封閉式問題詢問顏色,若其所提之顏色都不是的話,案童要如何回答?

（續上表）

詢問過程（口語及非口語行為）	分析
C：不知道。 S：那知道什麼顏色嗎？ P：紅色還是白色？ C：白色。 S：有這麼白嗎？（手指自己的衣服） C：（搖頭） M：你快點講什麼顏色？	
S：有這麼白嗎？（手指娃娃）這個顏色嗎？ C：（手指娃娃的藍褲子） M：這個？到底是哪一個？ S：哪個顏色啊？ C：這個（手指娃娃的臉）。 P：所以沒辦法確定布的顏色及樣式。 ——繼續詢問案情，未有確定結果。 P：（拿出嫌疑人之相片）那這個是誰啊？這認識嗎？ C：認識。 P：是誰？ C：○○○。 P：這個就是○○○喔？ C：對。	15. 社工繼續用手指娃娃身上的顏色。再次顯示娃娃沒有被標準化使用，亦被當作指認顏色的工具。 16. 案童在偵訊過程中一直為娃娃所吸引，指著娃娃的褲子顏色，藍色的褲子與其剛剛所回答的白色有很大差距。
P：長得還不錯呢！ M：哈哈哈！ ——後續詢問之後即結束。	17. 警察對被告的長相評論。

說明：1.本筆錄過程大約50分鐘，僅節錄與使用偵訊輔助娃娃有關之部分進行分析。
2. P為警察、S為社工、C為兒童、M為兒童之母親。

根據上述筆錄過程及檢核，歸納出以下幾個議題說明。

一、偵訊輔助工具不僅是娃娃

從警訊筆錄可知社工與警察唯一使用娃娃作為輔助工具，未事先詢問案童所習慣使用的媒材，即直接讓案童使用娃娃。而在指認布的顏色時，社工請案童將現場所有人衣服上的顏色作為指認樣本，對一位智能障礙兒童而言，能否分辨確定的顏色？若是布有很多花紋及顏色的話，案童要如何指認確定的顏色？詢問者最後回到娃娃身上，要案童以娃娃身上顏色指認之，顯示不當使用輔助工具，且有讓案童將娃娃作為投射對象之質疑。以一個更具證據力的指認程序來說，此時應可使用圖卡讓兒童指認或請兒童以彩色筆畫出來，會較確實些。

二、使用娃娃作為輔助工具的時機

(一) 使用娃娃的標準程序

警訊筆錄過程未見娃娃被標準化使用，臚列如後：(1)在詢問開始時即給案童娃娃，案童一直在手上把玩；(2)詢問者未向案童說明娃娃的用途及如何使用；(3)社工有四度從案童手上拿走娃娃，引起案童生氣，案母也學習社工兩度拿走案童手上的娃娃；(4)詢問者將娃娃用來作為指認顏色的工具。

過程中顯示案童不知道娃娃在這個會談中是要作專業詢問之用，案童可能以為娃娃是要玩耍用，不斷把玩並探索娃娃的衣服、身體各部位。故當社工或案母拿走娃娃時，案童會生氣。而社工拿走娃娃並要案童趕快說，說了才會將娃娃還給他，此舉在心理學及特殊教育的行為修正技術中，是將娃娃作為增強及懲罰的工具，亦即案童沒有回答，就拿走娃娃作為懲罰；當案童有回答出答案時，就還給娃娃作為獎勵，此舉寓有暗示務必要說出答案。

案童自始至終都未主動說出有關性侵害案情及性器官，但詢問者卻主動指出娃娃的性器官，要案童回答：「這是什麼？這個長長的是什麼？」明顯引導暗示案童，要從案童口中說出性器官名稱。娃娃在警訊過程中未被專業的使用，連案母也介入娃娃的使用中，使得此證詞已不具可信度與確實度。Horowitz等人（1998）及Westcott等人（2002）均指出娃娃不適合用在五歲以下的兒童偵訊中，本案童為中度智能障礙相當於二至七歲心智

年齡，可見本案使用娃娃確有可商榷之處。

(二) 使用娃娃的適當時機

當詢問到有關案情過程及性器官，兒童不知如何表達，不知如何說明性器官部位及名稱、案情過程，且當兒童不熟悉或不易操作其他類型輔助工具時，即可考慮選擇輔助娃娃。在使用之前要向兒童說明娃娃的用途，並在桌上放至少四個娃娃（兩男兩女）給兒童自行選取，由兒童自行操作，而非由詢問者或是非專業者介入其中。

三、過多的誘導式詢問顯示詢問者有預設立場

筆錄中有很多封閉式詢問，如：「是不是？對不對？是這個或那個？」等，過多的封閉式詢問都可能帶有引導意涵。詢問過程應是以漏斗式詢問，從大範圍縮小到案情內容。若兒童難以回答概括性問題，可將範圍逐漸縮小到請其界定特定事件的情形，如：第一次、最近一次、印象最深刻的一次過程與經驗（Westcott et al., 2002）。

詢問者要避免有讚美鼓勵言詞，然在筆錄中可見警察與社工均曾以讚美案童好棒，來回應其說出對的答案或鼓勵其回答問題。讚美鼓勵案童好棒說出答案，一如拿走娃娃懲罰案童的不回答，具有暗示性，顯示詢問者有預設立場。通常詢問者的預設立場，多半顯示在詢問過程中不考慮其他可能性、忽略不符合其所假設的資訊、未獲得想要答案時給受詢問者壓力、就想要與不想要的回答運用不同的反應方式與鼓勵以使受詢問者做猜測（趙儀珊，2015）。本案例顯示詢問者有預設立場，並以娃娃作為懲罰或鼓勵方式，給予案童說出詢問者想要的答案之壓力。

四、詢問者不宜評論當事人

在筆錄最後段，詢問者以相片請案童指認被告，卻與案母一同評論被告長相，違反客觀中立原則，且有違「詢問者不應鼓勵兒童對加害人有刻板印象」要點（Westcott et al., 2002）。警察只是提供照片指認，不應對相

片有任何情緒的反應，這些反應可能會影響到任何當事人。而且，進行照片指認（photo id）有其標準程序，一般是向受害人或目擊證人展示一張或多張照片，讓他們指認嫌疑犯（郭乃嘉譯，2002）。本案之警察只提供一張照片，在指認程序上即不符合標準程序，顯示警察要案童確認就是這位加害人；然而，若當本案尚未確認何者為加害人或加害人有多人時，則此指認即有預設立場的誘導之疑。

此外，在詢問過程中，應只有社工陪同案童接受詢問，案母不應出現於詢問場合，對詢問的過程造成干擾。本案呈現案母多次代替案童回答，並影響詢問過程，已使證詞受到汙染。

第五節 結語

美國兒童保護人員在兒保案調查中常見的錯誤為：出於調查者先入為主的觀念、未將虐待事件置於整體脈絡中了解、晤談技巧的問題等（余漢儀，1995）。這三者環環相扣，先入為主的觀念並將事件單獨化，都可能造成調查人員的誘導式詢問，使得兒童受到過多的暗示，致未能獲得確實的資訊。因此，發展標準化的詢問步驟及科學的、可評量的操作程序，並訓練出能有效使用詢問程序的專業人員，以提升兒童證詞的信效度是很重要的。

延伸閱讀

財團法人勵馨社會福利事業基金會編輯、內政部家庭暴力及性侵害防治委員會執行（2012）。《我們的法庭系列 101 年修訂版》。新北市：內政部家庭暴力及性侵害防治委員會。

陳昭如（2019）。《無罪的罪人：迷霧中的校園女童性侵案》。臺北：春山出版。

電影：《無盡的控訴》（*Indictment: The McMartin Trial*）。

Chapter 7

個案紀錄及法庭評估報告

社會工作的服務過程，都是以紀錄方式留存下來。紀錄的方式包括錄音、錄影、書面紀錄等，最經常使用的方式為書面紀錄。在維護當事人權益及重視責信的原則下，紀錄是最原始、最具體的文書資料與證據。社會工作者應謹慎、具體、清楚、有邏輯地寫下處遇內容，不僅保護當事人，也保障本身專業。本章就個案紀錄、服務同意書、法庭評估報告等詳述。

個案紀錄與服務同意書

壹、撰寫個案紀錄

一、個案紀錄的定義

在《社會工作辭典》定義個案紀錄（case record）為：社會工作者對日常所服務的個案會談及有關聯絡之文字記載資料。社會工作者透過紀錄的程序可以發現會談中的重要意義所在，並為繼續的專業服務提供有利之證據。每一完整的個案資料夾有申請表、接案表、服務登記表、個案服務紀錄、轉介紀錄、結案紀錄等資料（廖榮利，1992）。

二、個案紀錄的重要性

個案紀錄是對於提供給當事人的服務做詳盡的紀錄，主要功能有：提供服務的證明、持續服務工作、掌握服務品質、協助工作人員組織其思維、機構督導之審閱與指導、專業之間的溝通、在法律訴訟中機構的自我防衛工具、治療的工具、教學的工具、評價與社會研究等（潘淑滿，2000）。其中，個案紀錄為法律訴訟中機構的自我防衛工具，意味著紀錄具有法律文件的意義，也就是說白紙黑字記載著社會工作者對當事人所做的每一項評估與處遇，這些文件資料都會成為當事人在法律訴訟中的參酌資料或證據，因此，撰寫紀錄時尤應謹慎，也是重要的專業訓練。

社會工作者在個案量多、工作忙碌下，多半承載著撰寫紀錄的壓力。研究指出社會工作者撰寫紀錄時面臨以下困難：占工作時間約 50%，常面臨紀錄難寫、沒時間寫、要再次回想並承受案主負面情緒的負擔等（汪淑媛，2011）。然而，個案紀錄仍是記載工作軌跡、專業之間溝通、增進專業能力不可或缺的專業要件。

三、個案紀錄的格式

社會工作的紀錄格式有過程紀錄、摘要紀錄、問題取向紀錄等（潘淑滿，2000）。

(一) 過程紀錄

為敘說報告形式，將整個服務過程所發生的任何事件均詳實紀錄，可能是採逐字、逐句方式紀錄，或是以簡單敘述方式描述。此類型之紀錄常用於教育訓練，對實習生、新進社會工作者的督導與訓練。

(二) 摘要紀錄

以摘要及分門別類方式紀錄個案資料，內容包括個案基本資料、發展史、問題評估、處遇計畫、定期評估紀錄、結案紀錄等。此類型格式適用於對長期持續性的個案服務，能夠綜覽及了解個案服務的脈絡。

（三）問題取向紀錄——以SOAP紀錄格式為例

此種紀錄形式最常用於專業整合的機構中，尤以醫療機構最為普遍，目的在增進不同專業之間的溝通及相互了解，以增進對當事人的服務。問題取向式紀錄形式包括檢核表（checklist）及SOAP格式（潘淑滿，2000）。

在撰寫紀錄時須將主觀與客觀資料加以分開，對社會工作者而言，多以問題取向紀錄（problem-oriented record）的格式撰寫，將當事人所呈現的問題加以臚列，並加上最新及最近對其處遇過程中的發現，須以其問題為中心來描述（Barker & Branson, 2000）。這種格式即類似於醫療領域中的醫師、護理師撰寫之病例紀錄格式，也較能具體、明確地呈現。而提供司法訴訟有關的個案紀錄格式，建議仍以問題取向的個案紀錄方式較為適宜，以下說明SOAP之格式（Barker & Branson, 2000）。

1. **當事人主觀的陳述**（Subjective, S）

由當事人對本身及其家庭之主觀概況的陳述，社會工作者依據其陳述紀錄下來，勿加上個人主觀的觀察或意見。

2. **專業人員客觀的看法**（Objective, O）

由社會工作者對當事人的直接觀察、引述之資料、測驗結果及其他文件資料而整理的對當事人的看法。

3. **初步的評估或診斷**（Assessment, A）

根據主觀及客觀的資訊，對當事人所作的預估，包括可能的診斷與發現。

4. **預定的處遇計畫**（Plan, P）

根據上述SOA的過程與內容，社會工作者對當事人的問題所做出的未來處遇步驟、方式與內容。

社會工作者需要堅守客觀原則，對所觀察到的現象、當事人所陳述的內容忠實的描述，避免個人主觀的判斷。當完成紀錄，簽名或核章之後，就對所服務的當事人及撰製的紀錄與報告負責。

四、個案紀錄的保存

個案紀錄應安全保存完整，鎖在靠近社會工作者的辦公室，避免遭竊、火災、水災等之毀損、遺失或易位，這是專業的重要職責（Barker & Branson, 2000）。《社會工作師法》第16條：「社會工作師執行業務時，應撰製社會工作紀錄，其紀錄應由執業之機關（構）、團體、事務所保存。前項紀錄保存年限不得少於七年。」個案紀錄的保存是以七年為期，然而為保障當事人，有的紀錄也許不只保存七年，尤其是涉及司法案件或兒童少年保護案件，因為訴訟需要或兒童少年的安置期間長久，可能視實際需求延長保存年限。

紀錄是機構及專業人員所要保存的專業文件，若是因為當事人法律訴訟的原因，地檢署或法院需要調閱紀錄的話，專業人員應將服務內容做重點摘要整理後提供完整的書面報告，避免提供全部的紀錄。主要原因是基於隱私保密原則，不宜提供鉅細靡遺的紀錄與文件內容；另方面，所有的紀錄與文件可能相當多且繁雜，非身為專業人員可能毫無頭緒與重點而無從閱讀起，尤其檢察官與法官承辦案件多，若能提供有系統的精要報告，則能協助其對案件快速的了解，故提供經過濃縮重點的服務摘要報告會是切合實際的方式。此報告內容架構包括：(1)個案背景概述，含個人成長、家庭成員概況及家庭互動關係；(2)主要問題；(3)服務期間及所提供的服務內容；(4)服務至今之改善或進步情形；(5)特殊情形的說明等。

貳、服務同意書

對社會工作者及當事人而言，在開案之初說明如何提供服務、時間、保密及例外等，是一種告知的程序及結構服務的合作過程。同意書的內容應是簡單、言簡意賅，為當事人所清楚明瞭的，記載著雙方對彼此在治療關係中的期待與責任（Barker & Branson, 2000）。一般的內容為：守時、保密及保密之例外、收費額度、請假及其他相關議題等，並且雙方簽名存留，

以示明瞭服務的權利與義務，服務同意書如表 7-1。

表 7-1　服務同意書範例

○○社會福利機構服務同意書

本機構所提供之服務為針對○○對象兒童、青少年、婦女及其家庭之社會工作專業服務。本機構之服務由當事人（及監護人）提出申請，或由其他機構專業人員轉介而來。接受服務的當事人會被明確告知所提供的服務，且有關個人的所有資料將會受到嚴格保密，除了以下情形之外，不會無故洩漏給任何個人或機構。

1. 在社會工作者研判並認定當事人本人、他人或社會可能面臨明顯且立即的危險時，本機構會將資料提供給法定單位。
2. 當事人如為未成年人時，若其有重大決定事項應告知監護人。
3. 若法院為審理案件需要社會工作處遇之資料，則在維護當事人之最佳利益下，將資料摘要整理後提供給司法機關。
4. 若當事人有醫療方面的需要，則在確認需要狀況下將資料提供給醫療人員。
5. 在接受社會工作的服務期間，會準時前來，若因事不克前來，會事先聯繫告知。

同意人姓名：　　　　　　　　　　　日期：

監護人姓名：　　　　　　　　　　　日期：

社會工作者姓名：　　　　　　　　　日期：

第二節 法庭評估報告

壹、法庭評估報告的功能與原則

一、法庭評估報告的功能

提供給法庭的報告是社會工作者綜合當事人的評估、處遇等個案紀錄及相關資料，加以整理撰製。基本目的是提供法庭有關當事人案情相關的社會心理評估內容，給予法官、檢察官參酌。撰寫的方式及用詞，以令非專業者的一般人都能看得懂為原則。Melton、Petrila、Poythress 與 Slobogin（1997）認為法庭評估報告有以下三個重要功能：

1. 它是一個經過評估之後所做的專業紀錄。評估的內容是透過專業人員的會談、調查方法，以及所轉介之專業人員所提供的資料而呈現，在評估中的發現與限制部分也應撰寫於報告中。

2. 報告能促進實務工作者將當事人的相關資料加以組織，也能協助工作者對於證詞做檢核及預做準備。

3. 可以提供非正式協商的基礎。一份寫得完整而清晰的報告，可以滿足兩造對報告的發現及結論產生共識，也能夠當作非正式和解，如認罪協商或法庭外和解的基礎。

二、撰寫法庭評估報告的原則

在撰寫報告方面，Melton 等人（1997）提出以下四個原則：

1. **須根據事實來做推論**。包括：轉介來源、訪視或觀察的概要、註明相關資料的來源、有關當事者的背景資料、臨床上的發現、將前述資料整合並以邏輯或理論的核心主題指出其臨床上與法律議題相關之處。

2. **須根據所轉介的問題來陳述內容**。

3. **避免所提供的內容超出本身所具備的專業知識與技術**。

4. **避免使用專業術語**。也就是所寫的報告，必須讓非專業者的一般人都能看得懂。

貳、社會工作法庭評估報告

一份完整的評估報告內容，依序應包括下列各項：

一、基本資料

報告撰寫人、撰寫日期；當事人姓名、性別、年齡、學歷。

二、轉介來源

說明是何時、由何單位轉介而來，以及轉介原因。

三、背景資料

當事人的家系圖（家庭結構）、家庭關係簡述（家人互動）、學校概況簡述、工作概況簡述。

四、社會暨心理評估

說明當事人在處遇過程中的生理、心理、社會整體面向。若當事人曾接受心理諮商（若曾接受心理測驗，可將測驗結果簡述於心理狀態中）、醫療（身體或精神方面之疾病與治療）或其他處遇，亦將之擇要撰寫於內。

五、社會工作處遇過程

摘要當事人處遇過程的要點，應根據當事人之生理、心理、社會評估結果所擬定的處遇目標撰寫。

六、結論與建議

根據前述各項內容，做出簡要結論，此結論必須是有邏輯的、前後一致，最後對閱讀這份報告的閱讀者提出一些建議與提醒。在撰寫建議時，可能會有社會工作者的觀點，但是這個觀點應是從當事人的最佳利益、源自於上述評估資料而來、有邏輯脈絡地提出中肯建議。

七、社會工作者簡介

根據教育、訓練、經驗（education, training, experiences, ETE）等三向度，簡述說明自己在此專業上的資歷。

八、保密原則

說明報告的保密原則、閱讀報告者的保密原則、遵守《社會工作師法》及倫理守則等。

上述之第四及第五項，須根據司法機關所欲了解的目的而撰寫，報告長度以 A4 紙張的三、四頁，能讓閱讀者容易理解、快速抓住重點、清楚明瞭、不會造成模糊或誤解為原則。撰製法庭評估報告的範例，如表 7-2。

參、心理鑑定報告

關於心理師接受委託擔任鑑定人的心理鑑定報告內容，如表 7-3。擔任鑑定的專業人員須具有該領域的專業知能與豐富的實務經驗，並應時時反思並檢視自我與專業，盡可能以客觀的立場，不帶偏見地進行鑑定工作。然實務上仍可見以下影響鑑定實務與結果的問題，如：所使用的測量工具未具信度與效度、所使用的測量工具並非最新穎、鑑定報告內容及建議包含了不在鑑定範圍內的人事物[1]、鑑定報告內容包含對案件的評論[2]，此可能因鑑定人有既定的立場或未覺察的偏見致鑑定報告呈現對某方的評論或涉及未在鑑定範圍的建議。因此，專業的鑑定報告應具有脈絡性與邏輯性，而委託鑑定的單位，也應是採此原則閱讀鑑定報告，再三審酌，以作為審判之參酌。

---

1 例如：在鑑定被害人的報告中，鑑定人在結論裡書寫其對加害人及非直接關係人的主觀看法。

2 例如：在鑑定被害人的報告中，鑑定人於建議中書寫其對加害人犯行的評論意見。

表 7-2 法庭評估報告範例

社會工作評估報告

評估日期：　　年　　月　　日　　　　　　　　評估人：
當事人：（案號）　　　　　　　　　　　　　　性別：
年齡：　　歲　　　　　　　　　　　　　　　　學歷：

轉介來源

本案由○○中心轉介××機構進行社會工作處遇工作。當事人自×年×月×日起接受本機構之處遇，至今共計進行○次家訪（每次 1 小時），○次電訪（每次約 15～30 分鐘）。

1. 轉介問題
   依據轉介單上之轉介問題載明。
2. 轉介目的
   依據轉介單上之轉介目的載明。

背景資料

1. 家庭概況
   就家庭成員現況及互動（父母關係、管教情形、手足關係等）、經濟狀況、重要事件等重點描述。
2. 學校概況（或職場概況）
   - 學習及學業成就
   - 同儕與師生關係
   - 其他之人際關係
3. 社區與社會資源互動概況

社會暨心理評估

1. 生理狀況
   健康狀況、是否有先天或後天之疾病、特別的身體狀況（身心障礙）等。
2. 心理狀況
   認知、情緒、行為、精神狀況等之描述。若有心理測驗資料，將測驗結果加以說明。若有接受心理諮商，說明諮商次數、時數、轉介諮商原因、諮商成效等。
3. 社會狀況
   社會資源、社會支持內容及情形等。

（續上表）

主要問題評估

根據社會心理評估內容概念化當事人的主要問題，可將其問題以標題列出，再於每一問題標題下詳述內容。如：

1. 親子關係衝突
2. 手足競爭壓力
3. 學校課業壓力

社會工作處遇過程

依據主要問題評估所提供的社會工作處遇計畫內容及結果摘要整理，可條列說明，最好於每個條列項目加上一個經過概念化的標題，以方便閱讀者了解。如：

1. 針對親子衝突提供親職教育
2. 提供手足會談增進雙向溝通
3. 協調老師提供課後補救教學

結論與建議

1. 上述內容為社會工作師協助當事人過程之摘要，僅作為司法之參考。
2. 由於多次的偵訊，當事人述及案情內容時情緒顯得較為激動，建議注意當事人及其家人對司法的反應。

社會工作師資歷

姓名：
學歷：
經歷：
現職：

保密原則

依據《社會工作師法》及《社會工作師專業倫理守則》之規定，基於專業保密原則，本報告除××機構主責社工師、督導、行政主管、〇〇中心主責人員及督導、當事人之律師、檢察官、主審法官、被告律師之外，其他人不得閱讀。

簽名：

日期：　　年　　月　　日

表 7-3　心理鑑定報告範例

心理鑑定報告

衡鑑日期：　　年　　月　　日　　　　　　　　鑑定人：
當事人：（案號）　　　　　　　　　　　　　　年齡：

前言

說明本鑑定報告的緣由。

背景資料概述

描述個人現況及家庭概況（家庭結構、互動關係及現狀）。

心理衡鑑內容

說明實施心理衡鑑的方式及所施測的量表。如：

1. 會談
   (1)行為觀察
   (2)會談摘要：依據當事人之生理、心理、社會、行為等現況摘要描述（如身體狀況、工作情形、性別關係、學業成績等）
2. 測驗一名稱
   描述施測結果及解釋在臨床上的意義，應以讓人理解的文字說明測驗結果所代表的意義。
3. 測驗二名稱

心理狀況評估

就背景資料、心理衡鑑等結果概念化對當事人的評估，以標題概念後再詳述於後，如：

1. 心理狀態
2. 行為表現
3. 家庭關係

結論與建議

綜合上述衡鑑內容、心理狀況評估所得資料，以有邏輯、脈絡、條理的原則提出本鑑定報告之結論，並附帶提出建議。

（續上表）

鑑定人資歷 姓名： 現職： 學歷： 經歷： 證照： 專長： 聯絡方式： • 依據教育、訓練、經驗，如學歷、證照、相關專業訓練、專業學會會員、鑑定經驗（案例及曾獲採用數量）說明鑑定人資歷。 **專業倫理的保密** 簽名： 日期：　　年　　月　　日 **參考文獻** 若報告內容有引述相關研究與文獻資料，附於最後條列之。 **附件資料** 如有本案件相關的附加說明資料，則依序附上附件。

第三節 結語

對當事人而言，紀錄是接受服務的證明；對社會工作者而言，紀錄是提供服務的證明；在司法上，紀錄是一項法律文件。因此，學習並精進有效率地撰寫紀錄，是專業工作的要項，而這些服務紀錄，也見證了當事人的生命足跡。

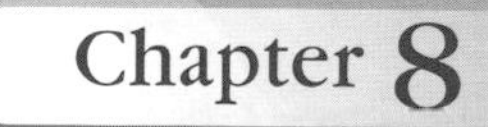

社會工作者的陪同出庭

性侵害犯罪、違反《家庭暴力防治法》之保護令者屬於刑事案件，此等案件的被害人在法律上除了是被害人的角色之外，也是證人的角色。為使被害人能夠在友善的司法環境下出庭，安排陪同人在場並得陳述，已規定於若干法規中。社會工作者在被害人的保護過程中，一直扮演著重要角色，擔任陪同人提供被害人心理支持與穩定情緒，以保障被害人的權益。爰此，本章從犯罪被害人的地位探討社會工作者在家庭暴力及性侵害案件之陪同人角色、法源及陪同出庭實務。

犯罪被害人的法律地位與保護救濟

壹、犯罪被害人的法律地位

我國刑事訴訟的設計，以往較缺乏被害人的保護機制。使得被害人除了要面對出庭的恐懼之外，還要面對司法人員態度的不敏感與不夠友善、出庭環境空間的不安全、欠缺與司法人員溝通的管道、司法制度設計不佳、欠缺申訴管道等問題（謝協昌，2005）。這使得出庭成為被害人的一大壓力，被害人視出庭為畏途，在追求公平正義的過程中，面對漫長且艱辛的訴訟過程。

隨著《刑事訴訟法》於民國109年修正公布，開始賦予被害人刑事訴訟的主體地位及程序保障，故增訂被害人保護措施、被害人參與本案的訴訟程序、被害人陳述制度，以提升被害人在刑事訴訟程序的地位（楊智守，2021）。如此方能使被害人具有資訊獲得權、程序參與權、程序權利保護等權利，以落實被害人權利保護的刑事訴訟制度之建構，如此方可保障被害人的權益，不再視刑事訴訟為畏途，使其尊嚴與權益獲得充分的尊重與保護。

貳、犯罪被害人的保護與救濟

被害人除了經由司法程序尋求正義與權益之外，在司法程序之外的救濟措施主要是由犯罪被害人保護協會提供服務。我國在民國87年訂定《犯罪被害人保護法》，並成立犯罪被害人保護協會，在各縣市均設有分會。其成立主旨在協助犯罪被害人、遺屬及性侵害被害人，能在司法程序之外，得以解決其生活困境、撫平傷痛、重建生活，並保障權益。依據《犯罪被害人保護法》第30條規定，辦理被害人有關生理與心理醫療及安置協助、偵查與審判中及審判後之協助、申請補償或社會救助及民事求償之協助、調查犯罪行為人或依法應負賠償責任人財產之協助、安全保護之協助、生心理治療及生活重建協助、被害人保護宣導等業務。透過對犯罪被害人及其遺屬在法律、心理、安置、經濟等之救濟與保護，提供被害人在司法之外的救濟措施及福祉保障。

第二節 社會工作者陪同出庭的法源

壹、陪同出庭的考量

為避免犯罪被害人遭受二度傷害、被害人出庭意願低、出庭後情緒受影響致未能完整陳述等因素考量，相關法規均將被害人的法定代理人、配偶、直系或三親等內旁系血親、家長、家屬、社工人員、醫師、心理師、輔導人員納為陪同人，並得陳述意見。而為提升被害人在刑事訴訟程序的地位並保障其權益，《刑事訴訟法》於民國 108 年修法，規定在偵察及審判階段中，除了親屬、專業人員之外，亦將被害人所信賴之人納入陪同人。

陪同人的角色在協助被害人於法庭活動的進行，應遵守專業倫理，以維護被害人之權益。此於《性侵害犯罪防治法施行細則》第 7 條規定：「醫師、心理師、輔導人員或社工人員依本法第十五條第一項規定陪同被害人到場陳述意見時，應恪遵專業倫理，並注意維護被害人之權益。」

貳、陪同出庭的法規

我國對專業人員的陪同出庭，在《家庭暴力防治法》、《性侵害犯罪防治法》、《兒童及少年福利與權益保障法》、《兒童及少年性剝削防制條例》、《人口販運防制法》規定未成年人應有社會工作者陪同出庭，至於成年被害人，則尊重其意願選擇是否需要陪同人。對於未成年人、受監護或輔助宣告之人，在《家事事件法》規定社工人員的陪同出庭。對智能障礙嫌疑人，在《刑事訴訟法》、《軍事審判法》中對社工人員擔任輔佐人之陪同的規定，詳見表 8-1。

表 8-1　社會工作人員擔任陪同人的法規

法規名稱	內容	專業陪同人員
《家庭暴力防治法》	• 第 13 條第四項：「被害人得於審理時，聲請其親屬或個案輔導之社工人員、心理師陪同被害人在場，並得陳述意見。」 • 第 36-1 條：「被害人於偵查中受訊問時，得自行指定其親屬、醫師、心理師、輔導人員或社工人員陪同在場，該陪同人並得陳述意見。被害人前項之請求，檢察官除認其在場有妨礙偵查之虞者，不得拒絕之。陪同人之席位應設於被害人旁。」 • 第 36-2 條：「被害人受訊問前，檢察官應告知被害人得自行選任符合第三十六條之一資格之人陪同在場。」	社會工作人員、醫師、心理師、輔導人員
《性侵害犯罪防治法》	• 第 15 條第一項：「被害人之法定代理人、配偶、直系或三親等內旁系血親、家長、家屬、醫師、心理師、輔導人員或社工人員得於偵查或審判中，陪同被害人在場，並得陳述意見。」 • 第 15 條第三項：「被害人為兒童或少年時，除顯無必要者外，直轄市、縣（市）主管機關應指派社工人員於偵查或審判中陪同在場，並得陳述意見。」 • 第 15-1 條：「兒童或心智障礙之性侵害被害人於偵查或審判階段，經司法警察、司法警察官、檢察事務官、檢察官或法官認有必要時，應由具相關專業人士在場協助詢（訊）問。但司法警察、司法警察官、檢察事務官、檢察官或法官受有相關訓練者，不在此限。」	社會工作人員、醫師、心理師、輔導人員
《兒童及少年福利與權益保障法》	• 第 61 條第二項：「兒童及少年接受訪談、偵訊、訊問或身體檢查，應由社會工作人員陪同，並保護其隱私。」	社會工作人員

（續上表）

法規名稱	內容	專業陪同人員
《兒童及少年性剝削防制條例》	• 第 9 條第一項：「警察及司法人員於調查、偵查或審判時，詢（訊）問被害人，應通知直轄市、縣（市）主管機關指派社會工作人員陪同在場，並得陳述意見。」 • 第 10 條第一項：「被害人於偵查或審理中受詢（訊）問或詰問時，其法定代理人、直系或三親等內旁系血親、配偶、家長、家屬、醫師、心理師、輔導人員或社會工作人員得陪同在場，並陳述意見。於司法警察官或司法警察調查時，亦同。」	社會工作人員、醫師、心理師、輔導人員
《人口販運防制法》	• 第 24 條第一項：「人口販運被害人於偵查或審理中受訊問或詰問時，其法定代理人、配偶、直系血親或三親等內旁系血親、家長、家屬、醫師、心理師、輔導人員或社工人員得陪同在場，並陳述意見；於司法警察官或司法警察調查時，亦同。」	醫師、心理師、輔導人員、社會工作人員
《家事事件法》	• 第 11 條第一項：「未成年人、受監護或輔助宣告之人，表達意願或陳述意見時，必要者，法院應通知直轄市、縣（市）主管機關指派社會工作人員或其他適當人員陪同在場，並得陳述意見。」	社會工作人員
《刑事訴訟法》	• 第 35 條第三項：「被告或犯罪嫌疑人因精神障礙或其他心智缺陷無法為完全之陳述者，應有第一項得為輔佐人之人或其委任之人或主管機關、相關社福機構指派之社工人員或其他專業人員為輔佐人陪同在場。但經合法通知無正當理由不到場者，不在此限。」 • 第 248-1 條第一項：「被害人於偵查中受訊問或詢問時，其法定代理人、配偶、直系或三親等內旁系血親、家長、家屬、醫師、心理師、輔導人員、社工人員或其信賴之人，經被害人同意後，得陪同在場，並得陳述意見。」	社會工作人員、醫師、心理師、輔導人員

（續上表）

法規名稱	內容	專業陪同人員
	• 第 271-3 條第一項：「被害人之法定代理人、配偶、直系或三親等內旁系血親、家長、家屬、醫師、心理師、輔導人員、社工人員或其信賴之人，經被害人同意後，得於審判中陪同被害人在場。」	
《軍事審判法》	• 第 70 條第二項：「被告或犯罪嫌疑人因神經系統構造及精神、心智功能有損傷或不全，無法為完全之陳述者，應有第一項得為輔佐人之人或其委任之人或主管機關指派之社工人員為輔佐人陪同在場。但經合法通知無正當理由不到場者，不在此限。」	社會工作人員

此外，在社會福利法規中，於《身心障礙者權益保障法》的第 84 條第二項也規定社會工作者得為當事人之輔佐人：「刑事被告或犯罪嫌疑人因精神障礙或其他心智缺陷無法為完全之陳述時，直轄市、縣（市）主管機關得依刑事訴訟法第三十五條規定，聲請法院同意指派社會工作人員擔任輔佐人。」除了擔任陪同人之外，對於身心障礙者在司法上的協助，社會工作者亦有法定上的輔佐人角色。

第三節　社會工作者陪同出庭的實務

壹、當事人對陪同出庭的看法與經驗

出庭的經驗是百味雜陳的，從當事人的陳述可見實際境況，以下摘錄部分訪談經驗（陳慧女，2012），以貼近了解當事人的感受。

一、出庭是令人緊張的事情

「其實我們真的沒有上過法院，還是會緊張。」（C）

二、肯定社會工作者的陪同

社會工作者陪同出庭，令當事人的精神有被支持感、安定感，可以穩定地面對出庭過程，如：

「社工比較懂得怎麼陪同你，怎麼安撫你的情緒……我覺得社工有時候他扮演的角色還不錯……就是那個社工給我的感覺，他還滿會幫我。」（A）

「有社工會有一種安全感，……我是覺得我還不錯，我還有社工，雖然他沒有辦法幫我講話，可以覺得他是陪我的。那是精神上的支持，當我們有需要幫忙的時候，有人幫你，有朋友支持你，你那種感覺就很溫馨啊。」（A）

「他可以幫助我們當時害怕、懦弱的時候，給我們支持跟鼓勵。還有就是我們講話，遇到我們講不出來的時候，他可以幫我們發言，就不用像有些人氣到沒辦法講話。如果當時他人在那邊的話，社工可以替他發言啊，那至少這個庭就可以開完了，還是有個結果。」（A）

「有社工在就有安全感，因為有些地方我們不懂，社工懂啊，他會幫我們發言。……那社工幫我們發言，法官比較能接受。那我們的發言，法官也許聽起來霧煞煞，總覺得你說的那些可能都是沒有營養的。……那你講那些沒有營養的，法官也懶得聽。」（B）

三、出庭前備妥充足的證據

在出庭之前，務必準備充分的證據，如：

「那個社工告訴我，他說上法庭是這樣子的，你必須充分的準備那些錄音帶、證據，有的沒有的，如果你沒有那些證據喔，你就很難讓法官接受那個事實，讓法官來定罪。」（B）

四、針對問題回答法官詢問

清楚知道出庭的目的所在，不要講偏了，如：

「你要知道你出庭，你的用處在哪裡，你不要講歪了、講偏了，這個就是心理建設。」（B）

出庭時的陳述要針對問題回答，不要文不對題，如：

「法院就是很嚴肅的地方，……你的每一句話都是話，不要講太多，重點說一說就好，講太多是沒有用的，法官聽了會不耐煩。」（B）

「你不要被法官嚇到，不用太緊張，把你原來所要講的，以你的所求去講。」（B）

「我們不可能從頭說到尾一一陳述，那可能要花很多時間，那我們也是只能擇該說的重點部分講。」（C）

五、理性與情緒穩定很重要

在出庭的過程中，很重要的是穩定自己的情緒，有位當事人在法庭上因情緒失控而自責後悔不已，如：

「我整個人失控了、失控了，我打自己的頭，打自己的身體，我也掉了眼淚。我不能停止那個失控的情緒。後來那個書記官跟法官講說，她失控成這個樣子，沒辦法再開庭了啦。……就請旁邊，法院的社工把我帶到另外一個地方談。」（B）

有穩定的情緒方能理性面對出庭過程，如：

「我會把崩潰留在後半段，因為你崩潰對你事情沒有解決嘛。……但是不是說會崩潰啊，我那天崩潰，但是我是出了庭之後……我是走出去，我才大哭的。我是建議說，當對方講的是謊言的時候，你要告訴自己，要百分之百的確定，反駁他的謊言，崩潰留在後半段。」（A）

六、維護人身安全以避危險

在出庭之前與之後的安全保護甚為重要，可以預做保護措施，如：

「就提早跟社工講說我不想跟我先生碰面，提出分開偵訊的動作。然後在法院附近有安全接駁你的人，避免他在外面堵你。」（A）

「我是覺得說能夠在等訊的時候，最好能夠隔開，不然這樣子一方面滿緊張，一方面又看到他，整個心情就是很糟。」（D）

「我是希望說偵訊完之後，像我們是往兩邊走嘛，我們有一個方式就是說，能不能就是說由我們先走，他們晚一點再走，因為同時一起走的話，那種感覺很害怕。」（A）

若無特別必要的話，不要帶小孩出庭，如：

「如果你是個人聲請保護令，小孩不要出現，因為小孩出現會不方便。」（A）

七、體諒當事人創傷與無奈

當事人認為法官在問案態度與方式應考量當事人的創傷。如：

「問案方式要盡量緩和，因為很多當事人心理上必定是很受傷，他受傷不是單純說身體被打，心靈上一定是長期受傷。」（A）

家人之間發生暴力而必須在法庭上提告是很無奈的，法官應體諒家人間的感受，如：

「我是覺得說法官有需要再多做一些調整一下，多體會一下受害者的那種感覺……因為這個家暴都是受傷害的事，你想想看，你今天要對付的是你這個家人，不是仇人、不是壞人，所以說提告什麼其實很無奈，才會對家人做提告，因為家裡的人是親情嘛，做出提告是很為難的。」（B）

八、法官的詢問用詞要淺顯

法官向當事人詢問的用詞，應以當事人能夠理解的方式陳述，令其理解，如加害人的處遇說明需要更淺顯易懂，如：

「我還記得法官問我說要不要做處遇的部分，其實我不太懂，但是我想問說什麼是『處遇』？我不知道這個名詞就是……那我就說如果對孩子的父親有幫助，讓他做處遇這樣子。」（C）

貳、陪同出庭的原則

從當事人的經驗來看，可知「以當事人為中心的陪同出庭」觀點，可以讓專業人員更貼近當事人的處境與心情去協助當事人面對出庭這件事。即便在《法院辦理性侵害案件應行注意事項》第4點：「法院為審理性侵害犯罪案件，應預為指定經專業訓練之專庭或專人辦理之。」與第5點：「辦理性侵害犯罪案件之法官，應遴選資深幹練、溫和穩重、學識良好者充任。」以及《檢察機關辦理性侵害犯罪案件應行注意事項》第2點：「各檢察機關應設置偵辦性侵害犯罪專股，指定成熟穩重、平實溫和之檢察官辦理性侵害犯罪案件。前項專股檢察官如為男性時，應配置女性書記官，必要時得指定女性檢察官協助之。」及第3點：「偵辦性侵害犯罪專股之檢察官，應經有關性侵害犯罪防治之專業訓練。前項專股檢察官，每年應至少接受有關性侵害犯罪防治之專業訓練課程六小時以上。」均規定選任資深有經驗、受過訓練、溫和穩重的司法官承辦。但是在實務上，仍有不可測的情況。

社會工作者應協助當事人做好出庭前的準備，以下七項原則提供社會工作者在家庭暴力及性侵害案件中陪同出庭的參考：

一、法令的認識

1. 主動告知當事人相關法令的主要內涵，例如：《家庭暴力防治法》之保護令的類別、內容、功能與程序，《性侵害犯罪防治法》的妨害性自主權的概念與證據保全等。

2. 告知當事人之後將面對的偵訊過程，將來出庭面對的流程等。如：聲請保護令的出庭過程中可能會面對的情形等。

二、充足的證據

1. 準備充足的證據，如：傷口照片、驗傷單、錄音、錄影資料、心理評估報告等。

2. 備妥充足的證據以便於出庭時呈給法官或檢察官參考。

三、事前的準備

1. 知道法院、地檢署的所在位置，事先查清楚地點，若時間允許的話，事先帶當事人去一趟法院、地檢署，知道確實地點（圖 8-1、8-2 為地方法院與地檢署）。事前規劃好當天前往所使用的交通工具，當天可彼此約好一起前往。

2. 與當事人約好碰面的時間，出庭當天最好提早（大約 15 分鐘）到達法院，做好出庭前的心理準備，讓當事人安心。

3. 要記得彼此的聯絡電話號碼，以便當天的聯繫。

4. 提醒當事人當天穿著整齊，保持心情的平穩。

5. 帶齊身分證件、法院通知書函、證據文件等資料。

6. 告知有關出庭的程序、法官的風格、其他需要注意的事項等。

7. 若對該案承審法官的風格有所了解的話，可事先向當事人說明，使其能有因應的心理準備。

圖 8-1　高雄地方法院與地檢署

說明：地方法院與地檢署在同一建築物中。

圖 8-2　雲林地方法院

說明：地方法院與地檢署在各自建築物中，但都會彼此相鄰。

8. 必要時，可事先與當事人演練出庭應訊的過程。尤其是兒童或青少年，需要事先詳細告知其出庭的目的、過程、如何應訊，透過相關繪本的說明、角色扮演、實際參觀法庭等方式，可以增進其對出庭的認知與準備，減少心理的焦慮不安及害怕（圖 8-3、8-4 分別為法庭及偵查庭）。

四、情緒的穩定

1. 在出庭過程中，陪同人對當事人而言，具有很大的安定與支持作用，陪同人的出現對當事人的意義非凡。

2. 出庭時，坐在當事人旁邊的位置，隨時留意當事人的回應與反應，給予情緒支持與鼓勵。

3. 出庭過程中，若當事人因情緒激動而難以順利陳述時，法官會讓當事人休息片刻，待情緒恢復平靜之後再繼續。陪同人可在休息之時，協助當事人平復情緒，如帶領當事人藉由呼吸緩和心情，將專注力放在當下的一吸一呼之間（依照吸三秒、呼五秒的節奏），藉以和緩情緒，也讓頭腦清晰。只有平靜以對，方能順利完成出庭作證。

4. 出庭時若必須與相對人照面，務必提醒當事人勿因相對人的說詞而生氣致情緒受影響，所有的情緒留待離開法庭之後再做宣洩。

五、法庭的活動

1. 提醒當事人在出庭過程中，所講的每句話都是「證詞」。要能了解法官的問話題意，能清楚地針對問題回答，避免文不對題。

2. 提醒當事人在回應時的態度要中肯，並能察言觀色，為自己的權益發言。如：對於所聲請的保護令內容條款的爭取。

3. 提醒當事人在面對法官時，勿被法官的問話方式嚇到，因為法官的角色原本就帶有威嚴感，他們都在扮演其應盡的角色。若法官的問話方式與態度令人不舒服或有傷害個人尊嚴感受，可留待之後再向專業人員反映，必要時，亦可向相關單位反映或提出申訴。

圖 8-3　高雄地方法院法庭

圖 8-4　高雄地檢署偵查庭

在《檢察機關辦理性侵害犯罪案件應行注意事項》第 5 點、《法院辦理性侵害犯罪案件應行注意事項》第 7 點，以及《法院辦理家庭暴力案件應行注意事項》第 17 點，亦規定訊問被害人應以懇切態度耐心為之，以一次訊畢為原則，對於未成年人、心智障礙者，尤應體察其陳述能力不及常人，應給予充分陳述之機會，必要時宜由專業人員陪同在場，坐於被陪同人之側，並得陳述意見。

4. 出庭過程中，幫當事人記下問訊過程中的重點，於事後提供當事人參考。

5. 若當事人難以陳述，陪同人可以主動請求代為陳述。

六、安全的保護

1. 安排隔離訊問或詰問，減低當事人的焦慮。相關法規如《家庭暴力防治法》第 13 條第二、三項及第 36 條，以及《性侵害犯罪防治法》第 16 條第一、二項，均規定必要時得隔別訊問或採取有聲音及影像相互傳送之科技設備或其他適當隔離措施。在《刑事訴訟法》第 248-3 條第一、二項及第 271-2 條規定為隱私之保護，審酌案情及被害人身心狀況，得利用遮蔽設備，將被害人與被告、第三人適當隔離。

2. 在出庭開始與結束時，安排當事人與相對人從不同動線進入及分別離開，避免彼此碰面。在法庭上，也要注意安全防護措施。實務上，就曾發生過在聲請保護令案審理的法庭中，相對人拿出預藏的扁鑽，當著法官面前挾持被害人妻子的案件（鮑建信、曹明正、洪定宏，2012）。

相關法令如：《家庭暴力防治法施行細則》第 10 條：「本法第十九條第一項所定提供被害人或證人安全出庭之環境及措施，包括下列事項之全部或一部：一、提供視訊或單面鏡審理空間。二、規劃或安排其到庭時使用不同之出入路線。三、其他相關措施。」

3. 除非孩子也要一起出庭陳述，若非必要，不要帶孩子出庭（將年幼孩子做好安頓，委由親友幫忙暫時照顧）。

4. 若需要孩子出庭，須事先做好心理預備，包括為何需要他的出庭陳述、出庭時可能會面臨的情形、如何面對法官、法庭的座位、事先演練如何回答可能的問訊內容等。

5. 陪同人在場的目的在穩定被害人的情緒，避免受到二度傷害。在實務上曾發生相對人於出庭簽到時，欲知悉陪同人之姓名與資料，此對陪同人為一大威脅。因此，陪同人的人身安全與隱私亦須受到保障。

《法院辦理家庭暴力案件應行注意事項》第18點規定：社會工作人員陪同時的報到簽名及應提供之人別資料，得以所屬機關（構）、工作證號或代號代替，且陪同人的真實人別資料應予密封。在《法院辦理性侵害犯罪案件應行注意事項》第7點第三項規定：得安排陪同人坐於被害人之側，以利其在場陪同，並應注意維護陪同人之人身安全。

七、後續的關心

1. 在當天出庭結束之後，與當事人做簡要的討論與回饋，作為下一次可能還要出庭的參考。

2. 在完成出庭之後，以電話或訪視關心當事人的狀況，追蹤保護令的聲請結果、案件的後續情形，為未來的處遇或繼續出庭做預備。

第四節　結語

當事人在出庭前及出庭當時都是焦慮不安的，即便是以被害人或證人的身分出庭，仍要面對法官權威性的言詞詢問，常令當事人有被指責或無法適應的感受，這顯出社會工作者或重要他人陪同出庭的重要性。被害人期待能透過司法的審判尋求公平正義，但纏訟多時不一定能盡如人意。專業人員除了支持陪伴之外，也要協助當事人以正面的觀點與態度去看問題的積極面及其對自己成長的意義。面對司法過程及結果的諸多不確定因素，社會工作者可以更積極地透過追蹤輔導、社會倡導、專家諮詢等方式協助當事人，增進司法與社會福利的互動與交流。

Chapter 9

專業倫理與業務過失

社會工作者對當事人負有法律的責任，在服務過程中難免面臨價值與倫理的兩難抉擇，而在執行業務過程中，因為故意或過失，以及應作為而不作為或不應作為而作為，則可能涉及業務過失。本章就社會工作者面臨倫理的兩難與抉擇，及所衍生之保障當事人隱私與保護第三者之安全，以及可能面臨的業務過失與法律責任探討之。

第一節　法律與專業倫理衝突議題

美國對於助人專業人員的保密原則，最主要是在 1976 年塔拉索夫案（Tatiana Tarasoff）所引起的爭議，自加州的最高法院做出判決後開始逐漸確立；而在 1996 年的 *Jaffee v. Redmond* 判決案例，則是社會工作者對當事人治療的保密權利之爭議，雖然美國最高法院做出判決，但還是存在許多爭議（Barker & Branson, 2000）。以下分別說明這兩個案例及其判例原則，並說明社會工作者所面臨的法律與倫理議題。

壹、*Tarasoff v. Regents of the University of California*（1976）

一位在加州大學諮商中心接受心理治療的男學生，告訴治療師他遭到所愛慕的女同學塔拉索夫的拒絕，這名男學生告訴治療師他計畫要殺了塔拉索夫；治療師通報校警，但是校警質疑當事人只不過是在表達他的幻想，治療師也被責備破壞了為當事人保密的原則，並被告知應把有關當事人的幻想資料銷毀。在兩個月之後，男學生殺了塔拉索夫，塔拉索夫的父母對學校提出告訴，認為諮商中心所聘的治療師應該有責任對他的女兒提出警告（引自杜仲傑等譯，2002：711）。經過多次的判決及逆轉，上訴到加州的最高法院，法官的判決認為治療師的決定行為是不適當的，亦即治療師在這過程中所做的警告不夠，因其未告知塔拉索夫可能身陷危險之境，以盡到保護其人身安全之責（Barker & Branson, 2000）。

本案的判決結果意即從今而後，一旦發現當事人有傷害他人的意圖時，治療師必須盡到告知責任；在治療初始，治療師即應告知當事人保密的限制與例外（Barker & Branson, 2000）。在塔拉索夫案的判決之後，各州均以塔拉索夫判決（Tarasoff decision）作為類似案件的審判依據，包括在機構或私人執業的諮商或心理治療者，如：精神科醫師、心理學家、社會工作師、宗教諮商師、婚姻治療師、觀護人員及其督導們，以及醫師、護理師等助人工作者均適用於塔拉索夫判決（Barker & Branson, 2000）。

本判決對於當事人的警告與保護責任，在之後的相關判例中也延伸至對可預見受害者（如與受害者關係緊密的人）、潛在受害者、未知潛在受害者、根據家屬報告所作之預警、資產或財產等之延伸保護（張本聖等編譯，2014）。

貳、*Jaffee v. Redmond*（1996）

1991 年的 6 月 27 日，瑪莉．瑞德蒙（Mary Lu Redmond）警官在執勤過程中開槍射擊一名男子致死，本案因在場目擊民眾的看法不一，而持續接受調查中，瑞德蒙警官在這段期間也接受持有證照的臨床社工師凱倫．拜亞（Karen Beyer）的心理諮商。同時，該名被擊斃男子的遺產處分人凱瑞．傑夫（Carrie Jaffee）對瑞德蒙警官提出侵權行為、過當使用武力致當

事人死亡的辯護。在這期間，瑞德蒙警官已接受超過五十次的諮商療程，而凱瑞・傑夫要求瑞德蒙的臨床社工師出庭接受交互詰問，但是遭到她們的拒絕，主要原因為保護當事人的隱私。在最後的判決裡，法官告訴陪審團有關臨床社工師並無合法上的辯護，陪審團最後做出對瑞德蒙警官不利的判決。此判決結果最後到上訴法院有了逆轉，最高法院認為法院的判決拒絕去保護社會工作師與當事人之間的保密溝通，而做出錯誤的決定（摘譯自 Barker & Branson, 2000: 111）。

美國最高法院在 1996 年 6 月 13 日做出判決法則，認為對於持有證照的精神科醫師、心理學家的保密原則應「擴及具有心理治療背景之持有證照的社會工作師」，因為社會工作師亦提供心理健康方面的處遇，特別是弱勢族群的窮人（Supreme Court of the United States; 引自 Barker & Branson, 2000: 112）。

*Jaffee v. Redmond*案例的判決結果，令社會工作界相當振奮，對於過去多年來在法庭中逐漸被忽略的治療關係的隱私權首度有了逆轉，此判例也令盡責的社工師有了勇敢的行動。凱倫・拜亞是否要遵守法院的意見並在法庭上提供有關其記憶與紀錄中的資訊？如果她不遵行的話，可能會被監禁、被吊銷執業執照、失去工作；若她遵從法官的意見去做，那麼她就會傷害當事人，並違反專業倫理守則及個人誠信（摘譯自 Barker & Branson, 2000: 112）。

上述兩個案例是專業助人者對當事人保密與法律的探討，在塔拉索夫案裡，我們可以清楚了解對當事人及相關人員人身安全的維護是優先於保密之堅守，保密的例外普遍在各專業助人工作中被謹守。而*Jaffee v. Redmond*判例，則有許多進一步深思的地方：社會工作者在法庭中是否可以透露當事人的資料？介於司法要求遵行透露諮商中有關當事人的相關資訊，以及在保護當事人的隱私之間，社會工作者要如何抉擇？這些都是實務中可能面對的難題。

第二節 面對保障當事人隱私及保護第三者安全的考量

壹、社會工作者在當事人的保密與人身安全之間的考量原則

誠然，對當事人的保密原則是重要的，而保護第三者也是重要的，在保密與保護人身安全之間，若是判斷有所偏誤，則可能造成對當事人隱私的侵犯或對第三者生命的威脅。因此，Kagle 與 Kopels（1994）在 *Jaffee* 判決之後對於社會工作者在保密原則的影響有一些探討，認為該判決結果建議專業工作者應有責任保護第三者的安全，但這並不意味著社會工作者必須馬上去警告所有被威脅的可能潛在被害人，這顯示需要遵循倫理的實務原則：(1)評估當事人的情況，特別是危險的因素；(2)需有充分的文件資料以作為決定與行動的依據；(3)發展並實施保護第三者的行動計畫。Kagle 與 Kopels 認為在這過程中，當事人的權利與需求也是要被尊重的。因此，當當事人表示可能對第三者施以威脅傷害時，社會工作者應立即實施審慎的危險評估（risk assessment），以進行對當事人的預防、對第三者示警的行動計畫。

貳、評估當事人危險行為的原則

Kagle 與 Kopels（1994）指出評估當事人可能對自己或第三人傷害行為的原則，包括評估整體的潛在暴力行為、評估生活及各方面之現況。

一、評估當事人整體的潛在暴力

指預測與危險行為有關的歷史因素，又稱為靜態因素，如加害人的年齡、被害人年齡、過去犯罪史等，是不會改變的因素，以下為高危險因素。

1. 背景：年齡為青少年或青壯年、性別為男性、種族為處於弱勢族群地位者。

2. 能力：智能較低（智能障礙）、教育與工作經驗比預期的表現低。

3. 家庭生活經驗：成長於暴力的家庭環境。

4. 社區生活經驗：生活在有暴力的社區環境中、感覺自己是自卑或羞恥的。

5. 同儕文化：同儕鼓勵暴力。

6. 因應模式：處於壓力時，以暴力因應之。

7. 暴力行為史：曾有攻擊、縱火等行為。

8. 衝動性：衝動行為的嚴重性、次數。

9. 酒精與藥物濫用之影響。

10. 心理狀態：有精神官能症、有被指使去做某種行為的幻聽、暴力幻想或執迷、躁症、煩躁不安等情形。

二、審慎評估當事人目前的現況

指預測與危險行為有顯著關聯的因素，有關加害人言行與態度等動態因素，如對於可能犯行的言行態度、受監督或輔導的配合程度、工作情形、婚姻狀況、居住穩定度等，以下為高危險情境。

1. 最近的事件：最近的危機、失落、威脅、壓力所引發的事件。

2. 情境脈絡：最近有發生類似過去暴力的情境。

3. 動機：以口語或行動表現出來。

4. 威脅：具有清楚的、特定的、嚴重的、逼近的威脅。

5. 有預計傷害的對象：已有考慮中、可能會傷害的對象。

6. 計畫：正在考慮中或可能會去實行的計畫。

7. 潛在的受害者：已指出是某人、可近性高的對象。

8. 對於潛在可能受害者的安全保護情形：潛在的傷害對象無法使用或接受安全保護。

上述所列的危險評估指標，只是作為社會工作者評估時的參考，更深入的危險評估還需要經驗的累積，並諮詢各領域專家。

參、評估當事人對第三人之暴力行為的臨床預測模式

有關當事人之暴力危險傷害的評估，在臨床研究中有線性模式（linear

model）、假設一推論模式（hypothetico-deductive model）、危險評估模式（risk assessment model）等三種模式（Gottfredson & Gottfredson, 1988），專業人員可以根據評估目標選擇評估的模式（Campbell, 1995）。

一、線性模式

Gross、Southard、Lamb 與 Weinberger（1987）根據塔拉索夫案，發展出評估危險暴力行為的決定樹（decision tree）流程，稱之為「評估暴力的決定樹」，包括七個步驟（Campbell, 1995）。

（一）步驟 1

釐清威脅。當當事人表示將對第三人採取嚴重的威脅時，專業人員須有所警覺，並把握時間以充分了解其威脅是清楚具體或是模糊不清的。有些當事人或許只是在表達憤怒的情緒，則危險性低；然有些當事人的威脅是很清楚的，那麼就要進一步評估。

（二）步驟 2

如果威脅是清楚的，那麼就要進一步評估其威脅的致命性，以及實際行動的可能性。此時，專業人員在必要時應向督導諮詢。

（三）步驟 3

如果已經確認其危險性的話，那麼要進一步確認是否有特定的被害人。通常家庭暴力的被害者多為家人，專業人員較容易確認被害對象；但是若暴力對象是隨機的話，則較難以確認，那麼就要進一步詢問潛在被害對象的性別、特質等資訊。

（四）步驟 4

如果當事人已指出欲傷害的被害人姓名或被害人類型，那麼這種傷害是很逼近的。若是如此，專業人員必須考慮到有責任向該特定的潛在被害人預警。同時，也要持續向督導報告及尋求諮詢。

（五）步驟 5

專業人員必須了解可能的被害人是誰，是家人或其他的重要他人？若是家人或重要他人，則進一步評估是否需要家庭治療的介入（進到步驟6）。若本身是執行公權力或法令所規定的責任通報人，如警政人員[1]、社工人員、教育人員、保育人員、醫事人員、司法人員等，則直接告知並通報。同時，專業人員也要同步發展預防與處遇的策略。

（六）步驟 6

專業人員要考慮是否需要家庭治療的介入，不過在家庭暴力的案件中，此舉可能會強化暴力的危險性。

（七）步驟 7

在發展預防與處遇策略時，專業人員應考量後送體系，如醫療體系是否能夠提供當事人與潛在被害人更好的協助。在完成上述七個步驟之後，應進行持續的追蹤，若有必要的話，則再重來一遍決定樹流程。在這整個過程中，專業人員都是在系統的脈絡下處理。

二、假設—推論模式

與上述「線性模式」相反的是「假設—推論模式」，它在臨床的決定上是較為理性且複雜的；專業人員須在脈絡下考量不同的因素，包括從過去的經驗中尋找類似的線索、目前的情境與現況等（Limandri & Sheridan, 1995）。這些假設與推論過程類似於Kagle與Kopels（1994）評估當事人危險行為的原則，當事人的過去史、整體的潛在暴力行為、目前生活各方面情形，都是專業人員形成假設的線索。

以下舉例說明此模式的評估方式，例如：一位高中男生告訴學校的諮商心理師，他之所以會被留級都是因為女朋友害的，他對女友說了一些侮

1 我國《家庭暴力防治法》第 29 條規定：警察人員發現家庭暴力罪之現行犯應逕行逮捕。第 35 條規定：警察人員發現被告違反禁止實施家庭暴力行為時，應即報告司法機關。

辱的話之後即與之分手。諮商心理師評估這位男學生過去曾有酗酒，且在學校有鬥毆的經驗。其父親為海軍，長期被派駐在外，而這名學生並不服從母親對他的管教，母親對他也束手無策。諮商心理師以「假設—推論模式」進行評估，首先將焦點放在男學生的憤怒、年齡、被女友拒絕、酗酒等「潛在危險性」的主要線索上。諮商心理師假設男學生可能體驗到抑鬱、失控感、感覺被拋棄，故轉以暴力方式來因應。諮商心理師也觀察到學校中有許多女生均抱怨男生的暴力行為，因此，其判斷這個問題不只是男學生的潛在危險暴力問題，它是存在於學校與社區中的系統性與關聯性問題。因此，諮商心理師有以下的計畫：去面質男學生的憤怒情緒來源，並推薦他一些有益的健身或休閒活動。同時，也要協助其女朋友轉班，減少彼此接觸的機會。此外，諮商心理師也要發展預防約會暴力的宣導方案，協助全校學生了解在約會關係中的尊重，避免暴力行為（摘譯自 Limandri & Sheridan, 1995: 7-8）。

三、危險評估模式

危險評估模式是以多重變項為主的評估，專業人員評估當事人的危險因子，包括環境與個人的因素（Limandri & Sheridan, 1995）。一般而言，危險評估大多運用在評估罪犯的再犯風險，作為司法或其他專業體系在假釋或其他處遇參考。

罪犯之再犯危險因子可分為靜態因子及動態因子，前者指之前犯行時的行為及被害者特徵的紀錄，此又稱為歷史因子，為終生無法更改的部分（除了其判刑確定之數目，若再犯則可能增加而變動）；而後者係指犯行後或處遇後之行為及想法態度有無改變及改變程度的紀錄，此部分只要犯罪者願意改變且表現出改善，則有可能降低其日後之再犯率（林明傑，2018）。

例如：某位有酗酒史的 28 歲男子，因為攻擊前女友而被起訴，在服刑之後獲得假釋。他在服刑期間接受戒酒處遇與憤怒管理課程，假釋之後，他想與母親同住。但是母親所居住的地方與前女友住得很近，而且他還有幾個酗酒的兄弟住在母親家。因此，若該男子搬去與母親同住的話，則其接近前女友的可能性很高，而且其他兄弟的酗酒行為也會助長其繼續酗酒。因此專業人員在允許其假釋之前，必須同步安排有關避免接近酒精及接近前女友的預防措施，亦即住居地點的安排須遠離這些助長其再犯的危險因子（摘譯自 Limandri & Sheridan, 1995: 8）。

第三節　社會工作者面臨倫理兩難議題的處理

壹、社會工作者面臨的倫理兩難

一、專業倫理兩難

專業倫理兩難（professional ethical dilemma）是指社會工作者必須在兩個相近或是相等價值之間做出一個選擇，所造成的抉擇困境；而社會工作的倫理兩難是指一種問題的情境或問題無法獲得滿意解決的困境，因此，社會工作者必須面臨在兩個相近選擇或相等價值之間擇一的困境（潘淑滿，2000）。像上述之 *Jaffee v. Redmond*（1996）案例中的臨床社工師凱倫．拜亞即是面臨為當事人的隱私保密與出庭陳述之間的兩難。

當面臨專業的倫理兩難時，社會工作者也就面臨了要做倫理判斷。一般而言，倫理判斷包含四個層次：(1)了解身為專業助人者的法定義務；(2)理解並熟悉社會工作倫理守則的價值與內涵；(3)熟悉對於某些當事人特有的倫理考量；(4)將上述的理解運用到服務的過程中（引自潘淑滿，2000：66-67）。關於法律上的規定，是社會工作者須熟知的基本部分，例如：在協助未成年的兒童、少年時，應知會其監護人，若有任何重大決定須經監護人同意，我國的《民法》與《兒童及少年福利與權益保障法》有規定。如社會工作者協助未成年少女之未預期懷孕議題時，就經常會面對當事人之隱私保密（告知監護人）、當事人選擇人工流產（以《優生保健法》的規定為考量）、當事人選擇出養（依據收出養辦法）等議題。

社會工作者對當事人的法定義務包括有：照顧、尊重隱私、保密、告知、報告、提出警告的義務等（萬育維譯，2006）。也就是說，在進行倫理兩難的判斷時，應以此為考量的依歸。

一般來說，法律的規定是最基本的要求，不違背法律的規定，不見得就合乎倫理道德。法律的約束較為侷限，而道德的約束具有普遍性；當法律與道德相衝突時，道德的要求就高於法律（郭世豐，2006）。因此，社會工作者在執行業務期間的所作所為應依法執行；然而，作為助人工作者更應以較高的道德自我要求。

二、專業倫理判斷順序

社會工作者所處理的案例均適用一般倫理守則，如《社會工作師法》第14、15、17條，對於社會工作者在執行業務時，對當事人隱私保密有基本規定。經社會工作師公會全國聯合會會員代表大會通過，並於民國97年經內政部核備的《社會工作倫理守則》可作為實務準則，全文詳見臺灣社會工作專業人員協會網站，其中規範社會工作者對當事人的倫理守則有七條內容，如下所列。

1. 社會工作師應基於社會公平、社會正義，以促進案主福祉為服務之優先考量。（專業服務的基本精神）

2. 社會工作師應尊重並促進案主的自我決定權，除為防止不法侵權事件、維護公眾利益、增進社會福祉外，不可限制案主自我決定權。案主為未成年人或身心障礙者，或無法完整表達意思時，應尊重案主監護人、法定代理人、委託人之意思；除非前開有權代理人之決定侵害案主或第三人之合法利益，否則均不宜以社會工作者一己之意思取代有權決定者之決定。（案主自決、自由自主）

3. 社會工作師服務時，應明確告知案主有關服務目標、風險、費用權益措施等相關事宜，協助案主作理性的分析，以利案主作最佳的選擇。（告知的義務）

4. 社會工作師應與案主維持正常專業關係，不得與案主有不當關係或獲取不當利益。（專業關係）

5. 社會工作師基於倫理衝突或利益迴避，須終止服務案主時，應事先明確告知案主，並為適當必要之轉介服務。（告知的義務）

6. 社會工作師應保守業務祕密；案主縱已死亡，社工師仍須重視其隱私權利。案主或第三人聲請查閱個案社會工作紀錄，應符合社會工作倫理及政府法規；否則社會工作者得拒絕資訊之公開。但有下列特殊情況時保密須受到限制：（隱私保密及其例外）

(1) 隱私權為案主所有，案主有權親自或透過監護人或法律代表而決定放棄時。

(2) 涉及有緊急的危險性，基於保護案主本人或其他第三者合法權益時。

(3) 社會工作師負有警告責任時。

(4) 社會工作師負有法律規定相關報告責任時。

(5) 案主有致命危險的傳染疾病時。

(6) 評估案主有自殺危險時。

(7) 案主涉及刑案時。

7. 社會工作師收取服務費用時，應事先告知案主收費標準，所收費用應合理適當並符合相關法律規定，並不得收受不當的餽贈。（告知收費標準）

當這些原則與原則之間相互衝突時，可參照倫理判斷原則的順序做抉擇（潘淑滿，2000）。Loewenberg、Dolgoff與Harrington（2000）所提出的倫理判斷原則順序表可作為社會工作實務的參考，依序為保護生命、差別平等、自由自主、最小傷害、生活品質、隱私保密、真誠原則，如圖 9-1（萬育維譯，2006）。惟在實務上所處遇當事人的問題均相當複雜，需要多方的斟酌，隨時與督導及同儕討論，諮詢專家的意見，會是較佳的方式。

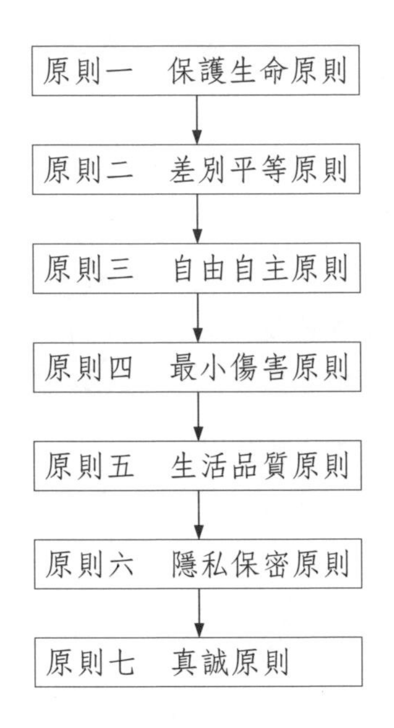

圖 9-1　倫理判斷原則順序

資料來源：潘淑滿（2000：70）。

貳、擔任專家證人／鑑定人的倫理議題及處理

擔任專家證人時，不可避免地仍會遇到相關的倫理議題。包括：保密、告知後同意、所提供的意見應基於科學研究的發現且不可超出本身的專業經驗、面對利益衝突時的拒絕、避免違背倫理議題等都應謹記於心（Stern, 1997）。藉由遵守專業的倫理守則、諮詢相關專業人員或協會的意見、發展非正式的同儕諮詢機制等都是可行的處理方式。

在提供法庭有關當事人的評估報告、法庭作證之前都務必事先知會當事人，檢察官或是辯方律師在開庭之前的約談，都能告知當事人使其了解。因為出庭、約談等情形都可能需要提供當事人的資料，此為告知後同意，為專業倫理中經常會忽略的部分，應留意之。

第四節 社會工作者的業務過失與責任

壹、業務過失的定義與種類

一、業務過失的定義

案例：某縣市社會局的一位約聘社工員，在承辦低收入戶弱勢兒童少年扶助補助金時，利用數十戶申請補助津貼被駁回的機會，一方面告知這些低收入戶因申請門檻高而未達補助標準，另一方面卻又使用這些低收入戶的資料製作名冊和簽名，詐領其補助金，詐領期間總計三年，直到離職後才被發現，移送法辦（黃良傑，2012）。請問這位社工人員在執行業務上，有哪些過失？觸犯了哪些法令？違反了哪些專業倫理？

「業務」的定義可從以下的判決詳知，根據 43 年臺上字第 826 號判決：「刑法上所謂業務，係以事實上執行業務者為標準，即指以反覆同種類之行為為目的之社會的活動而言；執行此項業務，縱令欠缺形式上之條件，但仍無礙於業務之性質。上訴人行醫多年，雖無醫師資格，亦未領有行醫執照，欠缺醫師之形式條件，然其既以此為業，仍不得謂其替人治病非其業務，其因替人治病，誤為注射盤尼西林一針，隨即倒地不省人事而死亡，自難解免刑法第二百七十六條第二項因業務上之過失致人於死之罪責。」及 29 年上字第 3364 號判決：「（一）刑法上所謂業務，係指以反覆同種類之行為為目的之社會的活動而言，執行此項業務，縱令欠缺形式上之條件不免違法，但仍無礙於業務之性質。被告之開駛汽車，雖據稱未曾領有開車執照，欠缺充當司機之形式條件，但既以此為業，仍不得謂其開駛汽車非其業務。……」可知「業務」是指事實上執行業務者，以反覆同種類的行為為目的之社會活動，縱使執行此項業務欠缺形式上的條件，如沒有證照或沒有駕照，仍無礙於業務的性質。

「業務過失」是一種忽視的行為表現，意指社會工作者的行為侵犯到當事人的權利，或是未完成特定職責的結果（郭世豐，2011）。業務過失可能造成的結果在民事上最常見的是侵權行為，而在刑事上則可能構成犯罪行為，有故意與過失等兩種情形。在民事上構成一般侵權行為的要件有四：須有加害行為、行為須不法（排除阻卻違法事由，如正當防衛、緊急避難、自助行為、無因管理、正當業務等情形）、須是侵害他人權益、須致生損害。《民法》第184至198條規範侵權行為情形，其中第184、185、186、188條規定的情形與社會工作者業務上的過失有相關；第192至197條規範損害賠償責任。

二、故意與過失

(一) 故意

在《刑法》上，規定犯罪的責任要件為故意與過失；《刑法》第12條第一項：「行為非出於故意或過失者，不罰。」也就是須有故意或過失，方科以刑罰。所謂的「故意」規定在第13條，「過失」規定在第14條。

1. 直接故意

《刑法》第13條第一項：「行為人對於構成犯罪之事實，明知並有意使其發生者，為故意。」例如：行為人開車行駛在道路上，遠遠看見仇敵正在過馬路，心想機不可失，而加速衝撞之。

2. 間接故意

《刑法》第13條第二項：「行為人對於構成犯罪之事實，預見其發生而其發生並不違背其本意者，以故意論。」例如：行為人開車行駛於道路上，遠遠看見仇敵正在過馬路，心想怎麼這麼剛好，若是撞到了也好，並未減速而急駛通過道路，正好將仇敵撞倒。

(二) 過失

1. 無認識之過失

《刑法》第14條第一項：「行為人雖非故意，但按其情節應注意，並能注意，而不注意者，為過失。」例如：行為人知道超速開車是危險的，一路高速行駛卻未見到有人正在過馬路，以至於將行人撞成重傷。

2. 有認識之過失

《刑法》第 14 條第二項：「行為人對於構成犯罪之事實，雖預見其能發生而確信其不發生者，以過失論。」指行為人對犯罪事實的發生，認識其可能發生，但基於其他事由而自信其絕不至於發生此事實，因而疏於防止，終致發生犯罪事實。亦即行為人知道會侵害他人法益，但自信可以避免不會發生，結果卻發生與己願相違之結果。例如：行為人明知超速開車的危險性高，自認開車技術好，但卻擦撞他車翻覆，造成傷亡。

從上述《民法》與《刑法》的規定，可知專業上的業務過失，不一定都是無心之過。有時可能是故意，有時可能是過失，造成對當事人的不法侵犯行為。

三、業務過失的種類

業務過失的要素包括：(1)當事人與社會工作者之間有法律上的責任，如相關法規及專業倫理要求保守處遇的機密與隱私；(2)社會工作者因為疏忽而遺漏了某些事或做了某些事，如：未取得當事人的同意，而將其資料提供給其他機構；(3)當事人遭受某種傷害或危害，如：社會工作者未獲得授權而公開當事人的機密，使其利益被終止，或是因為洩密而使財務受到傷害。上述這些過失有的是因為錯誤或不留意所造成，也或許是社會工作者再三斟酌之後所做的冒險行為，但有時則是來自於非倫理的行為或專業上的錯誤處置（郭世豐，2011）。因此，郭世豐將業務過失分為濫權、瀆職和法律上的各種犯罪行為，以及業務上的遺漏或怠職等。

(一) 濫權（misfeasance）

以錯誤或傷害的方式，做出某些不適當的行為，此不當行為可能違法也可能未違法。如故意疏忽而洩漏應保密的資訊、沒有主動告知當事人可以聲請保護令。濫權著重於濫用職務的權力，有時候不見得會違法，但是違反倫理，若法律沒有規範到，不見得就違法。

（二）瀆職（malfeasance）

錯誤或不合法的行為。例如：在安置機構中的專業人員侵吞或挪用當事人錢財的行為、對疑似受虐兒童未於法定時限內通報主管機關、對當事人施以性騷擾的行為。

（三）怠職（nonfeasance）

遺漏或未完成專業上被期待應該要做的行為，或沒有執行應該要做的事。例如：知道當事人可能會遭遇相對人的傷害，而疏於提出預先警告令其預為防範。

貳、業務過失的相關法規

一、《民法》

《民法》上的侵權行為，包括對生命權、身體健康、財產、名譽或自由等之損害賠償，有下列法條規定：

（一）侵權行為責任及僱用人責任

1. 獨立侵權行為責任

《民法》第 184 條規定：「因故意或過失，不法侵害他人之權利者，負損害賠償責任。故意以背於善良風俗之方法，加損害於他人者亦同。違反保護他人之法律，致生損害於他人者，負賠償責任。但能證明其行為無過失者，不在此限。」當事人對於社會工作者的侵權行為可提出侵權行為告訴。

2. 僱用人的責任

《民法》第 188 條的第一項及第三項：「受僱人因執行職務，不法侵害他人之權利者，由僱用人與行為人連帶負損害賠償責任。但選任受僱人及監督其職務之執行，已盡相當之注意或縱加以相當之注意而仍不免發生

損害者，僱用人不負賠償責任。……僱用人賠償損害時，對於為侵權行為之受僱人，有求償權。」亦即當社會工作者有侵權行為而遭當事人求償時，機構負連帶賠償責任。

(二) 侵權行為的損害賠償責任

發生侵權行為的損害賠償以回復至原來的樣貌為準，惟不管是生命財產受侵害或是物品之毀損，都難以回復至原來的樣貌與功能，故法律所規定的損害賠償在彌補當事人之所受損害與所失利益。以下是侵犯各種權益之損害賠償的法規。

1. 侵害生命權之損害賠償

《民法》第 192 條第一項：「不法侵害他人致死者，對於支出醫療及增加生活上需要之費用或殯葬費之人，亦應負損害賠償責任。」

2. 侵害身體、健康之財產上的損害賠償

《民法》第 193 條第一項：「不法侵害他人之身體或健康者，對於被害人因此喪失或減少勞動能力或增加生活上之需要時，應負損害賠償責任。」

3. 侵害生命權之非財產上損害賠償

《民法》第 194 條：「不法侵害他人致死者，被害人之父、母、子、女及配偶，雖非財產上之損害，亦得請求賠償相當之金額。」

4. 侵害身體、健康、名譽或自由之非財產上損害賠償

《民法》第 195 條第一項：「不法侵害他人之身體、健康、名譽、自由、信用、隱私、貞操，或不法侵害其他人格法益而情節重大者，被害人雖非財產上之損害，亦得請求賠償相當之金額。其名譽被侵害者，並得請求回復名譽之適當處分。」

5. 物之毀損的賠償

《民法》第 196 條：「不法毀損他人之物者，被害人得請求賠償其物因毀損所減少之價額。」

二、《刑法》

關於《刑法》之業務過失的刑罰，分下列幾種情形。有些是公訴罪，有些是告訴乃論罪，當涉及刑事致當事人受損害時，當事人可附帶提起民事訴訟，請求損害賠償。

(一) 傷害身體法益

1. 過失傷害罪

《刑法》第 284 條：「因過失傷害人者，處一年以下有期徒刑、拘役或十萬元以下罰金；致重傷者，處三年以下有期徒刑、拘役或三十萬元以下罰金。」

2. 業務過失致死罪

《刑法》第 276 條：「因過失致人於死者，處五年以下有期徒刑、拘役或五十萬元以下罰金。」

(二) 侵犯人格法益

以侮辱或誹謗侵犯當事人人格法益，在《刑法》第 309 條的公然侮辱罪：「公然侮辱人者，處拘役或九千元以下罰金。以強暴犯前項之罪者，處一年以下有期徒刑、拘役或一萬五千元以下罰金。」此為告訴乃論罪。

(三) 侵犯當事人隱私

1. 洩漏業務上的祕密罪

《刑法》第316條：「醫師、藥師、藥商、助產士、心理師、宗教師、律師、辯護人、公證人、會計師或其業務上佐理人，或曾任此等職務之人，無故洩漏因業務知悉或持有之他人祕密者，處一年以下有期徒刑、拘役或五萬元以下罰金。」此為告訴乃論罪。

2. 洩漏業務上知悉工商祕密罪

依《刑法》第 317 條：「依法令或契約有守因業務知悉或持有工商祕密之義務而無故洩漏之者，處一年以下有期徒刑、拘役或三萬元以下罰金。」此為告訴乃論罪。

3. 洩漏職務上知悉工商祕密罪

《刑法》第 318 條：「公務員或曾任公務員之人，無故洩漏因職務知悉或持有他人之工商祕密者，處二年以下有期徒刑、拘役或六萬元以下罰金。」此為告訴乃論罪。

三、政府機關社會工作者之法律責任

公務人員觸犯《民法》、《刑法》規定者，均有加重處罰之規定。如《刑法》瀆職罪的公務人員圖利罪在第 131 條：「公務員對於主管或監督之事務，明知違背法令，直接或間接圖自己或其他私人不法利益，因而獲得利益者，處一年以上七年以下有期徒刑，得併科一百萬元以下罰金。」

此外，在《民法》第 186 條規定公務員的侵權責任：「公務員因故意違背對於第三人應執行之職務，致第三人受損害者，負賠償責任。其因過失者，以被害人不能依他項方法受賠償時為限，負其責任。前項情形，如被害人得依法律上之救濟方法，除去其損害，而因故意或過失不為之者，公務員不負賠償責任。」

參、預防業務過失的途徑

郭世豐（2011）指出要加強社工系學生的專業倫理、疏忽、業務過失、責任及風險管理的訓練方案；而如何預防社會工作者的業務過失，有以下途徑：

1. 社會工作者須增加法學素養，充實法律責任、業務過失、疏忽等方面的知識。

2. 社會工作機構必須增加品質保證及風險管理，以降低業務過失的發生。

3. 增加社會工作者所需要的專業知能。這些專業知能包含：危機個案的辨識、危機處理的策略、業務過失的情形及法規等。

4. 增加機構督導制度的監督與控管功能。當社會工作者正在服務重大或棘手個案時，要隨時呈報主管，必要時召開網絡個案會議研討處遇策略，以團隊合作方式提供處遇方針。

5. 專業課程中提供專業倫理、法律與社會工作之選修或必修課程。

第五節 結語

當社會工作者面臨實務上倫理兩難的抉擇時，在維護當事人的最佳利益原則下，透過與專業同儕、督導、主管的討論及諮詢專家等方式做出抉擇。社會工作者務必了解自己的工作重要性，濫權或瀆職的積極作為與疏忽或怠職的消極不作為，都可能造成當事人的傷害。社會工作者應認識業務過失的定義與類型，了解法律責任，以避免發生對當事人的侵權行為，甚至是觸犯刑法的犯罪行為。

延伸閱讀

薛文瑜（譯）（2011），F. v. Schirach 著。《罪行》。臺北：先覺。

薛文瑜（譯）（2011），F. v. Schirach 著。《罪咎》。臺北：先覺。

薛文瑜（譯）（2013），F. v. Schirach 著。《誰無罪》。臺北：先覺。

電影：《越過死亡線》（*Dead Man Walking*）。

Part 3

社會工作與法律的實務

Chapter 10

兒童虐待的評估與處遇

兒童是國家未來的主人翁，今日的兒童是明日的成人，兒童受到如何的對待、會有如何的行為表現，都在成長過程中展現出來。對於兒童的不當對待最嚴重的莫過於兒童虐待，常造成受虐兒童症候群。兒童虐待的類型包括：身體虐待、精神虐待、性虐待（sexual abuse）〔或稱性侵害（sexual assault）〕、疏忽、遺棄（abandonment）。此外，目睹家庭暴力兒童其實也飽受創傷，相關法規已納入保護對象。由於性虐待所牽涉的議題較為複雜，在實務上也有較多的層面須處理，因此性虐待於第十一章詳細討論。

第一節 兒童虐待的原因及解釋理論

壹、兒童虐待的定義及原因

一、兒童虐待的定義

美國《兒童虐待防治法案》（Child Abuse Prevention and Treatment Act, CAPTA）將兒童虐待（child abuse）定義為：兒童遭受他人在身體上或心理上的傷害，致其健康與福祉受到威脅（引自 Ackerman, 1995: 234）。這是從兒童健康與福利的保護觀點，廣泛定義兒童虐待。我國《兒童及少年福利與權益保障法》第49條以條列方式，列舉任何人對兒童及少年不得有下列行為：

1. 遺棄。
2. 身心虐待。
3. 利用兒童及少年從事有害健康等危害性活動或欺騙之行為。
4. 利用身心障礙或特殊形體兒童及少年供人參觀。
5. 利用兒童及少年行乞。
6. 剝奪或妨礙兒童及少年接受國民教育之機會。
7. 強迫兒童及少年婚嫁。
8. 拐騙、綁架、買賣、質押兒童及少年。
9. 強迫、引誘、容留或媒介兒童及少年為猥褻行為或性交。
10. 供應兒童及少年刀械、槍砲、彈藥或其他危險物品。
11. 利用兒童及少年拍攝或錄製暴力、血腥、色情、猥褻、性交或其他有害兒童及少年身心健康之出版品、圖畫、錄影節目帶、影片、光碟、磁片、電子訊號、遊戲軟體、網際網路內容或其他物品。
12. 迫使或誘使兒童及少年處於對其生命、身體易發生立即危險或傷害之環境。
13. 帶領或誘使兒童及少年進入有礙其身心健康之場所。
14. 強迫、引誘、容留或媒介兒童及少年為自殺行為。
15. 其他對兒童及少年或利用兒童及少年犯罪或為不正當之行為。

另外，基於保護兒童及少年免於受到身心傷害，在第43條規定父母、監護人或其他實際照顧兒童及少年者，應禁止兒童及少年為以下行為：

1. 吸菸、飲酒、嚼檳榔。
2. 施用毒品、非法施用管制藥品或其他有害身心健康之物質。
3. 觀看、閱覽、收聽或使用有害其身心健康之暴力、血腥、色情、猥褻、賭博之出版品、圖畫、錄影節目帶、影片、光碟、磁片、電子訊號、遊戲軟體、網際網路內容或其他物品。

4. 在道路上競駛、競技或以蛇行等危險方式駕車或參與其行為。

5. 超過合理時間持續使用電子類產品，致有害身心健康。

二、身體虐待

美國《兒童虐待防治法案》將身體虐待（physical abuse）定義為：經由處罰、打、踢、咬、燒燙，或其他方式傷害兒童，這種傷害並不是意外，而是父母或主要照顧者故意要傷害兒童，以不適合兒童年齡的過度管教或體罰所造成（引自 Ackerman, 1995: 234）。我國《兒童及少年福利與權益保障法》第 49 條，未具體定義身體虐待，所列之「身心虐待」含括身體虐待與精神虐待。

三、精神虐待

精神虐待（mental abuse）或稱心理或情緒虐待（psychological/emotional abuse）。在 O'Hagan（1993）的界定，認為心理虐待並不等同於情緒虐待，心理虐待是密集、重複的不當行為，致傷害兒童心理的創造力與發展潛力；而情緒虐待是指對兒童情緒表達的不當反應，以及口頭攻擊、嘲諷、冷漠與拒絕等（引自余漢儀，1997：29-30）；惟這些傷害造成兒童的認知、情緒等負面影響，故一般界定兒童虐待類別時，仍將之視為同一類型。

精神虐待是指口語上或情緒上的攻擊、威脅、傷害。包括情緒上的疏忽，指不適當的情感與照顧，默許兒童不適當的行為，如偏差行為，以及拒絕提供基本的照顧。Hart、Binggeli 與 Brassard（1998）指出心理虐待包括六種類型（引自 Ackerman, 1999: 241-242）：

1. **輕蔑**（spurning）：貶抑、羞辱、在眾人面前使其丟臉。

2. **使心生畏懼**（terrorizing）：主要照顧者威脅說要傷害、殺害、遺棄，或將兒童置於危險之境。

3. **孤立**（isolation）：不合理地對兒童的行動自由加以限制。

4. **剝削／賄賂**（exploiting/corrupting）：包括以示範、默許的方式鼓勵兒童的反社會行為或違反其發展的行為。

5. **拒絕給予情緒的回應**（denying emotional responsiveness）：忽視兒童的情緒與情感需求。

6. **在心理健康、醫療、教育上的忽視**：忽視需求，或是不願意或拒絕提供兒童在嚴重的情緒與行為問題、身體健康問題，以及教育問題上的協助。

四、疏忽

美國健康與人群服務部定義「疏忽」（neglect）為：對兒童有照顧責任者，未提供兒童基本的需求，包括在身體的、教育的或情感上的疏忽。身體的疏忽，即拒絕給予身體上的健康照顧、遺棄、不准兒童在離家之後返家、不適當的管教。教育的疏忽，即漠視且長期未讓兒童受教育、未讓兒童在適當的年齡入學（引自 Ackerman, 1999: 235）。可知疏忽的種類包含身體照顧、接受教育、情感照顧等三大類。對身體照顧的疏忽與身體虐待之不同在於，疏忽是應提供照顧，但卻未做；而身體虐待則是不應有虐待情事，但卻去做。

我國對於疏忽的定義，除了《兒童及少年福利與權益保障法》第 49 條所列第一項之「遺棄」、第六項「剝奪或妨礙兒童及少年接受國民教育之機會」外，在第 51 條及 56 條，以及《強迫入學條例》中亦有所規範。其條文為第 51 條：「父母、監護人或其他實際照顧兒童及少年之人，不得使六歲以下兒童或需要特別看護之兒童及少年獨處或由不適當之人代為照顧。」及第 56 條第一項第一款及第二款規定，兒童及少年若有未受適當之養育或照顧、有立即接受診治之必要而未就醫者，其必須立即予以保護、安置或為其他處置，否則生命、身體或自由有立即之危險或有危險之虞者，應予緊急保護、安置或為其他必要之處置。

五、目睹暴力兒童

《家庭暴力防治法》第 2 條將目睹家庭暴力者包括在內，指看見或直接聽聞家庭暴力。目睹家庭暴力兒童（child witnesses to domestic violence）指兒童在他的家庭裡，目睹家庭中的暴力行為，其並非暴力的直接受害者，

也沒有遭受到身心虐待明顯的身體外傷，但卻是被忽略的高受害族群（Sudermann & Jaffe, 1999）。

《兒童及少年福利與權益保障法》第64條第一項規定對目睹家暴兒童的保護與協助，提出家庭處遇計畫：「兒童及少年有第四十九條第一項或第五十六條第一項各款情事，或屬目睹家庭暴力之兒童及少年，經直轄市、縣（市）主管機關列為保護個案者，該主管機關應於三個月內提出兒童及少年家庭處遇計畫；必要時，得委託兒童及少年福利機構或團體辦理。」

貳、解釋兒童虐待的原因

一般解釋兒童虐待的原因，有心理病理分類（psychopathological categories）、互動原因分類（interactional categories）、環境—社會—文化分類（environmental-sociological-cultural categories）等（Tower, 2005）。

一、心理病理分類

(一) 心理動力模式

施虐者在童年時期有被虐待的經驗，缺乏與父母親之間的撫育、滋養與連結關係；其特質是不容易信任他人、挫折忍受力低、不成熟、酗酒或藥物濫用等。這類型的人對於自我概念模糊、對兒童缺乏同理心，且有不切實際的期望。

(二) 精神病理模式

施虐者有精神疾患，如思覺失調症、躁鬱症、邊緣型人格障礙等符合精神疾病診斷者，因為精神疾患影響其對兒童的暴力行為。

二、互動原因分類

(一) Martin（1976）與 Zimrin（1984）的理論

對兒童虐待除了施虐者的特質之外，孩子的特質及親子間的互動因素也不可忽略。有的孩子會比其他的兄弟姊妹更容易受虐，最主要的原因是父母對這些孩子的感覺，父母若感覺到孩子是不完美的、不符合其期待的，那麼對這些孩子的互動就會與對其他孩子有所不同（Martin, 1976）。

Zimrin（1984）認為具有這種特質的父母以負面方式與孩子互動，那麼就會發生虐待行為。例如：緊張或焦慮的父母會認為哭鬧的孩子令其不舒服，使其難以有稱職的親職能力，因此，父母感覺挫折，而且會因為孩子令他不舒服而生氣，當孩子哭鬧，虐待行為就出現。而另一個議題是「母子關係」（mother-child relationships）因素，稱為機會事件（chance events），也就是有些生活事件會傷害母親的依附能力，像是懷孕、工作困擾等問題都對依附過程產生負面影響，特別是當母親的身體或生活改變時，可能會傷害到母親的依附連結能力，而依附能力的破壞，會是虐待行為的前兆（Lynch, 1976）。

（二）家庭結構模式

又稱家庭系統模式（family-systems model），以家庭系統理論為基礎。家庭系統必須維持某種程度的平衡才能生存，而兒童虐待就是家庭功能失衡的結果。如家庭成員過於黏膩，或過於疏遠、父母角色失能而由孩子替代父母的角色成為親職化（parentification）的孩子、孩子成為代罪羔羊等，施虐原因源於家庭系統的功能失衡。

三、環境—社會—文化分類

（一）環境壓力模式

兒童虐待的原因源於環境的壓力（Farrington, 1986; Gil, 1970）。這些壓力包括：教育程度低、貧窮、對有色人種的歧視、失業或工作壓力等。這些壓力容易使父母親降低其自我控制，而導致兒童虐待。Gil認為兒童虐待可歸因於低社經地位，但是有些人並不認同，因為高社經地位者若發生兒童虐待，會較容易被隱藏。但是 Gil 仍認為愈有社會壓力的人，愈會有虐待行為的發生。Farrington則認為家庭暴力多是發生在經歷極大壓力的家

庭裡，因家庭成員無法處理壓力而產生家庭暴力行為。

至今，對兒童體罰仍是普遍存在。但是，當經常被體罰的小孩長大成為父母而面臨壓力時，亦以體罰作為管教小孩的唯一方法，就容易形成暴力的代間傳遞。

（二）社會學習模式

強調兒童虐待主要是施虐父母在生活環境上的接觸不足，致其不會用有效能且非暴力的方法來管教小孩，同時，也因為欠缺兒童發展的知識，不知道如何與小孩互動。因此，這樣的父母會認為照顧小孩是一個很大的負擔，且尚未準備好要去擔任親職，由於親子之間的期待落差，這些挫折都會導致兒童虐待（Justice & Justice, 1976）。

（三）社會心理模式

Gelles（1973）認為發生兒童虐待的壓力與挫折原因是多元的，包括：婚姻失和、失業、社會隔離、未預期的懷孕或孩子過多，甚至是孩子不好管教或有異常情形等。Gelles也主張不要忽略施虐者可能會有的心理病理，其心理病理可能是來自於幼年失敗的社會化經驗。

（四）心理社會系統模式

心理社會系統模式（psychosocial systems model）為溝通分析的家庭系統觀點。認為在家庭次系統之間的互動，如：施虐者與配偶、親子間、小孩與環境間、父母與環境、父母與社會之間的互動才是產生兒童虐待的主因。因為家庭是一個重要的互動場所，兒童虐待的原因不只是個人的心理病理或壓力因素，更重要的是要檢視這些系統之間的互動，包含家庭系統，家庭與環境、社會之間的互動（Justice & Justice, 1976）。

Bowen（1966）認為施虐父母是一個尚未能健康分化（undifferentiated）的大人，本身的情緒與他人交融，沒有界限或界限模糊，而未能將自己清楚區隔開來，當其壓力愈大時，愈會將情緒與他人交融（引自Tower, 2005: 71）。當面臨壓力時，未能接納並處理好自己的情緒，容易將情緒發洩在他人身上，孩子可能成為其情緒壓力下的宣洩出口。

第二節 兒童虐待的身心影響

壹、虐待對兒童的影響

一、身體虐待對兒童的影響

(一)身體的影響

身體虐待所造成的生理與身體的傷害經常是永久性的，依受虐身體部位、範圍、性質等而有不同程度的傷害。輕者瘀青、擦傷、割傷等，也許傷口癒合即好；但是重者如：燒燙傷、骨折、肢體受傷導致傷殘、頭部受傷導致顱內出血、內臟出血或是永久性的神經受損，如智能障礙、腦性麻痺、學習障礙等。這些造成兒童在身體外觀或身體內部的缺損，也造成身心發展的遲緩，如運動神經、語言發展遲緩等（White, Daraper, & Jones, 2001），這對兒童的成長發展實為莫大的戕害。若對孩子嚴厲的摔打導致身體內外部的傷害，嚴重的話可能致死。由於更年幼的孩童缺乏自保能力，其被虐危險度高，國內的統計發現五歲以下的兒童是暴力傷害致死的高危險群（衛生福利部保護服務司，2020）。

(二)心理的影響

除了身體的傷害之外，身體虐待也造成兒童在心理、情緒、行為、社會適應上的影響，包括：低自尊、退縮、過度警戒或防衛、表現出對抗行為、強迫行為、假冒的成熟行為、缺乏社交技巧、學習問題（注意力無法集中、過動、發展遲緩等）、享受生活的能力受損、不安全的依附型態，部分引發相關的精神疾患，如憂鬱、焦慮、創傷後壓力症（posttraumatic stress disorder, PTSD）、對立反抗症（oppositional defiant disorder, ODD）、遺尿或遺糞等行為（White et al., 2001）。

二、精神虐待的影響

在母親懷孕期間與產後初期，母親的特質與支持系統的環境對嬰兒而言，可能是一個危險的心理傷害情境，像是不被預期的孩子、年輕的父母、無法提供嬰兒所需、母親在懷孕或產後初期的倦怠、缺乏穩定的親密關係、缺乏可用的支持系統，以及人格與心理上的問題等，這些都可能造成父母對孩子的心理疏忽與虐待。造成的影響包括：在嬰兒時期造成其退縮；在兒童時期會有較差的自律與挫折忍受力、對語言認知反應的限制、缺乏對事物的好奇心和創造力、較無自信／低自尊、低自我概念、行為上的問題；於小學時期在情緒上可能有焦慮、憂鬱、抱怨身體有病痛，在行為上可能有品行問題、過動、反社會行為等；在青少年時期心理上的羞恥感、憂鬱、孤立、自殺想法，在行為上則可能呈現品行問題、偏差行為（如反社會行為、犯罪行為）、學校適應問題（學業及與同儕相處問題）（Berlin & Vondra, 1999）。

例如：一位父親對母親的施暴方式是藉著子女來控制母親，當母親不理會父親的口語暴力時，他就故意叫孩子過來，孩子心裡雖百般不願意，但卻為了母親而馬上跑到父親身邊，父親的指令就如同啟動按鈕，孩子像是機器人般的被父親控制，造成孩子經常處於擔心、焦慮、畏懼權威、對不符合公平正義的事情不敢表達意見、自尊低落的情形。

三、疏忽的影響

疏忽會造成嬰幼兒對照顧者的反應極為敏感，兒童時期會出現身高、體重發展遲緩，在動作上的發展落後。在心理與社會方面，造成嬰幼兒或兒童的智能障礙、語言障礙、缺乏社交技巧、感覺統合不良、睡眠問題、注意力不足、過動、行為規範不佳、行為問題、遺尿或遺糞等（Tower, 2005）。

例如：父母為了家庭經濟在外打拚，而疏於對孩子食衣住行基本的照顧，天冷時沒有讓孩子穿保暖的衣服、孩子生病了沒帶去看醫生；孩子到了入學年齡卻沒有讓他入學，延遲或失去接受義務教育的權利；當孩子哭泣有情緒時，不去了解其需求並給予關心回應，孩子感受不到大人的愛，不知道愛是什麼，也不知道如何去愛。當不被同理，也就難以了解何為同理，當然就不易與人建立關係、難以學習人際互動的方法、依附關係困難、與人群疏離。

四、目睹家暴對兒童的影響

對目睹家暴兒童心理的影響為：對於童年時期的暴力記憶，可能會持續一段很長的時間，這些孩子對於發生在家庭內的暴力，可能會有害怕、恐懼、生氣、羞恥、無助、疑惑、低自我價值感、對親密關係有錯誤的信任等。也有研究指出，目睹家暴兒童也會呈現創傷後壓力症（Ackerman, 1999; Sudermann & Jaffe, 1999）。在社會適應及行為的影響：男孩可能出現外向性（acting out）行為，如攻擊行為、逃學、逃家等行為；女孩可能出現內向性（acting in）行為，如黏人、退縮、被動、憂鬱、焦慮、自傷或自殺等。

例如：某兒童曾在三、四歲時目睹父親把母親打趴在床上的影像，直到八歲時都還記得，父親當時將收錄音機摔在地上的情景也記憶猶深，因為他記得後來都不能聽收錄音機的音樂。這些都造成孩子心中的疑惑，也時刻擔心暴力的可能再現。父母以為孩子年紀還小不會有記憶，但是當孩子逐漸長大並說出這些深刻影像時，才驚覺已經在孩子心裡烙印負面的記憶與影響。

目睹家暴兒童所呈現的徵候，有時候並不是那麼明顯。因此，透過檢核表可以幫助了解。天主教善牧基金會發展「目睹家暴兒童檢視表」，總計有 14 個題目，若回答「是」的題數愈多，透露出孩子受目睹家暴的影響愈大，須關心他們的身心狀態，也可以透過輔導老師或轉介相關專業機構處遇（李曉燕、天主教善牧基金會編著，2005）。這 14 題項為：

1. 孩子容易受驚嚇、焦慮或非常害怕。
2. 孩子經常做惡夢或不容易睡著。
3. 孩子經常抱怨胃痛、頭痛或身體疼痛。
4. 孩子變得很沮喪，對許多事情不再產生興趣。
5. 孩子經常會莫名地發脾氣。
6. 孩子經常覺得自己不如他人。
7. 孩子經常想要保護媽媽（受虐者），否則他會有內疚感。
8. 孩子經常覺得是他引起爸媽爭吵或打架。
9. 孩子經常會緊黏著媽媽或爸爸，因為他覺得沒安全感。
10. 孩子在學校變得不專心或注意力分散。
11. 孩子開始出現異常行為，例如：和同學打架、偷竊、功課退步。
12. 孩了開始出現嬰兒似的現象，例如：口吃、說話困難或咬指甲、吸吮拇指。
13. 孩子會想要快點長大，以便脫離目前的生活環境。
14. 孩子開始擔憂爸媽會分開，甚至害怕自己未來的不確定感。

除了上述影響，經常目睹暴力的子女，亦可能形成暴力的代間傳遞，在未來成年之後，與他人的互動關係上會表現出較多的暴力行為，在未來的婚姻關係中，成為暴力者的可能性將會增加（沈慶鴻，2003；Marshall & Rose, 1988; Peled, Jaffe, & Edleson, 1995）。對目睹暴力兒童的預防與協助，是家庭暴力防治必須正視與處遇的問題。

貳、虐待造成受虐兒童症候群

一、各類型虐待的影響

各類型虐待對兒童的影響（兒童性虐待一併表列），如表 10-1。

表 10-1　各類型虐待行為對兒童的影響

身體虐待	精神虐待	性虐待	疏忽	目睹家暴
不易信任他人	不易信任他人	不易信任他人	不易信任他人	不易信任他人
低自尊	低自尊	低自尊	低自尊	低自尊
焦慮與恐懼	焦慮 羞恥感	焦慮與恐懼 羞恥與罪惡感	憤怒 客體關係受損	焦慮與恐懼 羞恥感
身體的問題	—	身體的問題	親職能力受損	疑惑
憤怒	低挫折忍受力	憤怒	低智能	憤怒
內化攻擊行為	行為問題	—	—	內化攻擊行為
憂鬱	自殺意念 退縮、冷漠	自虐傾向 憂鬱	發展遲緩	—
碰觸困難	—	碰觸困難 破壞身體界線	口語表達困難	—
建立關係困難	建立關係困難	建立關係困難	建立關係困難	建立關係困難
藥物酒精濫用	—	藥物酒精濫用	藥物酒精濫用	—
無力感	—	無力感	無力感	無助感

資料來源：改寫自 Tower (2005: 381).

二、受虐兒童症候群

受到虐待的兒童所呈現的身心創傷症狀，為受虐兒童症候群（battered child syndrome）。受虐兒童的身體可能常見在手臂、手腕、腳踝遭到用手、拳頭、皮帶、菸蒂造成的傷痕。心理及行為呈現低自我意象、衝動的性行為、不適當地去愛或信任他人、破壞性或非法行為、憤怒焦慮或恐懼、自我傷害或自虐行為、自殺意念、過度或退縮行為、對參與新的關係或活動感到恐懼、學校適應問題或輟學、悲傷或憂鬱症狀、創傷影像重現或噩夢、藥物或酒精濫用。這些情緒的傷害可能延續到青少年期，一旦這些孩子長大後亦可能成為施虐的父母，在肢體接觸、親密關係及信任有困難，他們也是焦慮、憂鬱、物質濫用、身體疾患、有學業或工作適應問題的高危險群，可知兒童受到虐待對其後來的生命歷程有長遠的影響（Encyclopedia of

Children's Health, 2022）。

第三節 兒童虐待的評估

壹、兒童虐待的危險性評估

社工人員在接獲通報之後，首先評估兒童虐待與疏忽的危機與危險程度，以確認兒童所處的環境與再度受虐的可能性，而決定兒童是否暫時隔離安置。衛生福利部保護服務司已建置兒童少年保護案件通報及評估體系指標系統於資訊系統中，各縣市保護性業務社工人員均依此進行通報評估。包括以下幾個面向：

一、兒童少年因素

年齡、身心狀況、自我保護能力、問題行為、兒童對受虐的看法。

二、虐待狀況因素

受虐史、受傷部位、受傷程度、受虐頻率、虐待類型、受生活照顧程度、受施虐者威脅程度。

三、照顧者因素

生理、智能或情緒能力、對兒童少年受虐的態度、合作意願、酗酒或藥物濫用情形、親職能力。

四、施虐者因素

生理、智能或情緒能力、對兒童少年受虐的態度、合作意願、酗酒或藥物濫用情形、暴力前科、親職能力。

五、家庭因素

壓力危機、支持系統、生活環境。

六、社會支持系統

專業人員資源的介入。

這幾項因素經評估可分為低、中、高危機，其中的高危機情形，需要立即與施虐者隔離，進行緊急安置，如表 10-2。

貳、兒童保護安全評估及家外安置

當社工人員評估兒童自我保護能力不足，且主要照顧者及家庭無法提出安全保護計畫，則必須考量兒童進行家外安置，避免兒童遭受生命危險。對社工人員來說，要做家外安置或留在家庭的決定相當困難，此攸關兒童的未來處置。以美國來說，多項研究顯示受虐兒童返家後再受虐的比率在 14～30%之間（Connell et al., 2005）。而英國一項針對 180 位受虐兒童的研究，顯示返家兩年後有 46%再次受虐（Farmer, 2014）；另一項針對 595 位寄養兒童的研究，顯示返家後三年再次受虐的比率為 42%（Sinclair, Baker, Wilson, & Gibbs, 2005）。Biehal、Sinclair 與 Wade（2015）指出這樣的結果多半是父母缺乏適當的親職能力，未能提供穩定的家庭生活，並就 149 位兒童的追蹤研究結果，建議社工人員要與兒童的家庭真誠溝通，針對改變的需求做仔細的評估、擬定明確的目標、提供有效的服務、給予兒童穩定的生活與照顧。

我國衛生福利部保護服務司於 2014 年推展「兒少安全評估結構化決策模式」（Structured Decision-Making Model, SDM），協助兒保社工人員在接獲通報後能於四小時內立即對受虐兒童、主要照顧者及家庭成員進行安全評估，以做出是否家外安置的決策（劉淑瓊、陳意文，2011）。該安全評

表 10-2 兒童虐待的危險評估

因素	低危險	中危險	高危險
兒童			
• 年齡	青少年	小學低年級	嬰兒
• 身體與心理能力	能夠沒有成人的協助而保護自己。	需要在成人的協助下才能保護自己。	沒有他人的協助完全無法保護自己。
照顧者			
• 合作程度	對問題的覺察；能與社會機構合作，並共同解決問題以保護兒童。	對前來調查的人員有所抱怨。	不認為這是問題；拒絕合作。
• 身體、心理、情緒能力或控制力	對兒童的實際期待，能夠規劃去矯正問題。	差的理性能力；可能有身體上的障礙，需要計畫去保護兒童。	差的現實感，或嚴重的心理或身體障礙。
加害人			
• 行為的合理性	意外傷害；不適當的管教。	輕微傷害；過度的體罰所致。	嚴重傷害；長久對兒童不合理的傷害。
• 對兒童的可近性	在家外；無法接近兒童。	在家內；但是不易接近兒童。	在家內，完全可以接近兒童。
發生的事件			
• 長期傷害的範圍	對兒童的虐待或疏忽的影響完全看不出來。	虐待或疏忽導致身體的受傷或不舒服。	虐待或疏忽可能導致死亡或長期身體機能受損。
• 傷害的部位	身體軀幹的部分、膝蓋、手肘、臀部。	身體軀幹受傷。	受傷部分包含頭、臉、生殖器部位。
• 先前施虐或疏忽史	之前無虐待或疏忽史。	之前有虐待或疏忽史。	之前有虐待或疏忽史。
家裡的物理條件	家裡是乾淨的，沒有明顯會造成安全或健康的危害。	垃圾廢物未清理，家裡有動物。	隔音不佳、屋頂窗戶有漏縫、牆壁有漏洞。
環境			
• 支持系統	可運用家人、鄰居、朋友資源；好社區。	有家人的支持，但是並不住在附近；有一些朋友的支持。	照顧者或家人沒有親戚、朋友，且與社區隔絕。
• 壓力	穩定的家庭、穩定的工作且異動性低。	有初生嬰幼兒。	配偶死亡。

資料來源：Tower (2005: 235-236).

估表包括：個案基本資料、危險因素與保護能力、安全對策與安全評估結果、安全計畫等四部分。

一、個案基本資料

包括個案本身及家內其他兒童少年的姓名、目前自我保護的狀態。

二、危險因素與保護能力

(一) 危險因素

指對兒童造成嚴重的身體傷害、沒有滿足兒童基本需求、居住條件不佳、未提供適切保護、家中有成人家暴情形、兒童可能遭受性侵害、案家阻礙或逃避接受調查、無法對兒童的傷痕提出合理解釋、照顧者身心狀況不佳、照顧者有物質濫用、過去曾有虐待紀錄等。

(二) 保護能力

指兒童有能力參與安全維護行動、照顧者有意願主動參與安全計畫、願意與社政單位合作、願意承諾會滿足兒童需求、有能力利用資源提供安全措施、與兒童關係良好、有解決問題能力、有立即可得的社區服務與資源、能採取保護兒童的行動。

三、安全對策與安全評估結果

留在家中的對策，如：由社工提供服務、運用家庭或鄰里資源維護安全、運用社區服務維護安全、有照顧者可以適切保護兒童不受傷害、施虐者自願或強制離開住家、照顧者搬離至施虐者無法接近的住所、照顧者採取法律行動使兒童能留在家中；家外安置的對策，如：照顧者同意家外安置、其留在家中的安置對策無法保護兒童安全等。安全評估結果可分為安全、有計畫才安全、不安全等三種結果。

四、安全計畫

擬定具體的安全保護計畫，提出不再置兒童於危險情境的處遇計畫，包括仍留在家中生活的安全計畫或是家外安置的計畫。

參、評估主要照顧者的功能

兒童虐待問題充滿了父母對子女關係的不當掌控，對於施虐父母的評估，尤須著重其父母角色與認知的了解，包括：父母是如何看待自己的角色、所認知的父母功能、對子女的看法、對教養子女的觀點等；尤應注意文化價值的因素，亦即父母是如何內化管教子女的價值觀。因此，對主要照顧者，尤其是非施虐家長的親職角色與功能的評估，對兒童未來的安置或返家後的家庭處遇皆為重要的依據。Hooper（2013）提出以下評估主要照顧者的面向，作為參考。

一、評估照顧者的基本技巧

（一）親職技巧

具備問題解決能力、平衡的管教技巧、醫療與生理照料技巧、安全與緊急狀況的反應技巧、給予溫暖與滋養的能力、敏感而不歧視的互動能力。

（二）社會認知技巧

對兒童的能力有合理的期待、平衡短期與長期的社會化目標、有認知上的反思能力、有接受不同觀點的彈性、正向的歸因習慣、觀察的能力、自我效能感。

（三）自我控制技巧

具有衝動控制能力、精確與調適的觀點、自我覺察的技巧、自我肯定。

（四）壓力管理

自我照顧技巧、回饋／反省的技巧、再創造的能力、維持社會支持網絡的技巧、廣泛處理問題的能力、經濟計畫的能力。

（五）社會技巧

人際關係解決技巧、同理能力、能認知情感並表達情感的技巧、自我肯定、有能力對不同的個體做出有效的反應，如家庭、朋友、同事、孩子的老師等。

二、評估照顧者的親職態度、知識與功能層次

（一）是否有扭曲的態度與信念

1. 假設或認為他人知道自己本身的內在狀態。例如：「孩子應該知道我很累。」

2. 歸因謬誤。例如：「他就是那麼的自私。」

3. 自我效能低的父母。例如：「他排行老大，應該要負起照顧弟妹的責任、應該要幫忙做家事，分憂解勞。」

4. 過度連結負向的人際網絡。例如：「他就跟他爸爸一樣，脾氣很壞。」

（二）照顧者了解自己童年被撫養的痛苦歷史

1. 能夠表達他們過去是如何被他們的照顧者傷害：這樣的父母可能會意識到他們的小孩如何被傷害。

2. 能夠去談論他們希望自己的童年可以如何不同：這樣的父母或許願意改變自己的生活去幫助他們的孩子。

3. 避免重蹈他們自己父母錯誤的動機。

（三）父母的過去經驗阻礙親職能力

1. 無法談論自己童年時的創傷經驗：這些父母拒絕或否認他們的孩子所承受的痛苦，也就等於承認自己童年期的痛苦。

2. 無法承認自己童年期的痛苦對自己的發展造成負向的影響：這些父母可能會認為他們對兒童的傷害是沒有關係的。

3. 合理化自己父母的施虐行為，所以也忽略自己對兒童的施虐行為。

4. 為自己父母的施虐行為尋找藉口，或認為是自己的錯：這些父母會認為施虐是兒童自找的，或為施虐者的施虐行為找藉口。

三、評估照顧者的能力與處遇需要

（一）基本資料與生理健康狀況

性別、年齡、教育程度、婚姻狀況、身體健康情形。

（二）心理、社會功能與情緒狀況

情緒上是否健康、正向的自我認知、誠實的、能對孩子表達愛與情感、是否有心理問題、是否有好的處理技巧、能否控制情緒與想法。

（三）認知功能

智力問題、是否有個人的限制以致影響到孩子的照顧，是否有洞察力、問題解決能力。

（四）社會功能與人際關係

在家庭外是否有正向的人際關係、能否信任他人，人格特質是否是開放的、支持的與協助的。

（五）童年歷史

是否在滋養的環境中成長、是否曾經驗過創傷。

第四節 兒童虐待的社會工作處遇

壹、社會工作的處遇

一、兒童少年虐待事件的社工處遇

(一) 責任通報及調查評估

當接受通報之後，根據「兒少安全評估結構化決策模式」（SDM）的評估準則，社工人員必須於四日內完成當事人之安全及家庭功能評估，確定是否家外安置，做出決策。

(二) 陪同驗傷及關懷支持

社工人員陪同當事人至醫院（急診室）進行驗傷與採證，向當事人說明處理程序並給予心理支持。

(三) 陪同偵訊及出庭並提供法律諮詢

若進入司法程序的檢警調查過程中，社工人員依法必須陪同詢訊問，提供法律資源的諮詢或轉介律師協助司法過程，在爾後的出庭程序裡，社工人員也須陪同出庭。

(四) 緊急安置

經評估做成家外安置決策的個案，社工人員依法強制安置兒童少年於緊急安置中心。

(五) 長期安置

當社工人員評估兒童少年的家庭功能欠缺，不宜返家時，就會依法長期安置於兒童少年福利機構，直到家庭功能修復，進行返家處遇計畫，再回到家庭。若家庭功能未能修復，青少年個案則轉介自立生活方案，輔導

其朝向成年後獨力生活的目標。若是因為性剝削原因且有中輟議題，需要在教育體系長期安置的兒童和少年，則可依據《兒童及少年性剝削防制條例》第22條，安置於中途學校施以選替教育、生活輔導、心理輔導等。

(六) 後續社工處遇

1. 聲請保護令

若兒童少年不需要家外安置，則協助非施虐的主要照顧者聲請保護令，命相對人不得接近騷擾施暴於被害人。

2. 就學輔導

若當事人因家外安置而必須異動住居所，隨著住居所移動而轉學，則協助當事人轉校等相關措施。

3. 經濟補助

當事人有經濟上的困難，提供經濟評估及必要的補助，如根據各縣市之《兒童少年及特殊境遇家庭福利扶助辦法》，協助案家申請經濟補助。

4. 心理諮商

提供心理受到傷害之兒童、少年的心理諮商協助，轉介心理師提供諮商輔導，圖10-1、10-2為諮商會談室及遊戲治療室（2011年拍攝於高雄市兒童青少年與家庭諮商中心）。

5. 親職教育

依據《兒童及少年福利與權益保障法》第102條，對施虐家長施以四小時以上五十小時以下的親職教育輔導。

貳、《兒童及少年福利與權益保障法》的社會工作角色

一、責任通報者

於執行業務時知悉兒童少年有受虐或疑似受虐之虞，依據《兒童及少年福利與權益保障法》第53條，應立即向主管機關通報，至遲不得超過二十四小時；另依據第54條第一項，知悉兒童及少年家庭遭遇經濟、教養、

圖 10-1　諮商會談室

圖 10-2　遊戲治療室

說明：治療室內有情緒表達、創造性、攻擊、撫育、角色扮演、真實生活、訓練類之各式玩具、文具、布偶、積木、沙箱、樂器、牌卡、象棋、小物件等媒材。

婚姻、醫療等問題，致兒童及少年有未獲適當照顧之虞，應通報主管機關。

二、訪視評估者

本法第 54 條第二項規定主管機關於接獲通報後，應對家庭進行訪視評估，並視需要結合相關單位提供必要協助。

三、緊急安置者

本法第 52 條及 56 條規範安置兒童及少年的原因情形，並在第 57 條及 58 條規定緊急安置及延長安置措施。第 66 條規定建立安置訪視調查評估等資料及文書保密。

四、陪同服務者

本法第 61 條第二項規定兒童及少年接受訪談、偵訊、訊問或身體檢查，應由社會工作人員陪同，並保護其隱私。

五、追蹤輔導者

依本法第 65 條第一項，安置兩年以上之兒童及少年，經主管機關評估其家庭功能不全或無法返家者，應提出長期輔導計畫。第 62 條第四項則規定，針對家庭情況改善而返家之被安置兒童及少年，主管機關續予追蹤輔導至少一年。

第五節 結語

雖已建構兒童保護網絡，但兒童虐待案件仍層出不窮，防治網絡專業人員應持續在三級預防有更積極的作為。社會工作者除了具備應有的專業知能外，更應具有社會正義及道德勇氣，勇於對加害的一方施以強制的介入與輔導，對於受害的一方加以保護，期能減少兒童虐待情事的發生。

延伸閱讀

留佩萱（2017）。《童年會傷人》。臺北：小樹文化。

陳巹羽（譯）（1998），T. L. Hayden著。《籠中孩子》。臺北：新苗文化。

陳淑惠（譯）（1999），T. L. Hayden 著。《他只是個孩子》。臺北：新苗文化。

陳慧女（著），郭育誌（繪）（2014）。《嘟嘟的恐懼——兒童虐待》。臺南：翰林。

陳慧女（著），吳敏綺（繪）（2014）。《奇奇的不安——目睹家暴兒》。臺南：翰林。

張佳棻（譯）（2018），J. Webb著。《童年情感忽視：為何我們總是渴望親密，卻又難以承受？》。臺北：橡實文化。

張馨方（譯）（2018），B. D. Perry & M. Szalavitz 著。《遍體鱗傷長大的孩子，會自己恢復正常嗎？》。臺北：柿子文化。

黃素娟（譯）（2019），D. A. Hughes著。《依附關係的修復：喚醒嚴重創傷兒童的愛》（第二版）。臺北：心理。

劉小菁（譯）（2004），B. M. Groves著。《孩子，別怕：關心目睹家暴兒童》。臺北：心靈工坊。

劉思潔（譯）（2017），B. van der Kolk 著。《心靈的傷，身體會記住》。臺北：大家出版。

電影：《你是好孩子》（*Being Good*）。

電影：《無人知曉的夏日清晨》（*Nobody Knows*）。

影片：《100 公分的世界》（探討目睹暴力兒童受到的影響宣導影片），內政部家庭暴力及性侵害防治委員會。

Chapter 11

性侵害被害人的評估與處遇

民國 85 年 11 月 30 日發生的彭婉如命案，促使我國的《性侵害犯罪防治法》於 12 月 31 日迅速三讀通過立法，自始開啟性侵害防治工作。性侵害對被害人的身心傷害相當深遠，造成嚴重的心靈創傷。社會工作在協助被害人的危機處理、保護服務、心理支持等方面扮演重要角色。本章介紹性侵害發生的原因、對被害人的影響、調查評估及社會工作處遇。

第一節 解釋性侵害的原因模式

壹、性侵害的定義

一、理論上的定義

性侵害是指所有使人淪為「性」的受害者之侵犯行為，包括以下三種形式：(1)接觸性：以暴力、脅迫或誘騙的手段達到直接的性接觸；(2)非接觸性：如暴露性器官、猥褻電話等；(3)性剝削（sexual exploitation）：利用他人從事與色情有關之情事以謀利，如對未成年人的性剝削、強迫表演性的動作或姿勢、拍攝色情照片、電影、影帶或現場表演，即為兒童色情（child pornography），利誘或強迫兒童少年從事性交易工作的童妓（child prostitution）（Faller, 1988）或雛妓（girl prostitution）。

性侵害的本質是多面向的，有暴露狂、親吻、愛撫、性交、口交、肛交、以手指或以異物插入性器官等方式，而性侵害加害人可能是家庭成員、熟識者、陌生人，侵害期間有可能是持續數月、數年，頻率可能是經常或每週不等（Fisher & Whiting, 1998）。

二、法律上的定義

(一) 強制性交與強制猥褻

《刑法》第10條第五項的「性交」定義，指非基於正當目的所為之下列性侵入行為：(1)以性器進入他人之性器、肛門或口腔，或使之接合之行為；(2)以性器以外之其他身體部位或器物進入他人之性器、肛門，或使之接合之行為。可知「強制性交」為違反當事人意願，侵犯他人之行為，包括肛交、口交、手指插入、異物插入及性器接觸等之行為。而「強制猥褻」是指姦淫以外，足以興奮或滿足性慾之一切色情行為；凡在客觀上足以引誘他人性慾，在主觀上足以滿足自己性慾者。

性侵害犯罪是指《性侵害犯罪防治法》第2條：「本法所稱性侵害犯罪，係指觸犯刑法第二百二十一條至第二百二十七條、第二百二十八條、第二百二十九條、第三百三十二條第二項第二款、第三百三十四條第二項第二款、第三百四十八條第二項第一款及其特別法之罪。」包括強制性交罪（刑法第221條）、加重強制性交罪（刑法第222條）、強制猥褻罪（刑法第224條）、加重強制猥褻罪（刑法第224-1條）、乘機性交猥褻罪（刑法第225條）、對未成年為性交猥褻罪（刑法第227條）、利用權勢性交或猥褻罪（刑法第228條）、詐術性交罪（刑法第229條）。

(二) 性剝削

根據《兒童及少年性剝削防制條例》第2條定義的性剝削，係指下列行為之一：(1)使兒童或少年為有對價之性交或猥褻行為；(2)利用兒童或少年為性交、猥褻之行為，以供人觀覽；(3)拍攝、製造兒童或少年為性交或

猥褻行為之圖畫、照片、影片、影帶、光碟、電子訊號或其他物品；(4)使兒童或少年坐檯陪酒或涉及色情之伴遊、伴唱、伴舞等侍應工作。

貳、兒童性侵害發生原因的解釋模式

性侵害事件的發生都是加害者的犯行所造成，因此許多探討性侵害發生的理論，多是從加害者的觀點探討何以會發生性侵害。以目前所發展之解釋性侵害發生的理論中，以Wolf（1984）的「性侵害循環模式」（sexual abuse cycle model），及Finkelhor（1984）的「四項先決條件」（four preconditions of sex abuse）的解釋最為普遍（黃世杰、王介暉、胡淑惠譯，2000）。這兩個模式不只嘗試解釋行為的發展，而且也包含性侵害發生的過程。

一、Wolf的性侵害循環模式

本模式結合社會、發展、情境、文化的因素，基本前提是：性侵害加害人早期的生活經驗，如受到身體、情緒、性方面的虐待，以及被疏忽的經歷等，且多是在功能失調的家庭長大者，會造成其特殊型態的人格發展，而產生偏差的性偏好。這些早期的虐待經驗會成為潛在因素而發展出偏差的性行為，並削弱偏差性行為的禁制，愈多的潛在因素出現，長大後成為性侵害者的危險性就愈高（圖 11-1）。這個模式認為所有的性侵害加害者的行為並非都是一樣的，不過行為卻有共同的模式。性侵害的循環是從加害者有一個非常負面的自我形象開始，因其預期會被拒絕，故以自我孤立來防止被拒絕，以致其沉迷於逃避現實的性幻想中，使自己感到舒服，當性幻想涉及偏差的性活動時，就開始設計性侵害行為，而促成性侵害情境的發生。扭曲的認知是加害人的特徵，在整個循環中都會發生（黃世杰等譯，2000）。

這個模式在解釋大多數性侵害者的犯行是有適用性的，但是對於有些人並非全都解釋得通。不過Wolf的模式已被證明對實務工作者及性侵害者的治療有很大的影響及幫助。惟Wolf的性侵害循環模式並未解釋到被害者

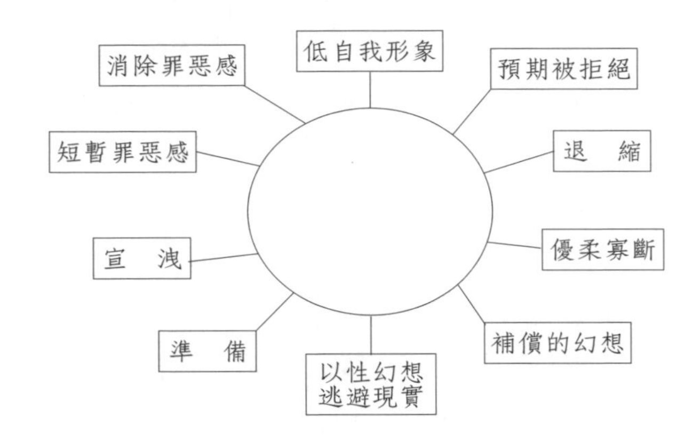

圖 11-1　Wolf 的性侵害循環模式

資料來源：黃世杰等譯（2000：22）。

的部分，以下所要介紹的 Finkelhor（1984）之四項必要條件模式，即解釋被害者在性侵害事件的部分，尤其是兒童的性侵害。

二、性侵害發生的原因——四項先決條件

Finkelhor（1984）的性侵害之四項先決條件，認為發生性侵害有四項前提條件，當四項條件同時存在，性侵害事件則無法避免，四項條件分別為：

1. 潛在的加害者有性侵害的動機（motivation）。
2. 潛在的加害者失去內在的自控力（internal inhibitions）。
3. 潛在的加害者必須克服外在環境的阻礙（external impediments）。
4. 潛在的加害者必須克服被害者對於性侵害可能會有的反抗（resistance）。

此觀點如圖 11-2，對這四項條件的了解可協助實務工作者對於加害人、被害人、可能的受害情境等方面加以研究，並針對個別情形進行預防與治療的工作。例如：對於加害者再犯動機與行為的抑制、營造一個安全與善意的生活環境以避免可能傷害的產生、增強潛在被害人的自我保護意識與能力等，均是針對這四項條件進行預防或治療的處遇，以預防性侵害的發生或減低其傷害性。

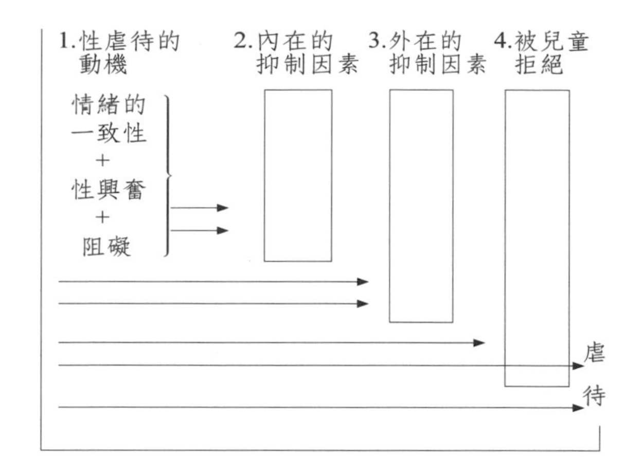

圖 11-2　Finkelhor 性侵害的四項先決條件

資料來源：Finkelhor (1984: 55).

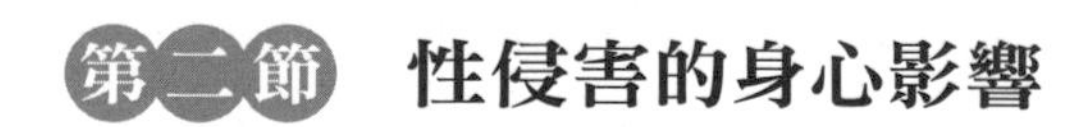

第二節　性侵害的身心影響

壹、解釋性侵害影響的理論架構

性侵害對被害人全面地影響各方面的適應，國外學者從性侵害所造成的傷害發展出許多解釋影響的模式，均可提供概念化了解。從不同的心理學取向所發展的解釋模式，涵蓋了心理動力、依附理論、發展理論、行為理論及創傷後壓力症等觀點。在這些解釋模式中，以 Finkelhor 與 Browne（1985）從實務經驗所提出的「創傷動力模式」（traumagenic dynamics model）最能完整說明性侵害的影響，即使該模式受到未經實證研究檢核的評論（Freeman & Morris, 2001），但此模式提供較為完整的評估架構，可作為專業人員評估性侵害影響的概念化基礎。而創傷後壓力症通常是遭遇重大壓力事件者可能罹患的短期壓力症狀，也常被作為診斷的依據，以下分別說明。

一、發展模式

發展模式（developmental model）認為個人在發展過程中，當社會與自我功能受到干擾時，即有可能出現嚴重症狀，尤其是兒童與成人更是高危險群。其中，Alexander（1992）以依附理論（attachment theory）解釋家庭內性侵害的長期影響，認為要將家庭視為研究的基本單位，家庭內性侵害通常是不安全依附的代間傳遞結果，父母親早期的依附型態會影響孩子的依附類型，拒絕／逃避、角色反轉（role reversal）／親職化（parentification）、恐懼／未處理的創傷等三種不安全親子依附類型均是性侵害家庭動力的特質。

Cole 與 Putman（1992）從發展的心理病理學觀點看家庭內性侵害的影響，在嬰兒與學步期、學齡前期、兒童期、青少年期、成年期等階段，都會影響個人自我功能的自我認定與整合、自我控制在關係上的安全與信任。Spaccarelli（1994）從發展的交互理論（transactional theory）觀點認為人的發展過程是透過人與所處環境之間的互動來完成，依此預測個人的心理健康或心理病理；而性侵害是包含一連串與侵害事件本身、與侵害事件相關、與揭露事件相關結果的壓力，這些都是提高適應不良的危險因子，也影響個人的認知與對環境的因應，而在發展過程中的個人內在資源與外在環境資源的交互因素，均影響被害人的適應結果與心理症狀。

二、行為理論

以行為學習理論（behavioral learning theory）為基礎的模式，有認知行為模式（cognitive-behavioral model）、行為模式（behavioral model）等。主要是從行為理論的古典制約、操作制約、社會學習的觀點探討性侵害被害人遭受加害人操控的經驗，被威脅控制的經驗與其被害當時的情緒與行為相連結，影響其因應方式，如罪惡感、無助感、逃避、解離等；認知行為模式、行為分析模式具有實證研究基礎，能適用於解釋性創傷的影響（Freeman & Morris, 2001）。

三、多元動力模式

多元動力模式（multiple dynamics model）包含兒童性侵害適應症候群（child sexual abuse accommodation syndrome）及創傷動力模式（traumagenic dynamics model）。

（一）兒童性侵害適應症候群

Summit（1983）的兒童性侵害適應症候群，包含性侵害是祕密、無助感、受誘與順應、對揭露性侵害事件感到遲疑與衝突、退縮等五個類別；此症候群說明了對兒童而言，性侵害具有祕密、不可揭露的特質，以及兒童面對性傷害時的無助與被迫順應。

（二）創傷動力模式

Finkelhor 與 Browne（1985）的創傷動力模式提出性侵害對被害人在性創傷、汙名化、背叛感、無力感的影響，其分從動力、心理與行為影響詳細描述，這也是目前在解釋性侵害創傷被普遍採用的模式。特別一提的是，這四個影響並非只單獨發生在性侵害創傷受害者身上，任何其他類型的創傷受害者也可能會有這四類影響（Finkelhor, 1986）。

這些創傷影響提供實務工作者研判及了解受害者的參考指標，此模式可解釋應用於兒童、青少年、成年人的性創傷，惟須注意到兒童、青少年、成年人的發展階段及發展任務有所不同，因此，應依據發展階段評估。表 11-1 所列的性侵害創傷動力的各項影響，對當事人而言，並不是每一項都會發生，須考量當事人的個別差異性。這些考量的變項有人格特質、發展階段、性侵害事件的詮釋、與加害人的關係、侵害的型態與期間、揭露後其他人的反應、支持系統等。

表 11-1　性侵害的創傷動力模式

影響	動力	心理及行為的影響
性創傷	1. 兒童從性行為中獲得的回饋對其成長發展有不利的影響。 2. 加害者以給予兒童的關注與關愛來交換其所欲的性。 3. 兒童對性器官的過度關注。 4. 加害者將錯誤的性的行為與性的道德傳遞給兒童。 5. 性活動與負向的情緒和記憶連結在一起。	• 心理的影響： 1. 對性議題的興趣明顯增加。 2. 對性的認同感到混淆。 3. 對性的規範感到困惑。 4. 對於性與愛，以及獲得關愛和照顧的混淆。 5. 對於性活動與性喚起感受的負面連結。 6. 對性或親密感的厭惡。 • 行為的影響： 1. 強迫的性行為。 2. 早熟的性行為。 3. 攻擊的性行為。 4. 性濫交。 5. 性交易。 6. 性功能失調：一再重現事件影像、很難有性的高潮。 7. 逃避或恐懼性的親密感。 8. 不適當的親職的性化關係。
汙名化	1. 加害者指責與詆毀受害者。 2. 加害者和其他人施壓兒童保守祕密。 3. 兒童對於所發生的性活動感到羞愧。 4. 其他人對於事件的揭露感到震驚。 5. 其他人對所發生的事件指責兒童。 6. 刻板化地視受害者為不潔。	• 心理的影響： 1. 罪惡感、羞愧感。 2. 低自尊。 3. 覺得自己和別人不一樣。 • 行為的影響： 1. 孤立。 2. 藥癮或酒癮。 3. 涉入犯罪行為。 4. 自傷。 5. 自殺。

（續上表）

影響	動力	心理及行為的影響
背叛感	1. 信任和脆弱性受到操控。 2. 被應提供兒童保護與照顧的人所傷害。 3. 兒童的幸福感被忽視。 4. 缺乏來自於父或母的支持與保護。	• 心理的影響： 1. 悲傷、憂鬱。 2. 極度依賴。 3. 缺乏辨識他人可信賴度的能力。 4. 對他人易有錯誤的信任，尤其是男性。 5. 憤怒、敵意。 • 行為的影響： 1. 黏人。 2. 容易再度受害與被剝削。 3. 默許自己的孩子受害。 4. 孤立。 5. 對親密關係感到不自在。 6. 婚姻的問題。 7. 攻擊行為。 8. 偏差行為。
無力感	1. 身體為兒童無法控制的外力所侵入。 2. 身體傷害感隨著時間的流逝而增加。 3. 加害者使用暴力或誘騙的方式接近兒童。 4. 兒童感覺無法保護自己並停止虐待。 5. 一再經驗恐懼。 6. 兒童感到無法讓別人相信他。	• 心理的影響： 1. 焦慮、害怕。 2. 自我效能感低。 3. 認為自己是個受害者。 4. 對控制的需求。 5. 認同加害者。 • 行為的影響： 1. 做惡夢。 2. 恐懼症。 3. 抱怨身體症狀，如飲食與睡眠異常。 4. 憂鬱。 5. 解離。 6. 逃學、蹺家。 7. 學業問題，如曠課、中輟。 8. 工作上的問題。 9. 容易再度受害。 10. 攻擊行為，如霸凌他人。 11. 偏差行為。 12. 成為加害者。

資料來源：Finkelhor & Browne (1985: 530-541)；Finkelhor (1986: 186-187).

四、創傷後壓力症（PTSD）

國外對於性侵害的相關研究，發現女性遭受性侵害的機會比男性多出十倍，而其中有兩倍會發展為創傷後壓力症（Kessler, Sonnega, Bromet, Hughes, & Nelson, 1995），女性特別容易因性侵害而受傷，並因此而轉為長期慢性的反應（Jaycox, Zoelliner, & Foa, 2002）。Herman 即指出創傷後壓力症在歷時長久之後，即轉為憂鬱症（depressive disorder）、焦慮症（anxiety disorder）等慢性化的結果（施宏達、陳文琪、向淑容譯，2018），例如：負面的認知感受與憂鬱有關，警醒度增高與焦慮有關。

在《精神疾病診斷與統計手冊》第五版（DSM-5）將創傷後壓力症自焦慮疾患中獨立出來，係指當事人暴露於具威脅性的死亡、重傷或性暴力，並以下列形式經歷創傷事件：當事人直接經歷、當事人親身目睹創傷事件發生在別人身上、近親或親密朋友發生死亡或威脅生命的暴力或意外創傷、反覆暴露在創傷事件的細節中，呈現出創傷影像重現、逃避與創傷相關的刺激、負面的認知感受、警醒度增高等症狀，期間超過一個月。表 11-2 是針對六歲以上的兒童、少年及成人的創傷後壓力症之診斷，未滿六歲的兒童則有另外的診斷準則（台灣精神醫學會譯，2014）。

在偵查或審理性侵害案件中，檢察官或法官會藉由了解是否有創傷後壓力症作為被害人是否遭遇性侵害的參酌，而轉介精神科醫師進行精神鑑定，或心理師進行心理鑑定。事實上，即使經精神鑑定罹患創傷後壓力症，也不能作為推論其性侵害是否真實存在的基礎，仍須其他證據之相互參照（冤獄平反協會，2018）。造成創傷的原因可能是多重的，難以僅憑一個事件或原因即斷定；而沒有創傷反應，也不見得就沒遭受侵害。總之，創傷後壓力症可為補強被害人的陳述憑信性，但不見得可為起訴或定罪的主要依據，仍須多元證據的參酌。

事實上，並非所有的被害人都會有明顯的創傷後壓力症狀，個人對事件的認知、因應壓力能力、所受創傷的類型及嚴重度、被害人揭露後重要他人的反應、社會支持度等，都可能是影響創傷後壓力症的因素。Seligman

即指出受傷的程度並不能預測創傷後壓力症，也不能預測悲痛的程度，而是被害人感受到的心理痛苦程度可以預測創傷後壓力症（洪蘭譯，2010），也就是個人對事件主觀知覺的痛苦程度是重要因素。

表 11-2　創傷後壓力症診斷準則

項目	影響
1. 創傷影像重現（出現一項或以上）	1-1. 不由自主重複痛苦的影像、記憶或想法。（在兒童身上，可能會在遊戲中重現創傷影像的主題） 1-2. 經常出現與創傷有關惱人的夢。（在兒童身上，可能是無法辨識內容、嚇人的惡夢） 1-3. 對於創傷事件失去感覺或表達（出現解離反應，如失自我感與失現實感）。（特定創傷的反應可能會在兒童遊戲中一再出現） 1-4. 接觸與創傷事件相似的暗示時，感到心理強烈的痛苦。 1-5. 對於與創傷事件相似的暗示，會產生明顯生理反應。
2. 持續逃避與創傷事件相關的刺激（出現一項以上）	2-1. 努力避免與創傷事件有關的思緒、感受或談話。 2-2. 努力逃避引發創傷事件相關的痛苦記憶、活動、地方或人事。
3. 負面的認知感受（顯示兩項或以上）	3-1. 無法回想起創傷事件的重要部分。 3-2. 對自我、他人或世界持續且誇大的負面看法。 3-3. 對創傷事件有扭曲的認知，自責或責怪他人。 3-4. 持續的負面情緒狀態，如恐懼、驚恐、憤怒、罪惡感或羞愧。 3-5. 對於重要活動降低興趣或減少參與。 3-6. 疏離的感受或與他人疏遠。 3-7. 情感範圍侷限，持續無法感受到正面情緒。
4. 警醒度與反應性顯著改變（顯示兩項或以上）	4-1. 易怒或無預警發怒，出現口語或肢體的攻擊行為。 4-2. 無視於後果的魯莽或自我傷害行為。 4-3. 過度警覺。 4-4. 過度驚嚇反應。 4-5. 無法專注。 4-6. 睡眠困擾（如入睡困難、難以維持睡眠、睡不安穩）。

貳、性侵害對男性被害人的影響

從實務研究發現，不同性別的被害人之影響有個別差異；尤其，男性被害人所感受到的羞恥感、難以揭露被害的事實、對自己男性氣概的質疑與同性戀議題等幾個部分與女性被害人有明顯的不同（Lisak, 1994）。男性遭受性侵害的高度羞恥感，使得他們比女性更不願意揭露；而在男強女弱、男尊女卑的父權文化下，遭受性侵害的男性需要面對自己是否具有男性氣概（masculinity）的挑戰，這也同樣發生在質疑自己是否為同性戀的議題上（陳慧女、盧鴻文，2007）。

Lew 於 2004 年從帶領團體的經驗裡整理出性侵害對男性受害人的影響，包括：惡夢、羞愧感、憤怒感、罪惡感、害怕表達憤怒、疼痛及身體痛苦、創傷影像重現、侵入性的思考、無法清晰思考、溝通困難、強迫性飲食、自我傷害、求死念頭、性衝動行為、性功能障礙、不真實感、失敗的自我形象、覺得是自己的錯、自我懷疑／覺得自己不夠好、擔心被別人利用、難以拒絕他人、缺乏認清真相的能力、角色混淆／認同混淆／性別混淆、渴望被照顧的矛盾、害怕權威、害怕規則、害怕女性、害怕男性、感覺需要去控制、無助感、害怕被關注、遠離人群／疏離、隔離、害怕親密、被稱讚時感到羞愧、低自尊、人際困難、無法接受安慰或滋養、不善表達脆弱、因逃避而有成癮行為、害怕大聲說出來、無法放鬆、感到卡住困住、將虐待視為愛、沮喪、解離、對部分童年記憶遺忘、如果別人了解我之後就會拒絕我等負面影響（引自陳郁夫等譯，2010：29-31）。影響如此之多且負面，涵蓋了對自我在認知、情緒、行為、人際等多重傷害。

Lisak（1994）的研究訪談 26 位二十一至五十三歲的成年男性，其受害年齡為四到十六歲之間，受害平均期間為 7.6 年。其中有 24 位是遭受多重方式的傷害，加害人依次為母親、父親、手足、伯叔舅姑姨、鄰居、陌生人等，其中 12 位遭受男性加害、11 位遭受女性加害、3 位遭受男女性加害，研究結果發現性侵害對男性造成在情感、認知、性別與性、人際困難

等四方面的影響。Lisak的研究有以下幾個重點，而這幾個重點可看到性侵害對男性被害人的顯著影響：

1. 在其研究中，進一步將之與加害人的性別進行卡方分析，發現被男性加害的男性被害人，在同性戀議題上有顯著差異；被女性加害的男性被害人在羞恥感方面有顯著差異。

2. 男性被害人覺得別人會認為他們是虛構被性侵害的事，且誇大其被害的事實，這些都使得他們更無法向別人表達自己受到性侵害的事實。

3. 男性氣概的議題深深困擾著他們，也因此，他們要不斷地在這個議題上奮鬥。如他們會因為被性侵害而質疑自己不具有男性氣概，故在行為上可能會表現出高度男性氣概的穿著、男性特質的習慣等情形。

4. 在性關係方面，會因為對性的負面內化、需要對自己受到性侵害負起責任，以及對性的困惑，而常會直接拒絕性方面的接觸。

5. 孤立與疏離影響他們與同儕的關係建立、對他人的負面認知。被傷害的影響，使得他們對自己形成負面的認知，認為自我的無價值感、自己不值得被愛，被傷害是自己身上難以抹滅的「壞」的部分，自責與罪疚感深深撼動他們的自信。

6. 被背叛感最常發生在加害人是家人或熟識者的關係中，這也影響被害人對自我與他人的信任感。

除了Lisak（1994）的研究之外，其他使用標準化的症狀檢核表之研究發現性侵害對男性被害人的影響有：焦慮、憂鬱、解離、敵意與憤怒、低自尊、關係困難、性方面的困難、睡眠障礙、自殺意念與行為；在心理治療師與被害男性的工作經驗中，發現長期影響有罪疚感與自責、低自尊、負面自我意象、親密關係議題、性方面的問題、藥癮、憂鬱、創傷後壓力症等；想要證明自己有男性氣概，而會結交多位女性伴侶、性侵害他人、從事危險或暴力的行為、對性別與性認同的混淆與困惑、缺乏男性特質感、失去權力與控制感、對自己的性取向困惑、害怕成為同性戀等（Hopper, 2016）。

綜合上述的探討，性侵害對男性被害人造成下列各方面的影響，整理如表 11-3。

表 11-3　性侵害對男性被害人的影響

項目	影響
認知	無法表達自己所受的傷害、對自我與他人的負面基模、低自尊、自責。
情感	憂鬱、焦慮、憤怒、恐懼、失落、無助感、罪疚感、羞恥感。
行為	藥酒癮、睡眠困難、自殺意念與行為、性侵害他人、暴力行為。
社會適應	親密關係困難、被背叛感、孤立與疏離、負面的幼年同儕關係。
性別與性	男性氣概議題、同性戀議題、性功能失調。

參、性侵害對智能障礙者的影響

根據歷年來各類別身心障礙者通報性侵害的件數統計，通報件數最高的類別為智能障礙者，大約占一半以上；其次為精神障礙者，占 20%；再次為多重障礙，大約占 5%；之後為聲（語）障礙者、聽覺障礙者、肢體障礙者，大約占 3～4%；視覺障礙者最少，大約 1～2%（衛生福利部保護服務司，2020）。智能障礙類別為所有身心障礙類別中遭受性侵害比例最高者，若加上智能障礙合併其他類別障礙，可能不只 50%。

蔡麗芳與李芃娟（2012）研究指出，智能障礙者在人格、情緒、行為能力等方面有以下特徵：(1)依循特定情境、決定適宜的行為表現常會出現困難，分辨情況的能力較為有限；(2)由於人格與行為特質的限制，加上與一般人互動較少，因此，其交友圈較為狹窄，較常出現社會適應問題；(3)因為缺乏信心，自我觀念較為消極，故當有挑戰性的任務時，可能較無法持續嘗試和完成；(4)行為表現較為固執刻板，缺乏彈性與隨機應變的能力；(5)對於接納與讚美的需求較高；(6)伴隨精神疾病的比例比一般人高，也較容易出現行為問題。另外，多數的智能障礙者在自我發展上有顯著的

遲緩，較為自我中心，不能從他人的立場去了解他人，缺乏自制與自知能力，較常順從慾念而做出衝動的行為；在道德判斷上，因智力與道德認知能力有關，因此常在無知與不明白行為後果的情況下，做出不符合道德的行為。

以下就智能障礙者遭受性侵害的特徵及身心影響加以說明：

（一）國外的研究

Finkelhor（1984）所提出性侵害對一般智能正常者的創傷後壓力症情形，其研究結果顯示少數的智能障礙者會呈現創傷後壓力症，然其出現率未達統計上的顯著水準（Finkelhor, 1987; Firth, Balogh, Berney, Bretherton, Graham, & Whibley, 2001）。此外，Mansell、Sobsey 與 Moskal（1998）比較性侵害對智能障礙者與智能正常者的影響，結果顯示智能障礙者有較差的個人安全感、缺乏或無適當的性知識、過度歸咎自己本身邋遢與骯髒等負面的自我概念。

（二）國內的研究

在劉文英與陳慧女（2006）分析各縣市性侵害案件的社會工作評估紀錄，發現智能障礙受害者在生理、心理、行為方面有以下影響：

1. 生理的影響

54.9%的受害者並無影響，其餘受害者有身體受傷或生病、下體疼痛、處女膜裂傷、感染性病、睡眠情形異常、懷孕或流產、因性喚起（sexual arousal）而對性有愉悅感。

2. 心理的影響

有 26.8%受害者無影響，感到有影響的受害者呈現負面情感、害怕、焦慮、沉默、無感覺、憤怒、憂鬱、自責內疚、情緒不穩、恍神，少數會有影像重現、想自殺的創傷後壓力症狀出現。

3. 行為的影響

受害者的行為無影響者占 34.1%，有影響者則顯現不合年齡的性知識或性行為、害怕與異性接觸、不敢或不願回家、退化行為、被觸摸時反應激烈、離家出走、出現攻擊行為，有的受害者會主動找人表達性意涵的行為或持續找原來的加害人進行性行為。

第三節 性侵害案件的調查與評估

壹、確認兒童性侵害是否真實發生

一、兒童性侵害的長期進程

在探討兒童性侵害是否真的發生之前，對於兒童性侵害發生的過程，Sgroi（1982）提出五個連續階段論（five-stage sequence）的概念，也就是性侵害是發生在五個階段狀態（phase）。這個概念值得專業人員了解，以深入理解兒童性侵害的過程及兒童為什麼不敢說的原因。

(一) 試探接觸期（engagement）

加害者會以一種不帶性意涵的方式出現在兒童的身邊，可能是成為兒童的朋友，提供其物質以滿足兒童的需求。此階段的特徵為：與兒童發展可近的關係，使兒童失去警戒心。

(二) 性的互動期（sexual interaction）

加害者會開始以一種不適合兒童年齡的性接觸方式與之互動，並操控這種關係。這種性接觸可能是從暴露自己的性器官到親吻、口交、性交等方式。

(三) 保守祕密期（secrecy）

加害人會確認與兒童的接近並持續有性接觸，因此，保守祕密會是達到這個目的的重要手段。也就是加害人會透過直接或間接的方式來強迫兒童保守祕密，像是賄賂或威脅。加害者可能會告訴兒童，如果他不順從的話，那麼就會對兒童不利或傷害兒童所愛的人。

（四）事件揭露期（disclosure）

1. 意外的揭露（accidental disclosure）

因為外在環境的因素而以不同的方式揭露：(1)第三者觀察到這種情形而去告訴某人；(2)因為身體傷害的徵兆；(3)罹患性病，或是陰部、肛門受傷；(4)懷孕；(5)行為方式的改變，如出現與其年齡不合的性方面行為。意外的揭露通常是一種危機，因為當事人可能並不想要透露這件事。

2. 有意的揭露（purposeful disclosure）

兒童很一致地透露出受虐行為，有意的揭露讓專業人員能夠有計畫地介入。

（五）承受壓力期（suppression）

在揭露之後，就進入到承受壓力階段。兒童的照顧者（通常是父母親）可能會以否認、愧疚感或害怕家庭的瓦解，而不願意處理這個事實。加害人、照顧者、親戚會對兒童施加壓力，要他撤回他所說的話，認為兒童所說的話可能只是編造或幻想而已。

二、為何揭露或不說出遭受性侵害

事實上，已通報的案件與未通報的案件之間可能有相當落差，這也顯示性侵害案件有相當的犯罪黑數存在。即使《性侵害犯罪防治法》已施行這麼多年，媒體也大量報導，但是社會大眾對性侵害的看法與認識仍有待更進一步深入理解。

為什麼遭受性侵害的人不揭露？如果是遭偷竊、搶劫、一般傷害的話，社會大眾多會勇於報案，尋求警方協助以找回公理。但若是遭受性侵害，很多被害人及家屬多半不願意，也不敢求助。這種情形發生在年幼兒童身上，可能是兒童並不知道這樣的行為就是性侵害；發生在青少年及成人，則可能因為下列的原因而不願意揭露（Morgan, 1995）：

1. 害怕別人不會相信他所說的話。

2. 害怕說出來之後會讓自己陷於麻煩中，會覺得自己有錯或是自己導致事件的發生。

3. 遭受到來自於加害人的威脅、恐嚇、賄賂，如：家庭會因此而瓦解、加害人會被關、害怕被家人或加害人排擠、害怕被報復。

4. 當事人可能想保護其他的人，如：母親、兄弟姊妹，尤其是發生在家庭內的性侵害，或是當事人設法要保護加害人。

5. 當事人可能不知道要如何說出來，也可能不知道用正確的詞語去描述實際的情況，如兒童欠缺足夠的詞彙去描述與性器官、性侵犯的相關事件。

6. 當事人可能不知道這種性的行為是錯誤的。

7. 當事人可能會擔心同儕知道後的反應，如：被孤立、被嘲笑。

8. 年紀大一點的孩子對於討論與性有關的話題或私密的細節會感到很困窘不安，特別是和具有權威的成年人談，如：老師、警察。

9. 有的當事人不知道要向誰說。

10. 當事人可能還沒有等到適當的時間或機會去說。

11. 當事人擔心自己會被認為是告密者。

12. 當事人可能認為說出來會令家人擔心。

那麼當事人為何會說出遭受性侵害？有以下的原因（Morgan, 1995）：

1. 加害人的侵犯頻率或侵犯型態增加，使當事人提高警覺。

2. 當事人接受到有關性侵害的防治教育，並了解到發生在他身上的事是不對的，他應該說出來。

3. 假如加害人曾經告訴當事人這件事是個祕密，那麼當他跟最要好的朋友分享這個祕密時，這個祕密就有可能被說出來。

4. 若發生在家庭內的話，當年幼的弟妹長大到當事人受害當時的年紀時，他會因為不想讓弟妹受到同樣的傷害而說出來。

5. 當成長到青少年期，因為害怕懷孕、對加害人控制他的生活感到氣憤時，當事人可能會說出來。

6. 當事人遇到關心他、值得信任且能讓他安心說出來的成人。

7. 因為尿道感染或其他身體上的問題（甚至是懷孕），去求醫而揭露出來。

三、確認兒童對性侵害的說詞

兒童性侵害的問題多是長期持續的，且因其不似身體虐待有明顯的身體傷痕等因素，使得性侵害不易採證。兒童的說詞是否屬實？兒童是否會說謊？通報之後會引起什麼結果？這些都是可能的疑問。實務上，曾經發生過青少女因為不滿阿公的管教而謊稱遭阿公性侵害（陳鳳麗，2012）、智能障礙少女因為看了色情影片產生性幻想而指出同校某男同學對其性侵害、智能障礙兒童經家長的誘導詢問而虛構被老師性侵害、母親欲與父親離婚而要女兒謊說遭父親性侵害的案件等。由於性侵害多是發生在當事人雙方的隱密性行為，除了非供述的驗傷證據之外，多半仰賴當事人的供述證詞。因此，證詞成為很重要的證據來源。身為第一線檢警的偵訊，以及社會工作者的調查評估是很重要工作，不可不慎。若是屬實的性侵害案件，則無異是受害兒童獲得協助的契機；而若是虛報，也應還給當事人公道。

在與兒童證人或兒童受害人進行會談評估時，很重要的是詢問並確認以下三個基本問題（Mapes, 1995）：

1. 兒童及少年知道實話與謊話之間的差別嗎？
2. 兒童及少年真的能夠確實地陳述其記憶內容嗎？
3. 兒童及少年的記憶如何能確實地反映出他所經歷的真實經驗？

當案件並非當事人主動揭露，而是其他的家屬或重要他人的詢問而揭露時，更需要了解揭露者是如何發現當事人受到傷害或傷害之虞？揭露的動機為何？尤其，對於年幼及智能障礙兒童案件的調查，因其語言與認知發展的限制，難以口語清楚表達，在調查時尤應謹慎，須結合相關專業協助評估，如兒童心理學、精神醫學、特殊教育、社會工作等。目前有部分縣市推展兒童及智能障礙者性侵害案件之早期鑑定，經由早期鑑定團隊的鑑定，提供當事人智能、認知、語言、情緒、行為、社會等方面之發展概況予檢警進行詢訊問的基準與參考。

貳、研判性侵害與否的指引

一、性侵害案件虛報問題的省思

美國於 1983 年在加州發生了麥可馬丁（McMartin）日托中心的負責人及老師被指控性侵害幼兒園兒童的案件，官司自 1987 年開始，歷經數年多次的判決，最後陪審團判決罪名不成立，但是該案件對當事者雙方已造成相當深遠的傷害。[1] 而麥可馬丁案例，對社會工作者在研判兒童虐待案件的虛實也有相當影響（Mason, 1991b）。

研判兒童虐待案件是否屬實的問題，Mapes（1995）提出「評有實有」（true-positive conclusion）、「評無實有」（true-negative conclusion）、「評有實無」（false-positive conclusion）、「評無實無」（false-negative conclusion）等四種調查結論 [2]（表 11-4），在評估時應根據事實證據謹慎確認，以避免誤判。

表 11-4　兒童虐待案件研判結果

研判結果	實有（true）	實無（false）
評有（positive）	評有實有	評有實無
評無（negative）	評無實有	評無實無

資料來源：作者根據 Mapes（1995）所整理繪製。

1　麥可馬丁案（McMartin）於 1996 年被改拍為電影 *Indictment: The McMartin Trial*，中譯為《無盡的控訴》。

2　「評有實有」：正確地做出兒童遭受傷害的結論，實際上兒童是真的遭受到傷害。「評無實有」：錯誤地做出兒童未遭受傷害的結論，但實際上兒童真的遭受到傷害。「評有實無」：錯誤地做出兒童遭受傷害的結論，但實際上兒童並未遭受到傷害。「評無實無」：正確地做出兒童並未遭受到傷害的結論，實際上兒童確實未遭受傷害。

一般來說，虛報（false allegation）有三種情形：有意或惡意的造假；誤會；缺乏足夠的資訊以研判通報（余漢儀，1995）。一般將錯誤研判的原因歸納為：出於調查者先入為主的偏見、未將虐待事例置於整體脈絡中加以了解、會談詢問技巧的問題等（Quinn, 1989; Schetky, 1989；引自余漢儀，1995：7-8）。

二、詢問與評估指引

在司法的調查裡，毋寧希望調查能夠百分之百做出兒童是否真的受到傷害的正確結論。Mapes（1995）提出的四種結論類型，提醒專業人員必須避免做出評有實無、評無實有的錯誤結論。因此，在進行決策的過程中，可以依循以下四個步驟分析（Mapes, 1995：113-114）：

(一) 必須避免會嚴重傷害調查過程之可靠性的技術。

(二) 謹慎檢視所有可能的資料，以決定兒童所陳述的內容是否真的發生，檢核陳述內容的可靠性，以確認外在因素實際影響兒童的陳述與記憶的程度。

(三) 謹慎評估兒童的陳述與記憶再建構的四個基本假設：

1. 兒童確實地陳述其所經驗到的事件。

2. 兒童對事件的陳述是否已受到事件發生之後的相關訊息所修正或扭曲。

3. 兒童對事件的陳述，部分是正確的、部分是不正確的。

4. 兒童對事件的陳述是來自於虛構、編造、被教導要這麼說，或是其他有意或無意的被誘導所影響。

(四) 與同儕一起檢視所發現的資料，對所發現的資料進行挑戰。在法庭的交互詰問中，這些都有可能受到挑戰對質，必須去解釋假設與研判。

參、性創傷評估工具

一、臺灣心理創傷評估量表

衛生福利部委託王燦槐（2006）所編製，分創傷一（害怕安全、情緒不穩、擔心身體、恐懼司法、自責等五分量表）、創傷二（情緒侵入、麻木遺忘等二分量表），臺灣心理創傷評估量表之內涵與創傷後壓力症之診斷相呼應，亦有創傷組與一般組的常模可為對照，可詳見王燦槐著《臺灣性侵害受害者之創傷》一書的內容。目前本量表建置於衛生福利部保護服務司之「保護資訊系統」中，該資訊系統為各縣市政府社會局、家庭暴力及性侵害防治中心擔任保護業務社工人員所使用。

二、兒童時期性創傷長期影響檢核表

對於兒童時期遭受性傷害的當事人，社會工作者可在接案時，請當事人填寫檢核表，藉以迅速評估其創傷影響（簡美華，2014），如表 11-5。此檢核表可快速了解當事人的創傷情形，並可作為轉介心理諮商的建議方向。

表 11-5　兒童時期性創傷長期影響檢核表

類型	症狀或反應
生理疾病	1. 婦科疾病 2. 慢性下背痛 3. 慢性骨盆疼痛 4. 慢性頭痛、偏頭痛 5. 腸胃問題（如大腸急躁症） 6. 顳頜關節疾病（Temporomandibular Joint Disorder, TMJ） 7. 潰瘍 8. 纖維肌痛症（Fibromyalgia Syndrome, FMS）
睡眠障礙	1. 夢魘 2. 失眠 3. 怕黑 4. 害怕有人闖入

（續上表）

類型	症狀或反應
心理方面	1. 自我傷害 2. 自殺意念、自殺企圖 3. 低自我價值感 4. 充斥罪惡感 5. 羞辱 6. 覺得無歸屬感、與人不同 7. 無法相信人，尤其是男性 8. 身體形象扭曲 9. 憂鬱、憂鬱症 10. 焦慮疾患 11. 精神疾病 12. 解離型認同疾患、慢性化解離 13. 邊緣型人格障礙 14. 飲食疾患：厭食或暴食 15. 物質濫用：酒精或藥物成癮 16. 創傷後壓力症
社會生活功能	1. 出現教養問題，尤其是對女兒 2. 人際適應：社會疏離／需要取悅他人 3. 親密關係與婚姻問題 4. 對懷孕感到羞恥 5. 成年期遭遇強暴
性功能障礙	1. 性生理異常：性興奮疾患、陰道痙攣、性冷感、性交痛、性感缺失 2. 嫌惡男性 3. 雜交 4. 賣淫 5. 對自己出現與性有關之行為感到羞恥

資料來源：簡美華（2014：70-71）。

三、評估兒童性侵害創傷的方法

對於兒童之評估可透過基本的畫人測驗、家庭動力畫、語句完成測驗、遊戲觀察等方法，心理師多半具有這方面的訓練。惟社工人員若使用這些方法則必須具備這方面的專業訓練，亦可轉介心理師評估。

第四節　性侵害的社會工作處遇

一、性侵害被害人的保護服務

性侵害被害人的社會工作處遇，根據《性侵害犯罪防治法》第 6 條規定主管機關的業務內容、第 7 條規定性侵害防治教育課程、第 19 條規定被害人的醫療及心理復健、訴訟、律師等費用的補助。綜合法令規定及實務上的需求，提供被害人的保護服務包括：113 專線服務、緊急救援／緊急診療服務、協談服務、陪同服務、庇護安置並確保安全、心理諮商、自殺防治、法律扶助、經濟扶助、就學輔導、就業輔導、追蹤輔導等項目（張錦麗、顏玉如，2003），整理如表 11-6。

二、危機處理

性侵害防治工作的處遇，在通報之後立即進行問題評估及危機處理，協助驗傷醫療，必要時進行緊急庇護。之後則進入到個案管理的模式中，社會工作者以資源整合的方式提供各項問題需求的服務，如協談服務、陪同服務、法律扶助、心理諮商、經濟扶助、就學輔導、就業輔導、宣導教育等後續服務。

三、陪同服務

社會工作者在案件偵查過程中，陪同當事人接受檢警的詢訊問。在審判過程中陪同出庭，協助當事人在司法過程中的順利進行。

四、心理諮商

被害人的心理創傷影響長久，社會工作者評估當事人的傷害影響與需求，轉介心理諮商，協助創傷復原。

表 11-6　性侵害被害人的保護服務

《性侵害犯罪防治法》規定的保護服務	實務上的服務
1. 提供 24 小時電話專線服務。	113 專線服務。
2. 提供被害人 24 小時緊急救援。	緊急救援。
3. 協助被害人就醫診療、驗傷及取得證據。	緊急診療服務。
4-1. 協助被害人心理治療、輔導、緊急安置及提供法律服務。 4-2. 依被害人之申請，核發非屬全民健康保險給付範圍之醫療費用及心理復健費用、訴訟費用及律師費用、其他費用。	心理諮商、自殺防治、庇護安置、協談服務、經濟扶助、法律扶助、陪同服務（陪同驗傷、陪同偵訊、陪同出庭）、就學輔導、就業輔導、追蹤輔導。
5. 協調醫院成立專門處理性侵害事件之醫療小組。	協調專門處理性侵害案件驗傷採證之醫療院所。
6. 加害人之追蹤輔導及身心治療。	加害人處遇計畫。
7-1. 推廣性侵害防治教育、訓練及宣導。 7-2. 各級中小學每學年應至少有 4 小時以上之性侵害防治教育課程。	辦理推廣性侵害防治教育；學校辦理性侵害防治教育課程，包括：兩性性器官構造與功能、安全性行為與自我保護性知識、性別平等之教育、正確性心理之建立、對他人性自由之尊重、性侵害犯罪之認識、性侵害危機之處理、性侵害防範之技巧、其他與性侵害有關之教育。

五、追蹤輔導

當所有的危機處遇告一段落，當事人逐漸恢復平靜的生活，仍有後續的服務需求時，提供追蹤輔導服務。各縣市的「性侵害個案後續處遇服務」方案委託民間社會福利機構辦理，透過個案訪視、心理諮商、團體輔導、親職溝通等，提供支持性的關懷與扶助。

第五節 結語

性侵害對被害人所造成的創傷影響長久且深遠，每位被害人都是獨特的個體，其所受傷害的內涵，既有共同性，也有個別差異性。助人者應具備基本的評估與處遇知能，才能提供必要的協助。除了針對性侵害問題發生之後的處遇與心理諮商之外，若能及早發現被害人，尤其是兒童，給予即時的介入處遇，並對社會大眾施以防治教育，降低傷害的發生，才是預防的根本。

延伸閱讀

❖ 網站平臺

反性別暴力資源網 TAGV，網站：tagv.mohw.gov.tw。

兒童性侵害防治，網站：childsafe.isu.edu.tw。

心理學家 Jim Hopper 架設的網頁，主要提供男性性侵害被害者的研究統計資料及心理復原的資訊，網站：https://www.jimhopper.com。

❖ 繪本

孔繁璐（譯）（2009），S. Kleven 著，J. Bergsma 繪。《你不可以隨便摸我》。臺北：大穎文化。

林佳慧（譯）（2017），B. Boegehold 著，河原麻里子繪。《你可以說不——保護自己遠離傷害的繪本》。臺北：小熊。

幸佳慧（著），陳潔皓、徐宜寧（繪）（2019）。《蝴蝶朵朵》。臺北：字畝文化。

洪翠娥（譯）（2001），S. Deinert & T. Krieg 著，U. Boljahn 繪。《家族相簿》。新竹：和英。

陳慧女（著），郭育誌（繪）（2014）。《盟盟的煩惱——性侵害與性騷擾》。臺南：翰林。

盧鴻文、陳慧女（著），郭育誌（繪）（2014）。《豪豪的祕密——性侵害療癒》。臺南：翰林。

❖ 女性被害人

林奕含（2017）。《房思琪的初戀樂園》。臺北：游擊文化。

施清真（譯）（2003），A. Sebold著。《蘇西的世界》。臺北：時報文化。

徐璐（1998）。《暗夜倖存者》。臺北：平安文化。

梁玉芳、勵馨蒲公英兒少治療中心（1998）。《記得月亮活下來》。臺北：勵馨社會福利基金會。

陳咨羽（譯）（1999），T. L. Hayden 著。《沉默的潔蒂》。臺北：新苗文化。

陳佳伶（譯）（2002），N. Herman著。《不再害怕——性受虐者心靈療癒的動人故事》。臺北：張老師文化。

陳詩紘（譯）（2002），S. W. Silverman 著。《暗夜裡的埃及公主》。臺北：新苗文化。

游韻馨（譯）（2018），山本潤著。《十三歲後，我不再是我：從逃避到挺身，性侵受害者的創傷修復之路》。臺北：三采文化。

葉華怡（譯）（2012），J. Dugard 著。《被偷走的人生》。臺北：自由之丘。

趙丕慧（譯）（2010），Sapphire 著。《珍愛人生》。臺北：大田。

繆靜玫（譯）（2002），A. Sebold 著。《折翼女孩不流淚》。臺北：新苗文化。

羅昱（譯）（2002），T. Moore 著。《天使也哭泣——女學生之死》。臺北：新苗文化。

電影：《控訴》（*The Accused*）。

電影：《將軍的女兒》（*The General's Daughter*）。

電影：《女魔頭》（*Monster*）。
電影：《北國性騷擾》（*North Country*）。
電影：《珍愛人生》（*Precious*）。
電影：《不存在的房間》（*Room*）。
電影：《謊言的烙印》（*The Hunt*）。
電影：《烈火焚身》（*Incendies*）。
電影：《聖誕玫瑰》（*Christmas Rose*）。
電影：《寒蟬效應》（*Sex Appeal*）。
電影：《希望：為愛重生》（*Hope*）。

❖ 男性被害人

陳郁夫等（譯）（2010），M. Lew 著。《哭泣的小王子：給童年遭遇性侵男性的療癒指南》。臺北：心靈工坊。
陳潔晧（2016）。《不再沉默》。臺北：寶瓶文化。
電影：《潮浪王子》（*The Prince of Tides*）。
電影：《豪情四兄弟》（*Sleepers*）。
電影：《神祕河流》（*Mystic River*）。
電影：《追風箏的孩子》（*The Kite Runner*）。
電影：《驚爆焦點》（*Spotlight*）。

❖ 身心障礙被害人

陳昭如（2014）。《沉默：台灣某特教學校集體性侵事件》。臺北：我們出版。
陳昭如（2018）。《幽黯國度：障礙者的愛與性》。臺北：衛城出版。
張琪惠（譯）（2012），孔枝泳著。《熔爐》。臺北：麥田。
電影：《熔爐》（*Do-ga-ni*，或譯 *Silenced*）。
電影：《無聲》（*The Silent Forest*）。
影片：《看見背後的真相——智能障礙者性侵害案件詢訊問影音教材》。內政部家庭暴力及性侵害防治委員會。

影片：《智能障礙者性侵害防治教材影片》。內政部家庭暴力及性侵害防治委員會。

❖ 性剝削議題

纓花、婦女救援基金會（編）（2003）。《染色的青春：十個色情工作少女的故事》。臺北：心靈工坊。

電影：《夢碎天堂》（*The Paradise Suite*）。

影片：《小珍和她們》、《小敏的故事》。臺北：勵馨社會福利基金會。

❖ 創傷後壓力症

電影：《蘇菲的抉擇》（*Sophie's Choice*）。

電影：《凡夫俗子》（*Ordinary People*）。

電影：《送信到哥本哈根》（*I am David*）。[4]

4 《凡夫俗子》與《送信到哥本哈根》兩影片，並非描述性侵害議題，但是影片中主角各經歷意外喪親及在集中營的傷害，片中對其創傷後壓力情形有細緻的描述。

Chapter 12

家庭暴力被害人的評估與處遇

《家庭暴力防治法》自民國88年施行以來，以婚姻／離婚／同居暴力占最多數，近年受暴者的性別比例女性約占65%，男性約占35%（衛生福利部保護服務司，2022），可見早年受暴女性居多的情形，在家暴防治的推展下，已有性別的消長。本章探討家庭暴力發生的解釋模式，對被害人的影響、被害人的身心評估及處遇。雖是以女性受暴者為主要的探討取向，但是暴力所造成的身心傷害，對於多數被害人皆有類似的影響。

解釋家庭暴力的原因模式

壹、家庭暴力的定義

一、家庭暴力的類型

廣義來說，家庭暴力（domestic violence/family violence）可定義為：在家庭關係中，其中一人對另一方的傷害，以獲取或維持控制權力的行為。包括情緒上或精神上施暴、毀損財物、性或身體的施虐，以剝奪他人的權力，或製造一種恐懼及威脅的氣氛（林明傑、陳文心、陳慧女、劉小菁譯，2000）。當暴力發生在有合法婚姻關係夫妻之間時，為婚姻暴力（marital violence）；而在沒有合法婚姻關係，但有同居親密關係，發生於伴侶間的暴力行為，為親密暴力（intimate violence），包括以下幾種類型（林明傑等譯，2000；Wilson, 1997）：

(一) 身體虐待

指任何身體上的侵略行為，包括以下三類：

1. 威脅施以身體上的侵略行為

毆打、摑掌、踢打、掐脖子、抓捏、拉扯頭髮、動拳腳、監禁自由行動、推拉、使用物具攻擊，或甚至動刀用槍、用水淹或火燒、菸燙。如甩巴掌、以菸蒂燙大腿內側、用球棒毆打身體等。

2. 拒絕援助對方身體上的需求

干擾對方睡眠或用餐；當對方受傷或生病時，拒絕提供金錢、食物或送醫；將屋門鎖起來或拒絕提供所需。如天冷的夜裡，將對方趕出家門，不讓其進入。

3. 間接的身體傷害行為

虐待或使孩子、寵物或所珍視的特別物品受到傷害或毀損。如搗毀對方所珍藏的紀念物品、虐待對方所養的寵物。

(二) 情緒或精神虐待

指利用他人性格上的脆弱、不安全感，而持續以貶抑、威脅、操縱、洗腦或控制他人的行動以致造成對方的傷害。包括以下兩類：

1. 言語虐待

侮辱、威脅及責備、嘲弄、諷刺、扭曲事實的語言及行為等。如：辱罵對方沒有用、那麼笨、像豬一樣蠢。

2. 心理虐待

竊聽、跟蹤、監視、冷漠、羞辱、不實指控、有意或無意的忽略對方等足以令人精神痛苦之不當行為。如每天檢查對方騎乘車子的公里數、在車上加裝針孔監視器。

(三) 性虐待

非經對方同意而在語言或肢體上予以性侵犯的行為，即使過去曾同意並不代表目前也是同意，性剝削亦包括在內。非經配偶同意的性行為亦屬性侵害，《刑法》第 229-1 條規定，對配偶犯強制性交或強制猥褻罪者，為告訴乃論罪。

二、法律對於家庭暴力的定義

《家庭暴力防治法》第 2 條定義「家庭暴力」為：家庭成員間實施身體、精神或經濟上之騷擾、控制、脅迫或其他不法侵害之行為。「家庭暴力罪」為：家庭成員間故意實施家庭暴力行為而成立其他法律所規定之犯罪。「目睹家庭暴力」為：看見或直接聽聞家庭暴力。「騷擾」為：指任何打擾、警告、嘲弄或辱罵他人之言語、動作或製造使人心生畏怖情境之行為。「跟蹤」為：指任何以人員、車輛、工具、設備、電子通訊或其他方法持續監視、跟蹤或掌控他人行蹤及活動之行為。

《家庭暴力防治法》第 3 條界定家庭成員關係，包括：配偶或前配偶；現有或曾有同居關係、家長家屬或家屬間關係者；現為或曾為直系血親或直系姻親；現為或曾為四親等以內之旁系血親或旁系姻親等成員及其未成年子女。定義成員關係為目前或曾有夫妻、親子、親屬關係的暴力，包含姻親關係、親密關係、居家關係等三種關係，所界定的關係與範圍相當廣，對受害者有較周延的保護。此外，近年來發生多起親密關係男女朋友的情殺事件，在第 63-1 條將被害人年滿十六歲，遭受現有或曾有親密關係之未同居伴侶施以身體或精神上不法侵害之情事者，納入保護範圍內，可聲請保護令。並定義親密關係伴侶，指雙方以情感或性行為為基礎，發展親密之社會互動關係。

貳、家庭暴力發生的解釋觀點

一、心理學

著重個人因素的探討，包括：個人的權力滿足、對親密的焦慮、憤怒情緒的被引發，而在親密關係中以暴力因應（周月清，1995）。權力與控制是經常在婚姻暴力的關係中被討論的兩個向度，美國明尼蘇達州發展的婚姻暴力處遇方案，以此觀點為處遇介入方向（Pence & Paymar, 1986）。從女性主義的觀點解釋婚姻暴力，認為關係中的不平等，主要是其中一方藉由權力來控制另一方，通常是以強迫與威脅、恐嚇、情緒虐待、隔離孤立、淡化事件、利用小孩、運用特權、經濟虐待等暴力方式；若要達到無暴力且平等的婚姻關係，則要以尊重、信任支持、誠實負責、妥協公平等方式來經營婚姻（Dutton, 1995）。

二、社會學習論

從個人及微視（micro）系統來看婚姻暴力。在生理方面，男性比女性更具攻擊傾向，主要是來自於觀察與學習；其學習來源可能是家庭或媒體，學習到以攻擊行為來獲取所想要的需求與期望（周月清，1995）。

三、系統理論觀點

Straus（1979）以一般系統理論（general system theory）的微視與巨視（macro）相互影響來解釋婚姻暴力。也就是從微視的個人，如個人特質、因應方式、家庭系統（如家庭組織、功能、信念、價值、權力結構）等，以及巨視的社會系統，如社會對暴力的觀念、媒體對暴力的報導等之間的交互作用，產生對個人、家庭、社會的影響（引自周月清，1995：43-44）。

四、生態系統理論

生態系統理論是從整合性的觀點來看婚姻暴力，有別於上述三種觀點是單一原因的解釋。Dutton 以生態學架構來解釋婦女受虐原因，包括以下四個系統（Dutton, 1995; 引自周月清，1995：46-48）：

（一）巨視系統（macro-system）

指個人所處社會文化的價值與信念，可檢視當事人及所處環境對於社會在父權主義的普遍接受度、社會認可男性的暴力行為情形、將女性與子女視為私人財產或工具的情形、社會對多元化的接受性等議題。

（二）中介系統（meso-system）

指個人互動的社區、工作場所，如當事人是否有固定的職業、工作上是否有壓力、生活環境中的鄰里關係與支持等。

（三）微視系統（micro-system）

家庭是個人的微視系統，指家人的互動情形、溝通模式、家庭價值等。

（四）個人因素（ontogentic level）

指個人身處於巨視、中介、微視系統中所產生的反應。如個人的基本特質、情緒反應、溝通技巧、曾否目睹暴力等。

第二節 家庭暴力的影響

壹、家庭暴力對被害人的身心影響

關係暴力的問題普遍存在於每一個社會群體中，與一般暴力犯罪有相當不同的特性與模式，多發生在情感及空間上極為親密的伴侶之間，且通常一旦發生就會重複出現，形成一種長期持續的模式，致被害人在心理反應、認知及行為上受到影響（沈慶鴻，1999）。再加上社會、文化、法律等結構制度的影響，使被害人更不易脫離與加害人的關係。

暴力造成被害人在身體、心理、自我、行為、社會適應等方面的傷害。在身體方面，可能產生腦震盪、頭痛、身體機能損壞、睡眠障礙、胸悶、呼吸困難、心悸等生理症狀；在心理方面，初期對被害人造成害怕、憂鬱、焦慮、企圖自殺、身心症、羞愧、負向的自我、低自尊；此外，由於在暴力攻擊時，加害人常會伴隨口語上的貶抑，容易使受害者在缺乏外在支持系統的正向回饋下，逐漸接受此種負向訊息，而破壞自信（Browne, 1989; Geffner & Pagelow, 1990）。對當事人造成長期且普遍的心理影響，包括：低自尊、接受加害人的譴責、罪惡感、無望感與消極感、否認與淡化受虐的嚴重性、低自我價值感，對自己的判斷力感到懷疑等（Wilson, 1997），而長期的傷害可能造成創傷後壓力症或受暴婦女症候群（battered woman syndrome）等症狀。

受暴者在面對親密伴侶時，會有相當明顯的負向態度和報復心態，在親密關係出現性退縮的現象，有時會有想訴諸法律、想分開或離婚的念頭；在面對生活中其他人時，除了出現對男性的負面態度外，還存在著因羞恥感而不願與他人討論的社會孤立感，但又希望結束暴力而想尋求他人協助的矛盾情緒；另外，對子女也可能發生憤怒無處宣洩，而出現虐待或忽略子女的情形（Geffner & Pagelow, 1990; 引自沈慶鴻，1999）。國內的研究也發現受暴婦女因受限於傳統女性角色的框架，缺乏自我為主體的認知，屈就於為維繫家庭的完整，而讓自己繼續身處於暴力情境中（陳圭如，2001）。可見，受暴者在暴力關係中陷入了一個複雜的心理、情緒及認知情境中（Anson & Sagy, 1995）。

例如：丈夫與公婆在婚後即禁止妻子外出工作，認為妻子只要在家料理家務、照顧孩子即可，並禁止她與過去的朋友聯繫。也有案例是當丈夫喝酒之後就會嚴重打罵妻子，加以揶揄並冷嘲熱諷，即使妻子躲到娘家，丈夫也到娘家吵鬧搗毀家具，甚至對岳父母及妻子的兄妹也有暴力行為。離婚後，經常在半夜打電話問候前妻，也要她把孩子叫醒來接聽電話，甚

至有時候將年幼孩子載走，就是要讓妻子擔心受怕。長久下來，造成妻子自尊受損、情緒低落、焦慮擔心、無奈以對的結果是負面想法和想死的念頭常常閃過腦海。即使如此，妻子還是不願意聲請保護令，因為擔心丈夫會抓狂、衝動後做出更嚴重的行為。即使已經離婚，受暴婦女依然受到丈夫無形的控制。

綜合來說，遭遇親密暴力的被害人除了面臨多重的身心壓力，還要面對內在情緒起伏、人際與社會適應上的挑戰。當被害人無法繼續忍受暴力行為而尋求協助時，即開始與外在系統的互動。警政、醫療、社政、司法、心理等系統的介入，驅使其面對改變，是為重新建構新生活的開始。

貳、家庭暴力的創傷

一、創傷後壓力症

長期遭受暴力的被害人亦可能呈現創傷後壓力症反應，主要的症狀為：(1)個人經歷到外在不尋常的壓力，這些壓力具有生命威脅特質，長期反覆經歷；(2)創傷事件持續不斷地再現；(3)持續逃避創傷相關的刺激；(4)對創傷事件的負面認知；(5)漸增的警醒度；(6)症狀持續至少一個月（台灣精神醫學會譯，2014；O'Leary & Murphy, 1999），詳見第十一章。

二、斯德哥爾摩症候群

過去許多長期遭受親密暴力的被害人，最常被討論的是可能罹患受暴婦女症候群，在探討該症候群之前，應先了解斯德哥爾摩症候群（Stockholm syndrome，又稱人質症候群）。由於長期處於被對方控制的暴力環境中，被害人會衍生出一些外人所無法理解的心理機制，而這些心理反應與被綁架的人質有類似的歷程。

所謂的「斯德哥爾摩症候群」，是指人質與加害人合而為一的一種生存策略現象，這個名稱的由來是在 1973 年於瑞典的斯德哥爾摩市發生的銀行搶案，二名男性搶匪挾持三名女子與一名男子六天，在這段逃避警方追捕的期間，四名人質與搶匪之間建立了緊密的連結關係，這些人質後來甚至認為，綁匪是為了保護他們以免受到警方的傷害（張淑茹、劉慧玉譯，1998：130）。受害人為了存活下來，必須將自己的需求暫置一旁，而將加害人的需求置於優先以求存活，而在這過程中，被害人與加害人形成同盟，共同對抗外來的威脅。長期遭受家庭內性侵害的被害人、親密暴力的受暴婦女、被身體及情緒虐待的兒童等，都有可能為了存活而認同加害人並形成同盟。包括以下徵候（張淑茹、劉慧玉譯，1998：134）：

1. 被害人與加害人呈現雙向的緊密結合。
2. 被害人對於加害人略施的小惠，感激得五體投地。
3. 被害人否認加害人對其施暴，或是會為其暴行找理由。
4. 被害人否認自己對加害人感到憤怒。
5. 被害人對加害人的需求極為敏感，並試圖隨時滿足加害人；而為了達到這目的，被害人嘗試從加害人的角度來看待事物。
6. 被害人從加害人的角度來看世界，可能會失去自己原有的立場。
7. 當被害人有了前述的狀況時，會把外界企圖拯救他出去的力量當成是「壞人」，而加害人則是「好人」，他認為加害人是在保護他。
8. 被害人即使重獲自由，會發現自己很難離開加害人。
9. 即使加害人已經死亡或坐牢，被害人仍會害怕加害人會回來找他。
10. 被害人出現「創傷後壓力症」的症狀。

三、受暴婦女症候群

受暴婦女症候群最基本的型態是處在憂鬱狀態（depression），最常見的是輕鬱症（dysthymia）；除了遭受身體、精神與情緒的虐待外，在懷孕期間遭受傷害也是常見的情形（Otubusin, 1995）。長期受暴的被禁制處境，經常有習來的無助（learned helplessness），因此其逐漸放棄任何的求助與改變（Walker, 2000）。此症候群有下列特質及傾向，包括：低自尊、對家庭有傳統的觀念、傳統的性別角色刻板印象、接受加害者的行為、感到罪

疚並否認及壓抑自己的憤怒、認為自己是唯一可以解決問題或幫助加害者的人、認為性是唯一可以維持親密關係的工具、相信所有關於施暴關係的迷思、承受極大的壓力等（Otubusin, 1995）。

若本身缺乏經濟獨立、為了照顧子女、擔心社會眼光、習來的無助感、有限的社會資源、對於選擇改變後的未知等，皆是其害怕離開暴力關係的因素（Anson & Sagy, 1995; Geffner & Pagelow, 1990）。長期處在親密關係的人質處境中，尋求協助的意願低，或在尋求協助之後改變的動機薄弱，而偏向繼續選擇忍受不公平的對待，留在原有的暴力互動關係模式中，而這樣的傷害既長遠且對子女有不利影響。

Walker（1989）描述受暴婦女症候群具有兩個基本情形：(1)對無可避免的身體傷害行為感到恐懼，以及(2)無法預期隨時的身體攻擊，此症候群也被美國各州允許作為在法庭上妻子謀殺丈夫的辯護（Pesce, 1990）。以此作為法庭上的辯護可能要考量其遭受暴力的重複性、持續性，以及為了自我防衛等因素（O'Leary & Murphy, 1999）。

參、受暴婦女症候群作為法庭上的抗辯

一、以受暴婦女症候群抗辯的原因

一般而言，以受暴婦女症候群作為抗辯，包括以下內涵：(1)受暴婦女未向家人或朋友揭露所經歷的恐懼，以及施虐者可能採取的傷害行動；(2)受暴婦女長期遭受傷害但依然身處在傷害情境中，這是很不尋常的；(3)當施虐者承諾不會再犯時，受暴婦女通常都會相信；(4)受暴婦女愈來愈害怕自己的幸福消失不見，而充滿恐懼（Walker, 2000）。

二、美國的經驗

在美國過去數十年來，遭受親密暴力的受暴婦女在長期受虐下殺害丈夫的案件時有所聞，而以受暴婦女症候群作為證據及專家作證的抗辯，逐

漸為法院所接受。但是，在1994年之前，並非每個以受暴婦女症候群為抗辯的案例均獲得成功（Walker, 2000）。如*Smith v. State*（1981）、*Ibn-Tamas v. United States*（1979）、*State v. Dozier*（1979）等案，受暴婦女症候群是被允許作為抗辯，但是未必能作為謀殺丈夫的抗辯；而在 *People v. Day*（1992）、*Martin v. State*（1986）、*State v. Zimmerman*（1991）、*Commonwealth v. Stonehouse*（1986）等案例，受暴婦女症候群並未能有效地作為抗辯（Walker, 2000）。

在*Smith v. State*（1981）案例，雖可將受暴婦女症候群作為證據，但最後的裁決則是拒絕臨床心理學家作證當事人罹患受暴婦女症候群而謀殺丈夫。而在1986年8月10日，加州的布蘭達・艾瑞絲（Brenda Aris）遭受丈夫數年虐待後的殺夫案，亦以受暴婦女症候群作為抗辯，但是擔任專家證人的心理學家仍無法作證其罹患受暴婦女症候群，而是討論該症候群的一般情形，以及對於布蘭達・艾瑞絲的適用性。最後布蘭達・艾瑞絲仍被以二級謀殺罪判刑十五年，直到1993年5月28日，加州州長將其減刑，假釋出獄（Walker, 2000）。同樣的，在佛羅里達州的薛蘭達・伯特（Shalanda Burt）經歷遭受男友長期的毆打與強暴，求助多次最終仍未能獲得良好的協助（Walker, 2000）。

從這段歷史觀之，可知美國因為許多案例的經驗，花了相當長的時間及努力，逐漸推動受暴婦女的保護。一直到1994年，美國國會通過《婦女暴力防治法案》（The Violence Against Women Act, VAWA），才開啟對受暴婦女的實質保護工作。在該法案通過之後，第一個被起訴的親密暴力犯為克里斯多福・貝利（Christopher Bailey），是居住在西維吉尼亞州的重罪犯，在1994年的11月26日他毆打妻子至失去意識狀態，並用卡車將妻子裝載行駛於西維吉尼亞州與肯塔基州之間，直到當年的12月1日貝利被起訴，於1995年8月31日，被判刑二十年（Walker, 2000）。

三、我國的經驗

我國《家庭暴力防治法》的立法推動，始於民國82年的「鄧如雯殺夫

案」。鄧如雯在就讀國中三年級時，遭林阿棋性侵害，而懷孕生子。之後在林阿棋逼迫下同居，惟林阿棋於同居期間經常毆打鄧如雯，也到鄧如雯娘家破壞、砸毀屋內物品，並毒打其父，後因鄧如雯為免家人繼續受害而允與林阿棋結婚。林阿棋婚後仍經常毆打她和孩子，鄧如雯因此離家多次。在民國 82 年 10 月 27 日下午六時許，林阿棋酒後返家又對鄧如雯冷嘲熱諷，恐嚇毆打。鄧如雯於林阿棋入房熟睡之際，以鐵鎚及水果刀猛擊其頭部及身體多處，致其大量出血，當場死亡。鄧如雯後來被判刑三年六個月，並於服刑一年半後假釋。本案引起社會對長期受暴婦女的重視，並在婦女團體的倡導下推動《家庭暴力防治法》立法，使我國成為亞洲第一個有《家庭暴力防治法》及民事保護令的國家，並讓大眾知道發生於家庭內的暴力行為並非家務事，而是需要被協助的公共事務（改寫自維基百科，2020b）。

第三節 家庭暴力的評估

壹、評估人身安全

有關被害人的人身安全評估，美國與加拿大已發展幾個簡易評估量表，從訪問被害人對加害人的暴力行為描述，評估暴力行為的危險性。分別為 Campbell（1995）的「危險評估量表」（Dangerousness Assessment, DA）、Kropp、Hart、Webster 與 Eaves（1999）的「配偶施暴危險評估」（Spousal Assault Risk Assessment, SARA）、Straus（1979）的「衝突行為量表」（Conflict Tactics Scale, CTS）（Straus, 1990; 引自林明傑，2018：241）。我國目前以「臺灣親密關係暴力危險評估表」（Taiwan Intimate Partner Violence Danger Assessment, TIPVDA）（王珮玲，2012）評估親密暴力危險性。

貳、臨床評估

遭受親密暴力者多半認為這樣的暴力將有終止的一天，但事實上這一天可能不會到來，而且很不幸的是，有的人會因此而被伴侶殺死，或是變得愈來愈不理性，甚至是身處在恐懼中，反而殺了施暴者（Otubusin, 1995）。以下是在初步會談中，評估的問題內容（Otubusin, 1995）：

1. 你的童年時期是怎麼過的？
2. 你是怎麼跟你的配偶（男友、同居人）認識的？
3. 你認識你的配偶（男友、同居人）有多久的時間了？
4. 他有酗酒的問題嗎？
5. 當你的配偶還是小孩子的時候，他曾經遭受過虐待嗎？
6. 他的成長背景如何？
7. 在你們結婚之前，你們交往多久的時間？
8. 當你們交往期間，他曾經對你施暴嗎？他都會打你嗎？
9. 你成為受虐者已有多久的時間？
10. 你為什麼會忍受這種情形，或是你為什麼會忍受這麼久的時間？
11. 你怎麼仍會和他在一起？
12. 直到現在，你仍會想要和他在一起嗎？
13. 你認為你的孩子對於他的施虐行為會有什麼樣的反應？
14. 你的孩子也因為這種情形而受虐嗎？
15. 在生活中的時時刻刻裡，你都會害怕恐懼嗎？
16. 為何你最後會選擇離開？
17. 對於你的配偶，你會感到憎恨嗎？
18. 你所遭受的身體、心理、精神及性虐待的情形如何？
19. 這些虐待形式對你的孩子有什麼樣的影響？
20. 假如你必須再回到配偶身邊，你會如何改變你的生活？
21. 你真的愛這個傷害你的人嗎？

22. 你曾經想過要反擊回去嗎？
23. 他曾經打孩子嗎？
24. 從現在起的五年裡，你如何看你自己？
25. 這種虐待關係值得嗎？
26. 到那時（五年後）你有多大年紀了？
27. 他是因為什麼原因而打你？
28. 你總是反擊嗎？
29. 他多久會打你呢？
30. 當你可以改變環境時，你有怎樣的感覺呢？

上列問題在了解受暴情形，也是評估其身心症狀、對孩子的影響，如孩子是否目睹、是否也受暴，以及本身所擁有的潛在正面力量等。

第四節 家庭暴力的社會工作處遇

一、家庭暴力被害人的保護服務

113 保護專線的家庭暴力及性侵害防治中心是除了警察機關以外，處理家暴事件最前線的社政單位，社工人員在防治體系擔任協助被害人的角色（圖 12-1）。此外，在各地方法院亦設置家庭暴力事件服務處，委託民間社福機構辦理，提供到法院的當事人或民眾的法律諮詢、陪同出庭、資源轉介，以及個案服務，如會談、危機處理、人身安全、身心評估、安全計畫擬定及追蹤服務，保障當事人在尋求司法過程的權益（圖 12-2）。

《家庭暴力防治法》第 8 條臚列被害人的保護服務：113 專線服務、緊急救援、緊急診療服務、協談服務、陪同服務、庇護安置、心理諮商、自殺防治、法律扶助、經濟扶助、就學輔導、追蹤輔導、聲請保護令、住宅輔導、職業訓練與就業服務、戶政問題協助、未成年子女會面服務等（張錦麗、顏玉如，2003），如表 12-1。

圖 12-1　高雄市家庭暴力暨性侵害防治中心

圖 12-2　高雄少年及家事法院家庭暴力事件服務處

表 12-1　家庭暴力被害人的保護服務

《家庭暴力防治法》規定的保護服務	實務上的服務
1. 提供 24 小時電話專線服務。	113 專線服務。
2. 提供被害人 24 小時緊急救援、協助診療、驗傷、採證及緊急安置。	緊急救援、緊急診療服務、庇護安置並確保安全。
3. 提供或轉介被害人經濟扶助、法律服務、就學服務、住宅輔導，並以階段性、支持性及多元性提供職業訓練與就業服務。	協談服務、經濟扶助、法律扶助、就學輔導、聲請保護令、陪同服務、未成年子女會面服務、戶政問題協助、住宅輔導、職業訓練與就業服務、後續追蹤輔導。
4. 提供被害人及其未成年子女短、中、長期庇護安置。	庇護安置、住宅輔導。
5. 提供或轉介被害人、經評估有需要之目睹家庭暴力兒童及少年或家庭成員身心治療諮商、社會與心理評估及處置。	心理諮商與治療、自殺防治。
6. 轉介加害人處遇及追蹤輔導。	加害人處遇計畫。
7. 追蹤及管理轉介服務案件。	追蹤輔導。
8. 推廣家庭暴力防治教育、訓練及宣導。	辦理推廣家庭暴力防治教育（1.印製文宣品：手冊、單張。2.製作動態文宣：戶外看板、車廂廣告、電視廣告、廣播、平面媒體。3.動態活動：演講、座談會、園遊會、廣播節目。4.至各社區、團體宣導防治業務）；針對社福單位及工作網絡舉辦演講、座談會、研討會等；辦理宣導活動，倡導被害人權益與提升服務品質。

二、問題評估與危機處理

當被害人經由通報進入到防治體系中，社工人員以生態系統觀點進行問題評估，並評估家庭成員的受暴危險與影響。除了評估加害人的暴力危險程度，亦評估直接被害人、目睹暴力子女及同住家屬的身體、心理等方面之影響。社工人員以家庭為中心進行問題評估，並以生態理論及家庭系統觀發展處遇計畫。

在危機處理階段，主要以危機介入取向或問題解決取向的社會工作為主要工作模式。社工人員提供當事人情緒支持與安撫，並協同醫療驗傷、緊急庇護、聲請緊急保護令等處遇。其次針對後續問題，包括：中長期居住問題、聲請通常保護令、陪同出庭、法律諮詢、經濟協助、就學安排、就業輔導、心理諮商等需求直接提供協助或轉介相關資源處理。

三、個案管理

個案管理是提供給正處於多重問題且需要多種助人者同時介入當事人的協助過程，其重點在發展或強化一個協助當事人的資源網絡，並增進其取得資源及運用資源網絡的能力（王玠、李開敏、陳雪真譯，2002）。家庭暴力是家庭系統與關係互動的議題，面對家庭多重關係的議題，以個案管理方式介入，對於案量大的社工人員來說，可提供多重且多元的服務。

個案管理根據案家的問題需求提供各項協助，這些服務分別由警政、醫療、心理衛生、司法、教育、就業、志願服務等單位共同投入，非僅社政體系的投入。如社會工作者擔任個案管理與資源協調整合的角色，緊急救援由警政單位負責、診療服務由醫療單位負責、被害人的心理諮商或自殺防治及加害人輔導治療由心理衛生負責、經濟扶助由社政體系負責、保護令的聲請及相關法律諮詢由司法單位處理、就學部分由教育體系協助、職業訓練及就業由勞政單位協助、宣導教育由各體系分工負責等。

四、聲請保護令

《家庭暴力防治法》的目的在防治家庭暴力行為及保護被害人權益，具體的保護措施為聲請民事保護令，此提供被害人之人身安全保護的一個途徑。根據該法第 9 條，保護令分為通常保護令、暫時保護令及緊急保護令等三種。除了第 16 條所規定之核發暫時保護令或緊急保護令，得不經審理程序之外，聲請通常保護令之被害人與相對人須出庭陳述家暴事件，法官根據兩造之陳述與證據加以審理，裁定是否核發保護令及核定保護令內容。保護令的類別、期限及內容，如表 12-2。

表 12-2　保護令的類別與內涵

保護令類別	通常保護令	暫時保護令	緊急保護令
聲請人	被害人、檢察官、警察機關、直轄市（縣）市主管機關。	被害人、檢察官、警察機關、直轄市（縣）市主管機關。	檢察官、警察機關、直轄市（縣）市主管機關。
聲請方式	上班時間以書面方式聲請。	上班時間以書面方式聲請。	以書面、言詞、電信傳真，或其他科技設備等傳送之方式聲請，並得於夜間或假日為之。
核發時間	法院於核發後24小時內發送當事人、被害人、警察機關、縣（市）主管機關。	法院於核發後 24 小時內發送當事人、被害人、警察機關、縣（市）主管機關。	法院於聲請後四小時內核發。
保護令期限	1. 二年以下。 2. 得依聲請延長期間為二年以下。	於通常保護令核發或駁回時失效。	於通常保護令核發或駁回時失效。
保護令內容	《家庭暴力防治法》第 14 條所列之十三款的內容。包括：禁止施暴；禁止騷擾；命相對人遷出、遠離；交出日常必需品使用權；決定暫定監護權；規定探視子女方式或禁止會面；給付租金、扶養、醫療、輔導、律師等費用；相對人接受處遇計畫；禁止相對人查閱戶籍、學籍；其他保護之必要命令。	禁止施暴；禁止騷擾；命相對人遷出、遠離、交出日常必需品；決定暫定監護權；其他保護令。	禁止施暴；禁止騷擾；命相對人遷出、遠離；交出日常必需品使用權；決定暫定監護權；禁止相對人查閱戶籍、學籍；其他保護之必要命令。

相關研究指出被害人聲請保護令最主要的原因為：想保護自己與家人的安全、對暴力行為無法再忍受、暴力行為對孩子的身心造成傷害、對加害人者改變的期待落空、想為自己被遺棄而無家可歸的處境做突破（王珮玲，2008；沈慶鴻，2003）。可知人身安全、無法再忍受暴力、擔心孩子受傷害是被害人決定遠離暴力的重要因素，聲請保護令是保護被害人之人身安全與尊嚴的第一道防線，且保護令對加害人亦具有嚇阻暴力的作用。

五、陪同出庭

根據《家庭暴力防治法》第 36-1 條，被害人在偵訊中受訊問時，得指定社工人員陪同在場並得陳述意見。依據第 13 條第四項：被害人得於審理時，聲請社工人員陪同在場，並得陳述意見。

六、經濟扶助

社政單位依據《社會救助法》、《特殊境遇家庭扶助條例》等法規，評估並提供即時的經濟協助。

七、就業輔導

《家庭暴力防治法》第 58-1 條規定，對於有就業意願而就業能力不足的家庭暴力被害人，勞工主管機關應提供預備性就業或支持性就業服務，由勞政單位提供職業訓練及就業媒合服務，目前有《家庭暴力被害人就業服務辦法》、《家庭暴力被害人創業貸款補助辦法》提供預備性、支持性就業服務及創業貸款補助措施。

八、心理諮商

有別於加害人的輔導教育是強制性的，被害人的心理諮商並非強制，而是由社工人員評估心理諮商需求並經被害人同意而進行。對於受暴創傷嚴重的直接被害人及間接被害人（目睹暴力的兒童及少年）提供心理諮商有其必要性，社工人員應具備對被害人創傷影響的評估知能，以有效轉介

當事人進行心理諮商，達到心理衛生的治療目的。

在轉介心理諮商的過程中，社工人員應向當事人解釋並說明心理諮商的目的與方式，及其對當事人的助益，鼓勵當事人及相關受暴者接受諮商協助。依據暴力對被害人的心理影響，所發展的諮商目標與策略有下列：

1. 評估創傷後壓力的症狀，如：逃避與創傷事件有關的人事物、創傷影像重現或重複惡夢、警醒度增高、負面認知等。並教育當事人有關創傷後壓力的症狀，知道這是受到暴力傷害後常有的反應，是可以獲得處理的。

2. 探索對暴力的看法，正視暴力的傷害性及暴力的可預防性。讓被害人了解求助即是中斷暴力的有效方式，肯定當事人的求助行為，避免長期受暴的當事人可能因習來的無助而產生無力感與無助感。若是當事人仍處在有危險之虞的情境中，務必協助發展安全保護計畫，包括面臨暴力當下的反應與後續的因應策略、立即求助的支援系統等。

3. 情緒的宣洩是重要的，透過敘說或各種正向方式抒發長期受壓抑的情緒，讓情緒獲得紓解或滌淨，增進處理負面情緒的能力。如在不受干擾的空間裡用盡力氣大聲喊出內心壓抑的情緒、將枕頭或抱枕墊在牆壁上以腳用力踢、將不愉快的事情寫在一張張的紙條裡並將它撕掉，或是將內心所想、所感以書寫方式抒發出來。這都可以根據當事人的個性與習慣，邀請其練習之。

4. 被害人長期處於身心與行為等各方面的被控制，造成其雖已經遠離加害人的情境，但依然擔心受怕而難以脫離被控，故建立自控感，提升自我價值感是必要的。由於加害人在暴力的過程中經常帶有貶抑對方的意涵，協助被害人了解暴力過程中的被貶抑為加害人在權力控制下的行為。增進當事人對自我的探索，減低當事人對自我的責備、罪疚與憂鬱，降低對外在環境的恐懼與焦慮，重拾自我價值感，此重拾自控感的過程即在重拾自信及對自我的存在感。

5. 教導並與被害人討論各種放鬆、自我照顧的技巧，並能應用這些技巧與方法於日常生活中。

6. 藉由團體分享的方式，團體治療的因子會在成員之間相互影響，團體提供當事人心理支持與學習的管道，增進人際互動與社會學習，減少當事人的退縮或疏離，並建立新的支持系統。

九、追蹤服務

現行各縣市政府的「家庭暴力被害人後續追蹤服務」、「目睹暴力兒童少年服務」方案委託民間社會福利機構辦理。追蹤輔導的目的在預防已通報的家暴案件再次發生暴力，提供被害人在經濟、就業、醫療、租屋、子女的托育或就學協助、法律諮詢、轉介心理諮商等服務，通常至少追蹤半年或以上時間，提供被害人及家庭支持性的服務。

第五節 結語

被害人與相對人的互動結果經常是影響暴力的重要因素，從系統觀探討暴力，評估直接被害人、間接被害人的傷害影響，提供被害人與目睹暴力兒童少年協助，避免暴力的循環及代間傳遞為首要目標。家庭暴力包含親密、婚姻、同居、對兒童少年、對尊親、四親等之間的暴力等關係類型，此愈趨多元的關係暴力議題，須各專業體系的通力合作，以克盡其功。

延伸閱讀

反性別暴力資源網，網站：tagv.mohw.gov.tw/index.aspx。

民間司法改革基金會、顧玉珍（2003）。《傷害我的是最親密的人》。臺北：商周。

梁秀鴻（譯）（2001），G. NiCarthy & S. Davidson 著。《你可以自由——讓受暴婦女不再暗夜哭泣》。臺北：張老師文化。

湯靜蓮、蔡怡佳（1997）。《我痛！走出婚姻暴力的陰影》。臺北：張老師文化。

楊淑智（譯）（2007），J. S. Peterson 著。《好好出口氣》。臺北：張老師文化。

纓花等人（2014）。《波瀾與細流：台灣婚暴服務初啟時》。臺北：心靈工坊。

電影：《與敵人共枕》（*Sleeping with the Enemy*）。

電影：《追情殺手》（*Enough*）。

電影：《與愛何干》（*What's Love Got to Do with It*）。

紀錄片：《最遙遠的愛》（從被害者的觀點看家庭暴力）。郭笑芸導演，內政部家庭暴力及性侵害防治委員會。

紀錄片：《愛的黑海》（在暴力家庭中長大的成年子女觀點看家庭暴力）。郭笑芸導演，內政部家庭暴力及性侵害防治委員會。

Chapter 13 性侵害及家庭暴力加害人的危險評估與處遇

在《性侵害犯罪防治法》、《家庭暴力防治法》施行之後，加害人的評估與處遇計畫成為社政、醫療、矯正業務的一環。如評估虐待兒童之父母的暴力危險及親職能力、評估家庭暴力加害人的危險性並施以認知教育輔導、評估性侵害加害人的再犯及施以輔導與治療等。事實上，許多的成年加害人也是在童年時期經歷創傷的人。對加害人的了解，有助於專業人員進行評估與處遇。本章探討性侵害、家庭暴力及兒童虐待加害人的心理特質與類型、危險評估及社會工作處遇。在家暴方面並分別介紹婚姻與親密暴力、對尊親暴力、四親等間暴力之加害者類型及評估。

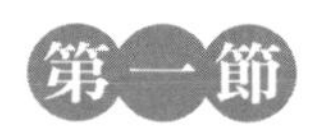

第一節 性侵害加害人的危險評估與處遇

壹、性侵害加害人的類型

性侵害加害人的研究以 Groth 的分類最廣為應用，以下介紹其類型學（Groth & Burgess, 1977; Groth, 1979）。

一、Groth 與 Burgess（1977）的分類

Groth 與 Burgess 以「權力」及「憤怒」兩軸來評估性侵害者的心理動機，藉以了解其心理病理，此兩軸分為權力型與憤怒型，並再各細分為兩次類型。

（一）權力型性侵害者（power rapist）

權力型者透過武器、強制力、威脅將傷害對方的身體來恐嚇被害人、控制被害人，以滿足其權力感。他們對被害人的身體攻擊只是用來控制並制服被害人，以達到征服被害人的一種目的。這類型加害人的人際溝通能力差、在性與非性方面經常感到不夠格（inadequency），由於他們缺乏表達情緒的管道，性就成為其自我意像及自尊的核心議題，而性侵害就成為他們確認自己在性方面的夠格感與認同感，顯示出自己是有力量且有能力的一種方法（林明傑，2018）。他們的犯行經常是預謀的，也帶有強迫的幻想，幻想著被害人最初雖會抵抗，但最後仍會感謝他並欣賞他。此又細分為兩個類型：

1. 權力再確定型（power reassurance）

以性侵犯來減輕內在的性不夠格感（sexual inadequency），亦即確認自己的性能力感，且從被害人身上尋求並證明自己具有男性氣概。

2. 權力斷言型（power assertiveness）

以性侵犯來表現自己擁有力量、控制及支配，而且認為他們有權利要求被害人的性，被害人要乖乖聽話。林明傑（1999）認為這類型與權力再確定型的差別為其在侵犯行為有較多的攻擊性，人格具較多的反社會性。

（二）憤怒型性侵害者（anger rapist）

憤怒型的性侵犯經常伴隨不必要的暴力與貶抑，以及使被害人受屈辱的性行為，他們的性侵犯行為是為了發洩怒氣，而性就成為表達憤怒的武器。他們對女性表現甚多的憤怒與敵意，而且常會針對某一群有重要特徵的女性施暴，並在突發的情形下與之衝突，藉以轉換其內在的憤怒。基本

上，被害人包括所有年齡層的女性，但較多是年齡較長的女性。其細分為兩類型：

1. **憤怒報復型**（anger retaliation）

此類型者常會想要去傷害、貶抑，並羞辱被害人，以突發式的滿足暴力為重要指標。他們認為性侵犯是懲罰、羞辱女性的好方法，也是發洩心理挫折的一種出口。

2. **憤怒興奮型**（anger excitement）

這類型者通常會造成被害人的嚴重身體傷害，甚至是死亡。他們會以色情化的儀式行為來折磨被害人，並在被害人痛苦掙扎時感受到漸增的性慾。在某些案例中，當加害人的性喚起時，通常也是其行為更暴力，甚至是會謀殺被害人的時候。林明傑（2018）認為這兩類型的主要差別在於憤怒興奮型的身體傷害（非性方面的身體傷害）犯行中有興奮的快感；而憤怒報復型則明顯是在發洩怒氣，此怒氣可能是來自於幼年時期與成年女性（主要或次要照顧者）的互動中受到創傷，長期累積的恨意而對被害人發動侵犯行為。

二、Groth（1979）的分類

Groth在1979年將其於1977年的分類調整為三類，將權力再確定型、權力斷言型合併為「權力型」，將另兩類各更名為「憤怒型」及「虐待狂型」（sadistic type）。林明傑（1999）認為以1977年的分類較有脈絡且易理解，其將 Groth 的分類和國內許春金與馬傳鎮（1992）的研究結果加以對照（如表13-1），可更清楚了解加害人類型及所占比例。Groth後來將這三類型性侵犯各整理出十點的行為及心理特徵，協助專業人員或一般人了解其心理病理，進而提供臨床人員治療處遇的依據（林明傑，2018）。

（一）權力型（原權力再確定型、權力斷言型）

1. 攻擊性的行動，主要是為了控制被害人、克服其抵抗，故以威脅性居多；因此，被害人的身體大多未受傷，若有受傷的話，則是疏忽所致而

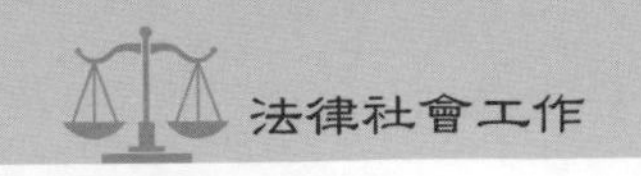

表 13-1 Groth 之成人性侵害犯類型

類型	Groth 與 Burgess（1977）	Groth（1979）	許春金與馬傳鎮（1992）
權力	權力再確定型（37.5%）	權力型（55%）	權力型（61.7%）
	權力斷言型（16.5%）		
憤怒	憤怒報復型（40%）	憤怒型（40%）	憤怒型（35.2%）
	憤怒與奮型（6%）	虐待狂型（5%）	虐待狂型（3.1%）

資料來源：林明傑（1999：318）。

非其故意。

2. 性侵犯是有預謀的，且之前有性侵犯的幻想存在。

3. 心態是焦慮的。

4. 反覆攻擊性的行為，且攻擊性可能會漸增。

5. 語言多是審問性及指導性，會以下命令的方式詢問被害人的私人問題，以試探被害人的反應。

6. 對被害人的攻擊可能會持續一段短暫的時間，甚至挾持對方數小時之久。

7. 常會攜帶武器，但攜帶武器的目的主要是恐嚇多於傷害。

8. 對於被害人的選擇常取決其易受害性，傾向於選擇與自己同齡或較自己年輕者為被害人。

9. 心理動力：其侵犯行為為一種補償性攻擊，藉以感覺自己仍有能力，並消除其內在的不安全感與不夠格感。

10. 前科紀錄：常是掠取他人財物的犯罪（如：竊盜、住宅侵入、強盜），或合併有性犯罪前科。

(二) 憤怒型（原憤怒報復型）

1. 攻擊行為比壓制被害人所施以的身體暴力更多。

2. 侵害行為是衝動、自發、無預謀計畫的。

3. 心情不是憤怒就是抑鬱。

4. 侵犯行為是突發性的。

5. 侵犯時會使用咒罵、羞辱、貶抑的語言。

6. 攻擊行為是斷續、短暫的時間。

7. 通常不會使用武器，但若使用的話，多是用來傷害被害人，而不只是用來威脅而已。

8. 所選擇的被害人以容易接近為主，可能是眼前所碰到的對象，傾向於同齡或比自己年長者為被害人。

9. 心理動力：屬於報復性的攻擊，自認為遭到不公平的對待而尋求報復性的攻擊。被害人只是遭轉移的替代性人物，其所憤怒的對象常是女性長輩，如：母親、祖母、姊姊、女性扶養人、女性主管、老闆娘等。

10. 前科紀錄：常是攻擊式的犯罪（crimes of aggression），如鬥毆、妨害安寧、開快車、超速。

（三）虐待狂型（原憤怒興奮型）

1. 侵害行為充滿色情化；如果權力被色情化，則被害人可能會被綑綁、割臉或刮除毛髮；如果憤怒被色情化，則被害人可能會慘遭折磨或嚴重的性凌虐。

2. 性侵犯是事先計畫好的，而且也計算過的。

3. 心態充滿強烈的性興奮。

4. 侵害行為常是強迫性、儀式化及結構性的，也常會有綑綁、監禁、拷打折磨或怪異的性行為。

5. 所用的語言常是命令式及貶損式的。

6. 攻擊行為可能持續一段時間，這期間被害人是被挾持、監禁、侵犯或被處理掉。

7. 常會使用武器，以俘虜、約束、折磨被害人。

8. 所選擇的被害人通常具有某種特性或象徵的代表性，且多半是陌生人。

9. 心理動力：犯行動力來自充滿色情化的攻擊、象徵性的控制，以及想要消除誘惑物或威脅物，以恢復自己心理上的平衡。

10. 前科紀錄：多無前科，若有的話，常是一些怪異的儀式行為或暴力行為。

貳、兒童性侵害加害人的類型

一、Groth 的兒童性侵害加害人分類

Groth 認為區分是否為兒童性侵害犯，依其主要性偏好（sexual preference）對象是否為兒童區分之，詳見表 13-2，亂倫犯亦可依此分類。

（一）退縮型（regressed type）

這類型加害人在其成長過程中曾經與同儕有過性關係；但因為曾經歷某些情境的壓力，如長期失業、身體傷殘或遭到成年女性的貶抑，尤其是在性方面的貶抑，使其逐漸失去身為男性的自尊與自信，因此將性的滿足轉移到較不具威脅性的未成年兒童身上，此型約占 51%。

（二）固著型（fixated type）

這類型加害人只能被兒童（也可能是男童）所吸引，而且無法在成長的發展過程中獲得性心理的成熟。研究發現這可能與其幼年曾經遭受虐待，甚至是遭受性虐待有關，致無法與成人發展信任關係，故轉而與兒童親近，並以性作為對他人表達關懷的方法之一。臨床經驗顯示這類型加害人所接近的兒童可能會固定在某一年齡的男童，這可能是他們首次遭受侵害的年齡，使其性心理的成長固著在此年齡而停滯不前，此型約占 49%。

此分類有助於了解兒童性侵犯的類型，尤其固著型者可能因為幼年曾經遭遇的創傷經驗，其發展階段停滯於兒童期或青少年時期，以侵犯男童為主。在國內以男童性侵犯的研究中，林月琴（2009）訪談三名安置於機構內的性侵害少年犯，皆曾遭受過性侵害的傷害。魏弘軒（2007）訪談七名監獄中的成年性侵害犯中，有五名曾在幼年遭受性侵害，可知兒童性侵犯在幼年之負面成長經驗的影響。

表 13-2 Groth 之兒童性侵害犯類型

特徵	退縮型	固著型
受害對象	成人，但遭受壓力時則轉至兒童。女性。	兒童，對兒童的興趣持續。男性。
與被害人關係	侵犯同輩及兒童，視兒童為成人的替代品。	以侵犯兒童為主，認同被害人，在被害人面前表現出父母的角色行為。
犯行計畫性	偶發的，隨壓力而改變，與個人長期的壓力有關；侵犯行為開始於成年期。	強迫性且有預謀，與個人的壓力無關；侵犯行為開始於青春期。
前科紀錄	通常有酗酒或吸毒。	無前科，無酗酒或吸毒。
婚姻狀態	通常已婚。	單身或以婚姻作為掩護。
性傾向	對同齡的異性感興趣，且會產生幻想。	對同齡異性不感興趣，僅對兒童或青少年感興趣，且對他們有性幻想。
兩性關係	較孤僻、害羞、無法發展親密穩定的兩性關係，而轉向兒童發展及滿足其親密需求。	對正常的兩性關係沒有興趣，只冀望兒童及青少年滿足其親密需求。
人際關係	生活規律、人際關係不佳。	同儕關係不佳。
創傷經驗	無法因應生活壓力而以性侵害來面對。	幼年曾遭受過創傷事件、性虐待。
發展階段	發展正常。	發展停滯在兒童、青少年時期。

資料來源：整理自林明傑（2018：266）。

二、DSM-5 的戀童症診斷標準

林明傑（1999）指出從 Groth 等人的分類脈絡中可知，兒童性侵害犯有兩個重要診斷標準：主要的性偏好對象是否為兒童，以及暴力介入的程度。前者被納入 DSM-5 的戀童症（pedophilic disorder）診斷標準，其中的「排他型」（exclusive type）以主要的性偏好對象只為兒童，而「非排他型」（non exclusive type）則非專以兒童為對象，包括成人在內。因此可知前者即為固著型，後者為退縮型。

DSM-5 診斷戀童症的標準如下所列，診斷須註明是否只受兒童吸引，或是受男性、女性或兩性吸引，若是家內亂倫者亦加以註明（台灣精神醫學會譯，2014）。

A. 超過至少六個月的期間，藉由透過與青春期前的兒童或兒童們進行性活動（一般的年齡為十三歲或更年幼）而體現到重複且強烈的性喚起，呈現在幻想、衝動或行為上。

B. 個人已經將性衝動訴諸戀童行為，或這些性衝動或幻想引起臨床上顯著苦惱或人際上的困難。

C. 此個人的年齡至少十六歲且至少比準則 A 的兒童或兒童們大五歲。

註：不包含青春期後期的個人牽涉到與十二或十三歲兒童進行發展中的性關係。

參、性侵害加害人的危險評估

社會工作者在加害人的處遇部分，主要是危險評估。危險評估是指：對於罪犯或精神病患，其日後是否有暴力行為或其他偏差行為的預測；一般而言，危險評估可分為再犯危險評估、致命危險評估、傷害危險評估等三種（林明傑，2018）。危險評估也是在決定處遇效果，並預測接受處遇之後的再犯（recidivism）程度（Milner, 1995）。以下說明加害人的再犯危險因素，介紹再犯評估量表，以及兒童性侵害加害人的臨床評估。

一、性侵害加害人再犯危險因素

(一) 陳若璋（2001）整理美國多項研究性侵犯的文獻，歸納出再犯高危險因子有下列十二項。

1. 人口變項：年齡（二十至四十歲）、婚姻（未婚）。

2. 成長背景：來自暴力家庭、與母親的關係差、幼年曾有過性創傷經驗。

3. 人格特質：衝動、攻擊性。

4. 認知型態：強暴迷思（男女對立信念）、行為合理化（否認程度）。

5. 生活情形：一再更換工作、酗酒、吸毒、色情書刊、性幻想。

6. 過去犯罪史：有前科、早發犯罪史。

7. 犯案前的負面情境：有生活壓力、身心症。

8. 犯案前的壯膽行為：看色情書刊及影片、性幻想、喝酒、吸毒。

9. 犯案前的準備：有預謀準備、尋找特定對象。

10. 犯案對象：被害人性別（找男童）、被害者年齡（找兒童）、與被害人的關係（找陌生人）。

11. 犯案行為：攜帶武器、控制方式、暴力毆打、偏差性行為、恐嚇、使用交通工具。

12. 犯案後行為：恐嚇、取走紀念品、合理化、否認、認為犯案容易。

(二) McGrath（1992）提出評估性侵犯再犯危險因素，包括可能性、傷害程度、再犯情境、潛在受害者、再犯時間等五項。

1. 再犯可能性：包括犯罪類型、多重性倒錯（multiple paraphilias）、暴力的使用程度、偏差的性喚起等因素。

2. 再犯的可能傷害程度：如果加害人曾有使用暴力的行為史，則未來再度使用暴力的危險度亦大增，如綑綁、挾持、毆打被害人等。

3. 容易再犯的情境：接近潛在被害人的機會、物質濫用、色情出版品、工作地及居住地是否有機會接觸潛在被害人、交通工具的使用、情緒狀態等。

4. 再犯的可能被害對象：從過去犯罪史中，了解再犯的潛在被害對象為誰，並做好評估及預防工作。

5. 再犯的可能時間：Frisbie（1969）的研究發現，性侵犯在假釋後九個月內的再犯危險性最高，之後逐年下降；而兒童性侵害犯則是假釋後二至三年內的再犯危險性最高。

二、性侵害加害人再犯評估量表

(一) 明尼蘇達州性侵犯篩選評估表（Minnesota Sex Offender Screening Tool-Revised, MnSOST-R）

本量表為美國明尼蘇達州矯正局委託愛荷華州立大學心理系所發展，為近年所發展之危險評估量表中預測效度最高者（達 0.45），適用於監獄在評估性侵犯接受治療後期及假釋前之危險評估，是由臨床人員依據當事人的檔案資料進行評分。量表共有 16 題項，分為兩大因素：(1)歷史／靜態因素（historical/static variables）（指該罪犯在犯行中的特質）：包括性犯罪的定罪次數、性犯罪史之期間長度、性犯行是否曾發生在公共場所、是否曾使用強制力或威脅、是否曾有多重之性侵害行為、曾否侵犯十三至十五歲的被害人、被害人是否為陌生人、在青少年時期是否有反社會行為、是否有藥物或酒精濫用、就業史等；(2)機構／動態因素（institutional/dynamic variables）：包括在監所中是否有違規紀錄、藥癮治療紀錄、心理治療紀錄、出獄時之年齡是否滿三十歲。

(二) 加拿大之性罪犯再犯危險快速評估表（Rapid Risk Assessment for Sex Offense Recidivism, RRASOR）

由加拿大法務部的 Karl Hanson 於 1997 所發展。只針對兒童性侵害犯評估，共有四題，分別為：(1)過去的性犯罪次數；(2)此次出獄時的年齡；(3)被害人的性別；(4)與被害人的關係。本評估表之評分與性犯罪之再犯率的相關係數為 0.27，適用於男性成人性侵犯。本量表無版權問題，其評分方式及研究說明可於網站 http://www.publicsafety.gc.ca/res/cor/rep/cprmindex-eng.aspx 下載（林明傑，2018）。

(三) 靜態因素九九評估表（Static-99）

靜態因素九九評估表共有十個題項，包括：過去性犯罪次數、過去被判刑確定的犯行次數、是否曾有未經身體接觸的性犯罪被判刑確定、性犯行中是否曾有「非性的暴力行為」、過去是否曾有「非性的暴力行為」、

性侵害受害者中是否曾有非近親者、受害者中是否曾有陌生人、受害者中是否曾有男性、接受評估者的年齡是否低於二十五歲、是否曾與親密伴侶同居超過兩年以上。其對性侵害犯再犯性犯罪的可能性預測效度為 .31（林明傑，1999：330、340）。本量表無版權問題，可於衛生福利部網站搜尋。

（四）臺灣性罪犯靜態再犯危險評估量表（Taiwan Sex Offender Static Risk Assessment Scale, TSOSRAS）

本量表由林明傑與董子毅（2005）所發展，以民國 83 年至 85 年假釋出獄的男性性侵犯之司法資料共 490 人為樣本，追蹤至民國 92 年 2 月，平均追蹤期為 7.5 年，蒐集其出獄後是否再犯性侵害犯罪之紀錄。其參考上述之美國明尼蘇達州的 MnSOST-R 量表、加拿大的 RRASOR 量表、Static-99 評估表之題項，並篩選出能在國內目前監獄中之司法資料找到之題項與「有無再犯性侵害」進行分析，以篩選再犯危險因子。

研究結果發現過去（含該次）的性犯行起訴或判刑確定次數、該次性犯行為期多久、被害者的性別、性犯行中的多重性侵害行為、性犯行中的「非性之暴力行為」、在保護管束中又犯下性犯行、過去被判刑確定的任何犯行次數、該性侵害犯行的被害者人數等八項在加權後所建立之量表，依半年、一年、三年、七年半等四個不同之追蹤期，其預測再犯性犯行準確度的相關係數各為 .362、.547、.707、.690，而 ROC 值則各為 .972、.980、.979、.954，皆屬於高度預測準度。本量表之使用無版權問題，可逕行複製使用，亦可於網址 http://deptcrm.ccu.edu.tw/crmmcl.htm 下載取得，在使用前須詳細閱讀量表操作手冊說明（林明傑，2018）。

（五）性侵犯治療需求及進步量表（Sex Offender Treatment Needs and Progress Scale, SOTNPS）

本量表是由美國佛蒙特州矯正署性侵害防治中心的臨床主任 McGrath 與行政主任 Cumming 於 2003 年所發展，量表分為六個向度，總計 22 題。這六向度為：(1)性偏差：承認犯罪行為、負起責任、性興趣、性態度、性行為、性的危險管理；(2)犯罪：犯罪及違法態度、犯罪及違法行為；(3)自我管理：藥物濫用、情緒管理、心理穩定度、問題解決、衝動性；(4)治療及觀護合作：改變的階段、接受治療的合作態度、接受社區監督的合作態度；(5)生活型態穩定：工作職業、居住情形、財務狀況；(6)社會支持：成人的愛情關係、社會影響、社會參與（林明傑，2018）。

三、兒童性侵害加害人的評估

關於兒童性侵害加害人的實務評估，有以下各項（林明傑，1999）：

(一) 主要性偏好對象（是成年女性或兒童）

1. 第一次的性經驗是在幾歲？是在什麼情況？與對方的關係為何？對方幾歲？

2. 過去或現在有沒有女朋友？是否追過或想要追女朋友？

3. 主要的性行為對象為誰？

(二) 行為病理評估

1. 幼年時，父母親（或主要照顧者）對你的態度如何？

2. 幼年或青少年時，是否有愛慕或心儀的對象，後來結果如何？

3. 與伴侶發生性行為時，對方常有的感覺如何？是否曾對你表示什麼？

4. 與異性長輩及朋友的交往情形為何？他們給你的感覺如何？

5. 幼年或青少年時，是否曾被性傷害或性騷擾過？

(三) 在進行評估會談時，須特別注意以下兩點：

1. 不宜以曾有或現有婚姻，或成人性對象，為評定其是否為固著型兒童性侵害犯之標準，因為這類型者可能會被迫結婚，或與已有小孩的女性結婚，而其結婚的主要目的是想對兒童性侵害。

2. 臨床上，可能有加害人先後犯下對成人及對兒童的性侵害，此可能為權力再確定型者逐漸轉變為退縮型兒童性侵害者，或者是在這兩類型之間游移，主要是其病理均呈現出退縮或低自我肯定的內涵。

肆、性侵害加害人的處遇

一、性侵害加害人的處遇流程

經過偵查、起訴、判刑之後進入監獄服刑的性侵犯，須接受監獄裡的治療處遇，而假釋或出獄之後的人依法要接受社區處遇，包括社區監督、登記、公告、居住與遷徙的限制、去氧核醣核酸（DNA）檢測、測謊等處遇措施。美國佛蒙特州的作法，如圖 13-1，我國的《性侵害犯罪防治法》對性侵犯的處遇亦是如此。

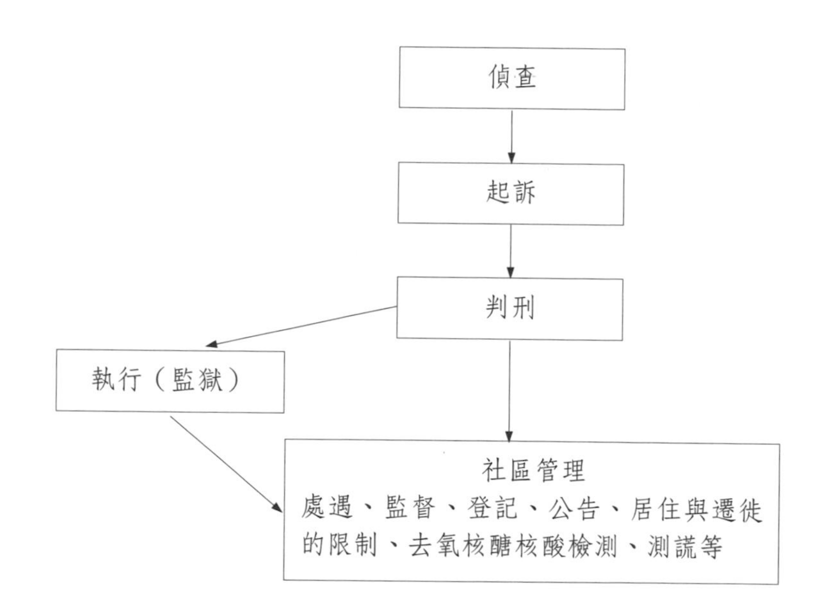

圖 13-1　美國佛蒙特州的性侵害防治處遇流程

資料來源：取自 2011 年 9 月，美國佛蒙特州矯正署（Vermont Center for the Prevention and Treatment of Sexual Abuse, VCPTSA）性侵害防治中心行政主任 Georgia Cumming 的簡報資料。

二、性侵害加害人的登記與公告

由於發生多起假釋之性侵犯再犯的案例，引起社會大眾的關注與撻伐。因此，在《性侵害犯罪防治法》修法過程中，加害人的登記與公告制度一直成為民間團體訴諸的重點。以下分就美國的經驗與臺灣的現行制度施行情形加以說明。

（一）美國的經驗

1.《梅根法案》

有關性侵犯出獄之後的登記與公告制度，主要為《梅根法案》（Megan's Law），是將出獄的性侵犯進行社區公告的法案。本案是發生在紐澤西州一位小女孩梅根．康卡（Megan Kanka）遭受社區一位有性侵害前科者的殺害而立法，為美國在 1996 年通過的聯邦法案，正式名稱為《美國性犯罪者資訊公開法》，內容為：性侵犯假釋後或刑滿出獄後，必須向警方登記住所，並公布給社區知悉。

事實上，在 1996 年《梅根法案》公布實施之前，美國於 1994 年即有《暴力犯罪控制及執法法案》（Violent Crime Control and Law Enforcement Act），此法案對於出獄或假釋的性侵犯進行登記的措施，登記項目包括姓名、住址、犯罪史、工作、車輛登記、指紋、相片等，若住居地變動也要做變更。在 1996 年 5 月，《梅根法案》立法之後，規定各州要將性侵犯的資訊公告給社會大眾知悉。在 1996 年 10 月，依據《性侵犯追蹤及身分確認法案》（Pam Lychner Sexual Offender Tracking and Identification Act）所建立的標準，要求高危險性侵犯須終生登記。在 1998 年，規定高危險的性侵犯若跨州工作者須登記。在 2003 年，規定各州要將性侵犯的去氧核醣核酸建檔，否則中央政府不補助各州政府 10%的預算。同樣的，在 2003 年，通過《反兒童遭受剝削之補救法案》（Prosecutorial Remedies and Tools Against the Exploitation of Children Today Act, PROTECT Act），擴大性侵犯登記的範圍，規定各州要在三年內確認公告性侵犯的資訊（林明傑、陳慧女、梁毓

芳，2012；Georgia Cumming, personal communication, September, 19, 2011）。

2.《梅根法案》實施後的影響與評論

在《梅根法案》通過實施之後，有支持與反對看法。根據王皓平（2013）整理相關研究，歸納支持、反對及對社會負面影響如下：

(1) 支持者看法

認為本法案制度以「被定罪的性侵犯為要件」並未違反法律正當程序條款；此為民事規範不違反溯及既往，其公告目的在告知大眾，與懲罰性質不符。

(2) 反對者看法

僅為了因應社會大眾對嚴重性侵犯的疑慮，而未了解性侵犯的特性，事實上，真正有嚴重犯行者大約只占所有性侵害罪刑的3%以下（Freeman-Longo, 2002），由於媒體的報導深深影響社會大眾對性侵害案件的認知，可能擴大民眾的擔憂，而未能真正達到提醒大眾提防性侵害者，預防被害。

(3) 負面影響

由於社會大眾對制度存有錯誤的安全感，以致認為只要知道性侵犯先前的犯行就能安全，反而減少大家對平時環境應有的防備，而增加潛在犯罪者接近被害人的機會（Freeman, 2012）。大多數人均將性侵害案件列為最關注的案件，但是卻少有居民主動查詢資訊確認，此對社會大眾提高防衛意識的成效有限（Evan, 2007；引自王皓平，2013）。

本制度也使國家耗費巨大的財政及人力，連帶使得加害人的資料更新不完整。由於社會大眾對於性侵犯的過度反應，造成對性侵犯的排擠、造成其家人受到威脅或傷害，也降低其復歸社會，如被要求離職而陷入經濟困難、被排擠而被社會孤立、被騷擾甚至被殺害，也造成亂倫及合意性侵害案件的加害人被公告後受到辨識及騷擾（Freeman-Longo, 2002），此制度也無法證實能有效防止性侵犯之再犯。

美國各州的立法及實施情形差異甚大，多半依據加害人的危險等級、登記年限、公告方式、公告內容等實施。有的州不分加害人的危險層級是低或高，一律公告於網站，開放所有民眾查詢，卻也導致返回社區的加害人遭受攻擊或殺害；有的州依據加害人危險等級，只開放公告高危險者；有的州依據危險等級，適度開放身分資料內容或可查詢者之身分（陳慧女、林明傑，2013）。以路易斯安那州來說，規定只要是所有判決確定的性侵犯都要公告社區，性侵犯也被要求至少向一名居住在一哩內的居民和公司，以及離居住地三個街區內及當地相關學校的監督人員通知，至於其他社區則透過報紙公告，如果被害人年齡低於十八歲，則必須通知公園、遊戲場所的相關監督者。紐澤西州則依據加害人（包含少年性侵犯）的危險等級區分公告對象，將高危險者公告於大眾，中危險者公告給執法機關及社區組織，低危險者公告給受害人、執法機關。[1] 各州之實施情形不一，當然有不同的影響效應。

（二）臺灣《性侵害犯罪防治法》的規定

1. 登記制度

性侵害加害人的登記規定在《性侵害犯罪防治法》第 9 條：「中央主管機關應建立全國性侵害加害人之檔案資料；其內容應包含姓名、性別、出生年月日、國民身分證統一編號、住居所、相片、犯罪資料、指紋、去氧核醣核酸紀錄等資料。前項檔案資料應予保密，非依法律規定，不得提供；其內容管理及使用等事項之辦法，由中央主管機關定之。」

加害人登記的內容詳細規定於《性侵害加害人檔案資料管理及使用辦法》第 2 條：「性侵害加害人（以下簡稱加害人）之檔案資料內容如下：一、基本資料：加害人姓名、性別、出生年月日、國民身分證統一編號、戶籍地及住居所等。二、犯罪資料：犯罪類型、犯罪時間、犯罪地點及偵查審判紀錄。三、指紋：加害人全部手指指紋平面印、三面印及掌紋資料。四、相片：加害人正面及側面上半身之相片資料。五、去氧核醣核酸基因型比對資料：加害人身體細胞中含有去氧核醣核酸物質，經分析後足資比對之遺傳基因型特徵資料。六、其他應記載事項。」及第 6 條：「需用前

1 在 Matson 與 Lieb（1996）的研究將美國 50 個州的實施情況做了整理，其中文翻譯可詳見王皓平（2013）論文之第 20～30 頁。

條資料應檢具公函，敘明理由、所需資料類別及資料使用目的。但因犯罪偵防緊急需要，得以傳真方式為之。」

登記之內容及登記後的身分資料定期更新措施，規定於《性侵害犯罪防治法》第23條第一、二、三項：「犯刑法第二百二十一條、第二百二十二條、第二百二十四條之一、第二百二十五條第一項、第二百二十六條、第二百二十六條之一、第三百三十二條第二項第二款、第三百三十四條第二款、第三百四十八條第二項第一款或其特別法之罪之加害人，有第二十條第一項各款情形之一者，應定期向警察機關辦理身分、就學、工作、車籍及其異動等資料之登記及報到；其登記、報到之期間為七年。犯刑法第二百二十四條、第二百二十五條第二項、第二百二十八條之罪，或曾犯刑法第二百二十七條之罪再犯同條之罪之加害人，有第二十條第一項各款情形之一者，亦適用前項之規定；其登記、報到之期間為五年。前二項規定於犯罪時未滿十八歲者，不適用之。第一項、第二項之加害人於登記報到期間應定期或不定期接受警察機關查訪及於登記內容變更之七日內辦理資料異動。」從本條例可知加害人依其刑責程度之登記與報告期間為五到七年，登記內容為身分、就學、工作、車籍及異動情形等資料，上列登記對象排除未滿十八歲者。

2. 查詢與公告

我國的公告制度並非開放所有人得以查詢，而是限定於特定人員因維護公共利益及社會安全目的而申請查詢，規定於《性侵害犯罪防治法》第23條第四、五項。有關登記、報到、查訪之期間、次數與程序，供查閱的範圍、內容、執行機關，查閱人員的資格、條件及程序等，由中央警政主管機關定之。

至於實際的公告，則限於被告或判決有罪確定者逃亡或藏匿經通緝者，由該管警察機關將身分資訊登載於媒體等，規定於《性侵害犯罪防治法》第23-1條：「第二十一條第二項之被告或判決有罪確定之加害人逃亡或藏匿經通緝者，該管警察機關得將其身分資訊登載於報紙或以其他方法公告之；其經拘提、逮捕或已死亡或顯無必要時，該管警察機關應即停止公告。

前項規定於犯罪時未滿十八歲者，不適用之。」

三、性侵害加害人的輔導與治療

性侵犯並無所謂的完全治癒，重要的是在監獄、假釋或出獄後的治療及監控能預防其再犯，降低再犯率。而預防再犯與降低再犯，則需要各專業的團隊合作，包括：心理衛生體系的精神與心理治療、觀護制度的監督、社區的監控，如警政系統的查訪、家人的支持、就業輔導與社會資源等。目前加害人在各階段的強制治療，規定於下列幾項法規中。

（一）監獄的輔導治療

根據《監獄行刑法》就性侵害犯罪加害人施以強制的身心治療或輔導教育，且依據《妨害性自主罪與妨害風化罪受刑人輔導及治療實施辦法》各監獄應成立輔導評估小組（圖 13-2 為美國佛蒙特州治療性侵犯的監獄）。

《監獄行刑法》第 81 條第二項：「犯刑法第二百二十一條至第二百二十七條、第二百二十八條、第二百二十九條、第二百三十條、第二百三十

圖 13-2　美國佛蒙特州立監獄

四條、第三百三十二條第二項第二款、第三百三十四條第二款、第三百四十八條第二項第一款及其特別法之罪之受刑人，其強制身心治療或輔導教育辦法，由法務部定之。」

《妨害性自主罪與妨害風化罪受刑人輔導及治療實施辦法》第4條第一項：「各監獄應成立輔導評估小組，評估輔導成效；指定監獄應成立治療評估小組及輔導評估小組，分別評估治療成效及輔導成效。」

（二）社區的輔導治療

社區的輔導治療規定於《性侵害犯罪防治法》第20條第一項：「加害人有下列情形之一，經評估認有施以治療、輔導之必要者，直轄市、縣（市）主管機關應命其接受身心治療或輔導教育：一、有期徒刑或保安處分執行完畢。但有期徒刑經易服社會勞動者，於准易服社會勞動時起執行之。二、假釋。三、緩刑。四、免刑。五、赦免。六、經法院、軍事法院依第二十二條之一第三項裁定停止強制治療。」

《性侵害犯罪加害人身心治療及輔導教育辦法》第2條規定身心治療及輔導教育內容，包括：認知教育、行為矯治、心理治療、精神治療或其他必要之治療及輔導教育。

（三）觀護監督

《性侵害犯罪防治法》第20條第三項規定，對於保護管束加害人施以約談、訪視、採驗尿液、測謊、實施科技設備監控、命居住於指定處所、命於監控時段不得外出、禁止其接近特定場所或對象，並得請警察機關派員定期或不定期查訪之。這些措施都屬於社區監控的外控方式，使其能時時警惕，並自我提醒，強化內控而不再犯。

（四）警察監督

依據《性侵害犯罪防治法》第23條第一、二、三項之規定，加害人除了應定期向警察機關辦理身分等資料及異動之登記及報到外，在登記報到期間亦應定期或不定期接受警察機關查訪。警察機關的查訪為社區監控的方式之一，藉此加強監督，以降低再犯。

（五）高危險加害人強制治療

對於高危險加害人之強制治療無效者，仍應依主管機關之聲請，繼續強制治療，依據《性侵害犯罪防治法》第22條：「加害人依第二十條第一項規定接受身心治療或輔導教育，經鑑定、評估其自我控制再犯預防仍無成效者，直轄市、縣（市）主管機關得檢具相關評估報告，送請該管地方法院檢察署檢察官、軍事檢察署檢察官依法聲請強制治療。」

性侵害對被害人的傷害是如此長遠，對社區更是人身與心理安全的重要議題；因此，從《性侵害犯罪防治法》的預防與治療宗旨，對性侵害加害人的治療為本法的重要工作。在作者與社區接受強制治療的性侵害犯之訪談經驗中，其多半表示《性侵害犯罪防治法》是一個很「兇」的法案，因為觸犯他項刑法，只要服滿刑期，出獄後就可獲自由；但是觸犯本法，出獄之後，仍未有自由，依然要定期向警察報到、要接受治療。顯見透過身心治療、社區監控等方式仍有一定的監督與約制作用（圖13-3為美國紐約州治療較嚴重性侵犯的專責精神科醫院）。

圖 13-3　美國紐約州聖羅倫斯精神科醫院

第二節 家庭暴力加害人的危險評估與處遇

壹、婚姻及親密關係暴力類型及評估

一、加害人的類型

(一) Holtzworth-Munroe 與 Stuart（1994）的分類

Holtzworth-Munroe 與 Stuart 以文獻分析法分析 15 篇婚暴加害人的分類學研究，歸納出加害人的分類有三個向度，分別為施暴嚴重程度、施暴對象只對伴侶或亦對外人、有無心理病理或人格障礙，依此提出家暴者三個分類，如表 13-3。

表 13-3　家庭暴力加害人的類型

向度	只打家人型	暴力廣及／反社會型	煩躁／邊緣型
施暴之嚴重程度			
暴力程度	低	中－高	中－高
心理虐待及性虐待	低	中－高	中－高
施暴之廣泛程度			
家外施暴	低	高	中－低
反社會行為／違法事件	低	高	中－低
心理病理或人格障礙			
人格障礙	無或被動／依賴型	邊緣／分裂病型	反社會／病態型
藥物／酒精濫用	低－中	中	中
憂鬱	低－中	高	高
憤怒	中	高	高

資料來源：Holtzworth-Munroe & Stuart (1994); 林明傑（2000：204）。

1. **只打家人型**（family only）

施暴行為只針對家人，多半無前科紀錄，較無生理病理上的問題，暴力程度較其他兩類型小，此型約占 50%。

2. **暴力廣及／反社會型**（generally violent/antisocial）

除了對家人的施暴之外，也發生家外的暴力行為，有反社會行為及犯罪前科紀錄，約占 25%。

3. **煩躁／邊緣型**（dysphoric/borderline）

在家外可能有施暴行為，但並不多；有邊緣型人格障礙、情緒易變常煩躁，易有自殺及殺害親密伴侶的毀滅行為，約占 25%。

（二）Dutton（1995）的研究分類

1. **病態人格型家暴者**（psychopathic batterer）

從青少年時期即開始有偏差行為，符合DSM-5 的反社會型人格診斷標準，約占 40%。

2. **過度控制型家暴者**（overcontrolled batterer）

對親密伴侶有過度控制行為，有顯著的畏避及被動攻擊人格，施暴行為通常是發生在遭遇挫折，且長久未紓解而突然爆發。施暴行為在操控或隔離行為及情緒虐待方面較多，約占 30%。

3. **循環／情緒易變型家暴者**（cyclical/emotionally volatile batterer）

此類型的特質在於不會描述自己的感覺，而且亟需控制伴侶，在親密關係中覺得自己會被遺棄，會因害怕被遺棄而有狂怒的表現。伴侶多會描述他們好像是雙面性格，在朋友的面前可能是好好先生，但在家裡卻不然，即使在警察或治療師面前也會表現得相當順從，約占 30%。

（三）林明傑（2003）的研究分類

林明傑（2003）以高雄縣市受暴婦女為研究對象，從她們的觀點蒐集加害人的暴力行為，共蒐集 121 個有效樣本，以 DA 量表的結果進行群集分析，發現婚姻暴力加害人可區分為四類：低暴力型（53.6%）、高暴力高控制型（21.4%）、酗酒高致命型（20.5%）、邊緣高控制型（4.5%）。

（四）女性加害人的分類

由於針對女性加害人的研究甚少，且男性被害人的通報率較低，實務上難以一窺全貌。Swan 與 Snow（2002）的研究將女性親密暴力加害人區分為被害女性反擊者（34%）、單純的女性施暴者（12%）、雙方互毆者（50%）。從國內實務經驗的觀察，依所造成的傷害可分為精神傷害型（80%）、身體傷害型（10%）、反擊致死型（3%）、異常動機型（7%），顯示女性加害人多以口語、精神暴力方式對待伴侶，其多半來自暴力家庭、童年時期未獲得安全穩定感、未能與配偶有效溝通（林明傑，2020）。

二、婚姻及親密暴力加害人危險評估

（一）危險評估量表

由Campbell（1995）所發展的危險評估量表，共有15題項，是由受暴婦女填寫，以預測婚姻暴力之危險性。分兩個部分，第一部分在了解過去一年裡，施暴者的五種暴力行為類型（如：打巴掌、揮拳頭、嚴重毆打、威脅或使用武器）、期間、日期；第二部分為15個題項之危險因素。本量表主要評估加害人的致命暴力行為危險性，故適合用來評估受虐者是否會再次受到致命危險暴力（林明傑，2018），亦可作為再犯預測之用（Goodman, Dutton, & Bennett, 2000）。

（二）配偶施暴危險評估

配偶施暴危險評估（SARA）由加拿大學者 Kropp 等人（1999）所發展，加拿大法律規定每位家暴者都必須接受危險評估，故每位家暴者幾乎都有 SARA 的危險評估紀錄（林明傑，2018）。本量表有 20 項，分四大類，包括犯罪史、社會心理適應程度、虐妻史、此次虐妻行為等，可於英文網站 https://mhs.com 查詢參考。

（三）衝突行為量表

衝突行為量表（Conflict Tactics Scale, CTS）由Straus於1979年所發展，包含三種衝突形式（爭吵、口語傷害、身體傷害）用在八種不同之家人關係（夫對妻、妻對夫、母對兒童、兒童對母、父對兒童、兒童對父、兒童對兄弟姊妹、兄弟姊妹對兒童）。CTS-2 於 1995 年發展，主要針對親密伴侶間的暴力行為，包含五個分量表：身體攻擊、心理傷害、談判、傷害及性強迫，共 78 題（Straus, Hamby, Boney-McCoy, & Sugarman, 1996）。Campbell 認為本量表較適合作為測量家人之間暴力行為的研究之用，並不一定適合於危險評估之用（林明傑，2018）。

（四）家庭行為檢索表

家庭行為檢索表（Domestic Violence Behavioral Checklist）是由 Lindey 與 Robinson 所發展，總計 38 題，分為三個層次評估：(1)低危險因素：爭取小孩監護權、多元的關係、曾因家暴事件被逮捕、學校工作理財或人際關係差；(2)中危險因素：與小孩失去聯絡、被禁止探視小孩、多次分居紀錄、被害人聲請保護令、曾因家暴被逮捕、違反保護令、原生家庭有暴力史或藥酒癮問題；(3)高危險因素：分居而失業、曾有恐嚇攻擊行為、曾有跟蹤行為、有自殺或謀殺想法、企圖計畫或威脅使用武器、此次犯行有酒癮或藥癮（林明傑，2018）。

（五）臺灣親密關係暴力危險評估表

臺灣親密關係暴力危險評估表（Taiwan Intimate Partner Violence Danger Assessment, TIPVDA）為王珮玲（2012）所發展，為目前臺灣在評估家庭及親密關係暴力危險時採用之量表。本量表共有 15 題，主要題項為：施以令人無法呼吸的暴力行為、對小孩有身體暴力行為、被害人懷孕時曾動手施以暴力、曾拿刀或槍等物威脅恐嚇、威脅要殺掉被害人、說過要死就一起死等話語、有跟蹤騷擾等行為、傷害性器官或性虐待、酗酒、對他人施以暴力、經濟壓力、因被害人的求援而有激烈的反應、懷疑被害人有情感不忠的問題、施暴的情形愈來愈嚴重。受理的警察、社工人員或醫事人員依各題項有無情形評估，結果區分為低危險（不怎麼危險）、中低危險（有些危險）、中高危險（頗危險）、高危險（非常危險）四等級。

貳、老人虐待類型及評估

一、老人虐待的概況及傷害類型

卑親屬或其他照顧者對65歲以上尊親的暴力，一般稱為老人虐待（elder abuse）。根據多年來的統計顯示，對 65 歲以上尊親暴力的通報比率在5～7%（衛生福利部保護服務司，2022）。老人虐待主要有五種類型，包括身體虐待，或意圖造成身體疼痛或傷害的行為；心理或口語虐待，目的在造成情感痛苦或精神傷害；性虐待，指任何形式的非自願性接觸；經濟剝削，挪用老年人的金錢或財產；疏忽，未能提供老年人需求的照顧（Lachs & Pillemer, 2004）。Lachs與Pillemer歸納發生老人虐待的情境有七種情況：照護壓力導致之虐待、酒精濫用導致之暴力、精神疾患相關問題的暴力、長期的婚姻暴力、攻擊性失智症患者的虐待、家庭成員的經濟剝削、受僱照顧者的經濟剝削。

二、老人虐待的危險評估

楊培珊與吳慧菁（2011）發展的「老人受虐危險指標」，列出立即生命危險、疑似被遺棄、受到身體傷害、日常生活照顧被忽視、對老人吼叫辱罵或恐嚇威脅、出現情緒低落、恐懼退縮或有自殺意念行為、家人抱怨照顧困難、家人有酒藥癮、家人有精神疾病、家人為財產或照顧費用爭吵（分為老人有行為能力、老人受監護或輔助宣告兩類）等項目為評估指標。

參、青少年對父母的暴力類型與評估

一、青少年對父母的暴力類型

子女對未滿65歲尊親的暴力分為成年與未成年卑親屬對尊親的暴力，其中青少年對尊親的暴力已為國外研究者所關注，並發展出暴力類型及評估方式。青少年對父母的家庭暴力，與父母的管教方式及親子關係有高度關聯，此可溯及父母在子女的兒童時期的管教風格及親子關係的良窳。故評估青少年家暴行為更需要探索家庭系統的結構、功能及動力，尤其是親子、父母、手足彼此之間的互動，並將青少年個人及家庭的發展階段與需求一併納入考量（O'Hara, Duchschere, Beck, & Lawrence , 2017）。

Nussbaum、Berry、Hartnett 與 Vincent（2015）發展的「青少年家暴類型評估工具」（Adolescent Domestic Battery Typology Tool, ADBTT），將青少年的暴力行為依據父母和青少年的角色、青少年家暴的嚴重度、對暴力的反應、引發暴力的原因、暴力行為的意圖、對暴力的態度、對改變的態度、父母最關心和擔心的部分等向度，分為自我防禦（defensive）、單一事件（isolated incident）、家庭混亂（family chaos）、暴力升級（escalating）等四類型，其中暴力升級型另分為兩個次類型。透過與青少年本人、家長的訪談，相關介入體系（警政、社福等單位）的紀錄進行量化評估，評估其暴力原因及意圖、嚴重度、改變可能性、預測再犯等，如表 13-4。

自我防禦型的青少年在兒童期可能是受虐或目睹暴力者，其暴力是為了保護自己或家人的防衛方式；單一事件型的青少年是在情境或壓力下，一時以暴力作為反擊方式，這兩類型的青少年均不認同暴力，也並不想造成傷害。家庭混亂型之青少年的暴力是對父母管教、要求與限制不一致的反擊，他們雖不認同暴力，也不願造成傷害，但是親子關係或家庭問題若未解決的話，仍有可能再使用暴力。暴力升級型的青少年認同暴力，意圖藉由暴力達到其所欲目的，藉由暴力壓制父母的權威，有必要的話會造成傷害，暴力的頻率及嚴重度逐漸增高，改變的意願低。

二、重要評估指標

(一) 物質濫用

藥物及酒精等物質的濫用是重要因素，國外的家暴案例顯示有愈來愈多的青少年因沉迷於網路，造成身心的危害，美國治療成癮的專家Kardaras指出物質使用愈多，對青少年的心理健康更不利，使用數位物質亦如此，

表 13-4　青少年家暴行為的類型

項目	自我防禦型	單一事件型	家庭混亂型	暴力升級型
青少年家暴的原因	暴力只是在對父母之身體暴力威脅的反擊。	單一或很少的事件（過去 24 個月裡發生少於 3 次），暴行不只是對父母之身體暴力威脅的反擊。	無	過去 24 個月裡發生超過 3 次以上的嚴重事件，暴行不只是反擊父母身體暴力的威脅：1.青少年威脅及攻擊的頻率與嚴重度漸增。2.青少年已有攻擊頻率及嚴重度漸增的模式，暴行造成被害人須送醫。
父母的權威	父母的權威是非理性層次。	父母的權威是屬於理性層次。	父母的權威不一致或不清楚。	父母的權威是多變的或是要去改變青少年：1.父母對子女的權威變得無效，而想要控制並改變青少年。2.青少年非理性並想使用暴力來控制父母；父母無法影響青少年。
對事件的預期	無	父母與青少年皆對發生暴力感到驚愕。	父母與青少年皆對發生暴力不感驚訝，可透過漸增攻擊行為的嚴重度來預測其類型；身處其中的父母並不感到恐懼。	父母與青少年皆對暴力不感驚訝，但對於暴力的嚴重度可能會或是不會驚訝，父母可能會逐漸感到恐懼：1.雙方皆對暴力的嚴重度感到驚訝；

（續上表）

項目	自我防禦型	單一事件型	家庭混亂型	暴力升級型
				父母開始感到恐懼。2.雙方對於嚴重度一點也不感到驚訝；父母持續處於恐懼中。
引發暴力的原因	暴力的目的在防衛，並且是對父母之身體暴力威脅的反擊。	暴力是對非典型壓力的回應；若無壓力，則暴力不會發生。	暴力是對父母在管教、要求及限制的不一致之反擊。	對憤怒與挫折失去耐性：1.父母在管教、要求、限制的不一致。2.無來由的、無法預期的。
行為的意圖	保護自己或其他家人。	衝動下的行為，事後馬上感到後悔；並不想造成傷害。	青少年想要停止漸增的暴力攻擊型態方式；並不想造成傷害。	行為的目的在恐嚇或控制，為取得父母的權威。若有必要的話，會造成傷害：1.青少年努力要得到他想要的，意圖透過威嚇取得父母的權威。2.行為的目的在強制地控制父母，有意造成傷害。
青少年對暴力的態度	暴力是不適當的，但是不得不發生。	暴力是不適當的，可以用更適宜的方式來解決。	暴力是不適當的，但若無法有效達到目的的話，會再使用暴力。	青少年開始認為其暴力行為是適宜的：1.對於暴力的適宜性感到矛盾，但若使用有效，則會再次使用。2.接受以暴力反擊是正確的回應。

（續上表）

項目	自我防禦型	單一事件型	家庭混亂型	暴力升級型
青少年對改變的態度	不想再使用暴力，但若是再面對父母的暴力威脅，則可能再度使用。	相信暴行是錯誤的，且願意改變。	可能認為自己的行為是錯的，父母若能改變本身行為的話，就會改變自己的行為。	對於改變猶豫不決：1.不確定是否要改變行為，也許認為這是錯的，但是當使用暴力之後是有效的話，會再次使用。2.不願改變行為，認為自己的行為是可被接受且正確的。
父母最關心的部分	想要青少年為事件承擔責任，可能想要其接受處罰。	希望當下情況獲得解決，關心安全；青少年可能需要負一些責任。	希望有其他人能影響青少年；父母本身不想改變。	父母關心個人或家庭未來的安全：1.對安全表達些許關心，但如果行為持續的話，對青少年、家庭及未來感到焦慮。2.對個人及家庭未來的安全感到極度恐懼。

資料來源：Nussbaum et al. (2015:15).

沉迷於網路無異於物質成癮，對兒童及青少年的身心健康造成負面影響，也影響腦中的神經生物機制（吳芠譯，2019a）。網路成癮與物質濫用及依賴的本質類似，皆是對物質的依賴來滿足內在需求，對個人身心造成負面影響。

（二）心理與精神障礙

心理疾患會增加暴力行為的危險因子，如思覺失調症（schizophrenia）、憂鬱症、雙極性情感疾患（bipolar disorder）、注意力不足過動症（attention-deficit/hyperactivity disorder, ADHD）、對立反抗症、行為規範障礙症，以及曾有自傷或自殺意圖史等。

（三）暴露在暴力環境中

童年時期曾經目睹家庭暴力、本身受虐或被疏忽、經常接觸媒體或網路的暴力影像或語言、身處於暴力環境並經常與暴力同儕接觸，經歷這些家庭內外的暴力史，可能讓青少年學習到以暴力處理問題，甚至可能認同並內化暴力行為。

（四）缺乏支持系統

暴力發生於家庭的關係已被破壞，青少年難以得到家庭的支持，加上又缺乏與社會人際的連結，不管是正式或非正式的支持系統皆難以進入其生活中。父母本身受到子女的暴力，一方面可能難以向外揭露尋求協助，另方面若為單親家庭，父或母承擔多重親職角色，或是雙親家庭功能失衡，其暴力問題亦可能是家庭關係問題的延伸。長久下來形成家庭系統的封閉，更不易向外求援及引介資源。

（五）失衡的權力關係

父母缺乏管教子女的技巧，親職能力薄弱，失去管教的權威，或是使用處罰式、帶有傷害性的管教方式，非但未能解決問題，反而對子女造成壓力傷害，破壞親子關係，而正值青春期的子女就更不認同父母的角色與地位。在一個功能失調的家庭權力與動力裡，子女容易使用口語、經濟、情緒或身體暴力來控制父母，特別是母親與兒子的關係。研究指出不健康的權力動力更常發生於單親母親的家庭，尤其是兒子對母親的暴力行為（O’Hara et al., 2017）。

（六）擔心汙名

要揭露家庭的祕密是困難的，父母會感覺羞恥、無望與無助，擔心揭露後可能受到社區及他人的譴責，故多半會淡化或否認之（O’Hara et al., 2017）。在 1979 年代，Harbin 與 Madden 將父母受到青少年的暴力界定為

「受暴父母症候群」（battered parent syndrome），類似女性的受暴婦女症候群，長期處於憂鬱、無助的狀態中，不敢揭露並向外求援的情形（Nussbaum et al., 2015）。

（七）缺乏衝突解決技巧

父母親與青少年皆缺乏解決衝突的技巧，而青少年本身長期的低自尊、低挫折容忍力、缺乏壓力調適能力，缺乏衝動控制力、低認知與社會能力，可能使其以暴力作為解決衝突的方式。

肆、四親等間的暴力

四親等間的親屬包含：手足、妯娌、姑嫂、婆媳、翁婿、叔姪等直系或旁系姻親關係。歷年來此類型之暴力大約在 20～28%之間，為家暴類型比例之第二高（衛生福利部保護服務司，2022）。研究指出此類型加害人之致命危險因素為：精神疾患、物質濫用、曾有暴力史、自傷或自殺史、無業等，發生暴力之導火線多為細故吵架爭執、受叨唸、長期照顧議題、爭家產或財務問題等（林明傑、陳慧女，2022）。

衛生福利部發展「非親密關係家庭暴力被害人致命危險評估量表」，評估四親等親屬關係之高危險及致命暴力程度，靜態因素為加害人曾自殺及威脅要殺死對方，動態因素為加害人近三個月有精神及睡眠問題、對被害人的憤怒、被害人自評會再受暴及被殺死的程度，以及工作人員評估認為加害人有精神異常、直覺加害人會再傷害被害人、被害人可能會被加害人殺害等項目，根據評估結果分為低中高危險程度，作為實務工作者及早介入，提供積極處遇之依據（林明傑、陳慧女，2022）。

伍、家庭暴力者的社會工作處遇

一、輔導與治療

根據《家庭暴力加害人處遇計畫規範》第 3 條規定，對於經核發保護令項目的加害人處遇計畫內容，包括：認知教育輔導、親職教育輔導、心理輔導、精神治療、戒癮治療及其他輔導與治療。

(一) 認知教育輔導

在保護令的加害人處遇計畫項目，法官會依據鑑定結果的建議依加害人暴力之嚴重程度分別裁定 18 週、24 週或 36 週課程。因暴力多來自對婚姻的權控觀念、傳統以男性為中心的性別不平等觀念、個人情緒管理議題、缺乏婚姻溝通方法、缺乏對家庭經營的認知等問題。因此，透過認知教育輔導課程，提供加害人重新學習的機會，課程內容為：夫妻相互尊重的性別平等概念、從認知行為取向學習情緒與行為管理、教導夫妻溝通好方法、經營婚姻與家庭生活、決定過好生活不再犯等課程（林明傑，2018）。

(二) 親職教育輔導

針對親子關係不佳而發生暴力衝突的加害人施以親職教育輔導，提供兒童少年發展知識、兒童少年福利權益相關法規、家庭暴力防治法規、親子溝通技巧，學習正向管教態度與方法，建立良好的親子關係。

(三) 心理輔導

有心理困擾者接受心理治療。

(四) 精神治療

有嚴重心理困擾或精神疾患者，接受精神治療。

(五) 戒癮治療

經過鑑定之後，加害人若有酒癮或藥癮問題，則安排至精神醫療院所接受戒癮治療。

二、關懷及訪視

(一) 關懷專線及諮詢服務

衛生福利部於 2004 年設置男性關懷專線，電話為 0800-013-999，提供

男性在面臨婚姻、家庭或親子關係問題之諮詢服務。新北市則設有白絲帶反暴力學習中心，委託民間社福機構辦理，對家暴相對人及一般市民提供反暴力的教育輔導、關懷協助、法律諮詢、宣導教育等服務。

(二) 訪視服務

以家庭系統觀點，使《家庭暴力防治法》不只是從被害人保護扶助，亦從對加害人的關心訪視，了解其問題與需求，提供必要協助。社工人員主要以外展至案家的方式進行服務，於訪視過程進行問題評估，提供情緒的支持與抒發，依其需求提供資源轉介與服務，如有經濟需求者可依據《特殊境遇家庭扶助條例》申請經濟補助，以緩解暫時性的經濟困難，提供就業協助、租屋或住宅服務、協助夫妻溝通、轉介心理諮商等服務。

此外，警政署亦訂定「警察機關執行家庭暴力加害人訪查計畫」，規定警察人員每三個月對經核發保護令、經家暴刑事案件聲羈及移審在押經交保或飭回者、屬高危險之加害人至少實施一次訪查。透過加害人的持續追蹤訪視關懷方案，以輔助認知教育輔導之實施及預防其再犯（林明傑，2018）。

第三節 兒童虐待加害人的危險評估與處遇

壹、兒童虐待加害人的危險評估

在兒童虐待案件，社會工作者須在立即的情境下評估施虐者未來再犯的可能性，並決定兒童是否要暫時離開家庭並安置他處，要在有限的資料下做決定，評估兒童虐待加害人未來施虐的可能性，這是困難的任務（Milner, 1995）。因此，評估加害人虐待兒童的危險因素（risk factor）及受虐兒童的危險性，都是考量的要項。

一、兒童身體虐待危險評估的議題

從三級預防的概念說明危險評估在兒童虐待發展的意義（Milner, 1995）：

（一）初級預防（primary prevention）

假設所有的父母都是虐待兒童的高危險群，因此，危險評估不是必要的程序，故在初級預防中的重點在預防任何虐待行為的發生。

（二）次級預防（secondary prevention）

假若某些父母是虐待兒童的高危險群，那麼預防兒童虐待的發生為首要目標，如對高危險群父母提供親職教育、進行家庭訪視等，以評估父母的危險程度。此為現行的脆弱家庭通報及訪視服務，社會工作及時提供兒童、少年及家庭之二級預防服務，如提供經濟補助、物資協助、就業媒合、課業輔導、自殺防治、心理諮商等。

依據109年衛生福利部函令之《脆弱家庭之兒童及少年通報協助與資訊蒐集處理利用辦法》（為原104年《兒童及少年高風險家庭通報及協助辦法》修正名稱及條文），所稱之脆弱家庭指因遭遇經濟、教養、婚姻、醫療等問題，致兒童及少年有未獲適當照顧之虞之家庭。此脆弱家庭的具體定義為：

1. 家庭成員關係紊亂或家庭衝突：如家中成人時常劇烈爭吵、在沒有婚姻關係下帶著年幼子女與人同居，或有離家出走之念頭等，以致影響兒童及少年日常生活之食衣住行育樂醫等照顧功能者。

2. 父母或主要照顧者罹患精神疾病、酒癮、藥癮並未就醫或未持續就醫，以致影響兒童及少年日常生活食衣住行育樂醫等照顧功能者。

3. 父母或主要照顧者有自殺風險個案，雖未強迫、引誘、容留或媒介兒童及少年為自殺行為，惟影響兒童及少年日常生活之食衣住行育樂醫等照顧功能者。若有自傷或自殺行為，則須同步通報社區心理衛生中心之自殺防治。

4. 因貧困、單親、隔代教養或其他不利因素，以致影響兒童及少年日常生活之食衣住行育樂醫等照顧功能者。

5. 非自願性失業或重複失業者：負擔家計者失業，如被裁員、資遣、強迫退休等，以致影響兒童及少年日常生活食衣住行育樂醫等照顧功能者。

6. 負擔家計者死亡、出走、重病、入獄服刑等，以致影響兒少日常生活食衣住行育樂及醫療等照顧。

（三）三級預防（tertiary prevention）

三級預防則是已經發生兒童虐待事實，必須由國家公權力介入，施以司法、安置、治療等處遇，重點在預防兒童虐待事件的再度發生。如同次級預防，對父母進行危險評估是三級預防的重要部分。目前實施的「兒少安全評估結構化決策模式」（SDM）的評估項目，提供了評估受虐兒童危險程度的工具。

二、評估的參考指標

（一）個人層面

評估人口學、社會學、生物學、認知與情感、行為特質等個人因素的評估。例如：在人口學、社會學方面的危險因素為非親生父母、年輕的單身父母、低教育程度、孩子眾多、社會孤立、父母幼年曾有受虐史等。雖然大多數低社經階層的家庭並不見得會虐待兒童，但是低社經亦為重要的關注因素，因為低社經常會與不良的溝通、負面的親子溝通有所連結（Milner, 1995）。

在生物學的危險因素方面，有精神病理、心理社會、身體健康問題等。相關研究顯示對兒童施以身體虐待者，有較多身體上的障礙與健康問題（Conger, Burgess, & Barrett, 1979；引自 Milner, 1995）。

在認知與情感方面的危險因素，最主要為人格特質，包括：低自我能力、低自尊、外控型、易歸咎他人。而不適當的兒童發展知識、對兒童行為不切實際的期待、對兒童行為的負面感受與評估等，也要特別注意。在情緒方面的危險因素為：負面的情緒，如憂鬱、孤獨、焦慮、憤怒等。在行為方面的危險因素為：酗酒、藥物濫用、依附問題、親子互動問題、不適當的人際技巧、低挫折容忍力等（Milner, 1995）。

（二）家庭層面

評估家庭的主要危險因素包括：缺乏社會資源、居住在不適當的環境中、父母婚姻的問題，如婚姻暴力是兒童虐待的高危險因素，造成家庭中的口語、肢體衝突與社會孤立的升高、缺乏家庭凝聚力等（Milner, 1995）。

貳、兒童虐待加害人的社會工作處遇

一、親職教育

《兒童及少年福利與權益保障法》第 102 條第一至三項規定父母、監護人或實際照顧者對兒童及少年有身心虐待、遺棄、疏忽及有害身心健康行為者，主管機關應命其接受四小時以上五十小時以下之親職教育輔導，若不接受親職教育輔導或不完成時數者，則處以罰鍰，處罰至其參加為止。在《兒童及少年性剝削防制條例》第 29 條，對於違反兒童少年性剝削防制條例之父母、監護人或主要照顧者，規定主管機關應命其接受八小時以上五十小時以下之親職教育輔導，並得實施家庭處遇計畫。

二、家庭處遇計畫

各縣市政府委託民間社會福利機構對返家後的受虐兒童少年及家庭實施家庭處遇計畫，目的在透過專業的工作方法，協助兒童及少年的心理復原、增進父母親職能力、提升家庭功能、減低兒童及少年再受虐、促進家庭重建。方案內容包含：(1)個案工作：定期的訪視關懷、提供情緒支持、經濟補助、協助就醫或戒癮、輔導就業、提供托育、安排就學、課業輔導、法律服務、諮商輔導等；(2)團體工作：提供父母親職教育、親子互動技巧、自我探索、減壓課程，並提供兒童及少年的自我探索、休閒團體等。

第四節 結語

對加害人研究的了解，可知多半在幼年時期經歷被忽視或暴力的經驗。在暴力情境中成長的孩子容易受負面影響，不被愛的孩子難以學習去愛，無法培養自尊與自信，難以尊重他人，甚至複製暴力行為。也許，有的人在青少年期就顯現出反社會型人格特徵，開始出現偏差行為。有的人在親密關係交往時，對伴侶暴力相向，當對方提出分手時，感到極度焦慮不安，而傷害對方或造成對方致死。有的人結婚後對配偶或孩子施以暴力，傷害家庭關係。這都是可能發生的循環過程，要阻斷這樣的循環，有賴各系統的合作。加害人的處遇在協助其學習如何自重與尊重，使其感覺到被愛與被關心，而能學習問題解決的方法，不再以暴力行為因應，方有機會使家庭與社會安全和諧。

延伸閱讀

❖ 性侵害

李宛蓉（譯）（1999），J. Douglas & M. Olshaker 著。《惡夜執迷》。臺北：天下文化。

電影：《X 公民》或譯《獵殺 X 計劃》（*Citizen X*）。

電影：《陌生的孩子》（*Changeling*）。

影片：《梅根法案》與《潔西卡法案》的解說。網址：https://www.youtube.com/watch? v=9Ifwxin2J2k

❖ 家庭暴力

劉清彥（譯）（2005），G. Dahle 著，S. Nyhus 繪。《生氣的男人》。臺北：維京。

羅吉希、陳麗如（著），黃純玲（繪）（2005）。《象爸爸著火了》。臺北：勵馨社會福利基金會。

紀錄片：《與愛無關》（從加害者的觀點看家庭暴力）。郭笑芸導演，內政部家庭暴力及性侵害防治委員會。

Chapter 14

監護權及收出養評估

基於《兒童權利公約》視兒童及少年為一完整而獨立的個體，尊重並保障其基本人權的精神。民國 101 年公布的《家事事件法》立法宗旨在妥適、迅速、統合處理家事事件，維護人格尊嚴，保障性別地位平等，謀求未成年子女的最佳利益。將家事事件分為甲、乙、丙、丁、戊等五大類，包含婚姻、離婚、監護、輔助、收養、認領、扶養、民事保護令、死亡宣告等事件。本章介紹監護權、會面交往、收養與認領等項目，均為家事事件常見的社會工作服務項目。

監護權

壹、監護權的意義及類型

一、監護權的意義

《民法》第 1091 條規定：「未成年人無父母，或父母均不能行使、負擔對於其未成年子女之權利、義務時，應置監護人。」可知父母為未成年子女之法定監護人，是行使、負擔對於未成年子女之權利與義務者。因此，

「監護權」是對未成年子女的責任，而「監護權」的真諦，並不在擁有孩子、視孩子為財產或工具，而是在協助孩子健康地成長與發展。

二、監護權的類型

劉宏恩（1996）指出在「父母決定權」（parental decision making）的基礎上，可分為「法律上的父母權」（legal parental authority）及「事實上的父母權」（physical parental authority）。「法律上的父母權」是指：對於有關子女長期利益、教育、醫療照顧、宗教或其他對子女生活有重大影響的決定權；而「事實上的父母權」是指：對於僅影響子女日常生活的活動，如夜宿於朋友家、參加朋友聚會、使用父母的汽車等之決定權。有以下幾類型：

(一) 單獨監護（sole custody）

僅由父母其中一方同時獲得法律上及事實上的監護，另一方不享有子女之監護權，但其保有與子女之探視權。

(二) 分配監護（divided custody）

父母雙方皆獲得對子女法律上及事實上的監護，然而基於一種交替的安排，父母的決定權會隨著子女與何者同住及子女的學區而輪換，如每隔半年輪替。如果父母雙方皆與子女住在同一地區，則可能每週一次輪換。

(三) 共同監護（joint custody）

父母雙方共享對於子女之法律上監護，但子女僅與父母其中一方同住，而由該同住之父或母享有對子女之事實上監護，有權決定子女之一般性日常生活事務。

(四) 分割監護（split custody）

適用於離婚夫妻有超過一個以上的子女，即其中一個或數個子女之法律上及事實上監護皆由父母其中一方擔任，而其他子女之法律上及事實上監護則由另一方擔任，父母雙方均會被相互賦予探視他方所監護子女的權利。

貳、監護權評估的法源依據

一、監護權的改定

會發生子女監護權改定情形，可能是父母皆過世、父母無力照顧或不適任、父母離婚等因素，其中以離婚改定監護情形為多。《民法》第1049條、1050條規定兩願離婚的方式，夫妻兩願離婚者，得自行離婚，應以書面為之，有二人以上證人簽名，並向戶政機關登記。非兩願離婚者，《家事事件法》第23條規定離婚事件於請求法院裁判前，應經法院調解，由家事調解委員調解。離婚經法院調解或和解成立者，依《民法》第1052-1條規定，法院應通知戶政機關。若調解或和解無法成立，則進入離婚訴訟程序，由法院裁判離婚、未成年子女監護等事宜。在離婚裁判之前，亦可經雙方同意，安排家事商談（family mediation），協助釐清問題、增進溝通、促進合作及解決問題，尋求雙贏的結果。圖14-1、14-2、14-3分別為家事調解室、一般家事法庭及溝通式家事法庭座位圖。

圖 14-1　家事調解室

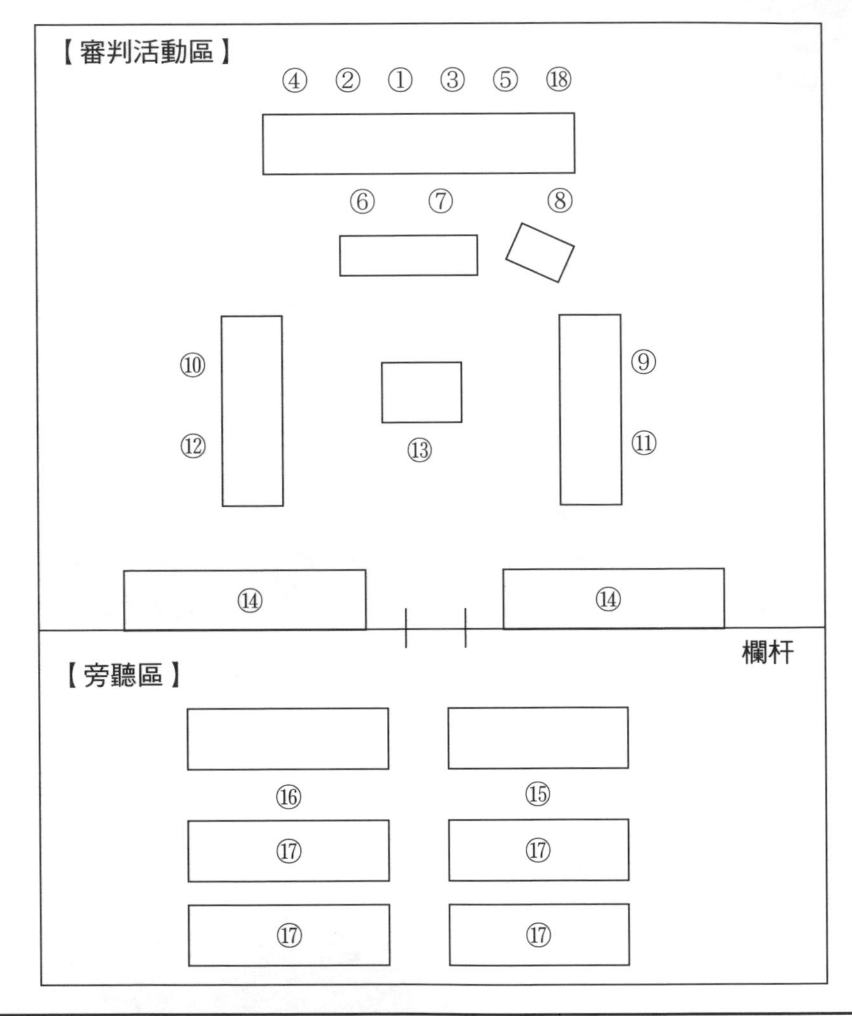

說明：（編號在框內者，僅置座椅，但必要時得於審判活動區內席位置桌）

①審判長席
②法官席
③法官席
④法官席
⑤法官席
⑥書記官席
⑦通譯、錄音、卷證傳遞席
⑧家事調查官
⑨原告（上訴人、聲請人、參加人）代理人（含程序監理人）席
⑩被告（被上訴人、相對人、參加人）代理人（含程序監理人）席
⑪原告（上訴人、聲請人、參加人）席
⑫被告（被上訴人、相對人、參加人）席
⑬應訊臺（供當事人以外之人應訊用）
⑭證人、鑑定人、獨立參加人、關係人（含程序監理人）席
⑮學習法官（檢察官）席
⑯學習律師、記者席
⑰旁聽席
⑱調辦事法官席

註：陪同人坐於被陪同人之側

圖 14-2　一般家事法庭布置圖

資料來源：全國法規資料庫網站 http://law.moj.gov.tw/，查詢日期：2022 年 6 月 20 日。

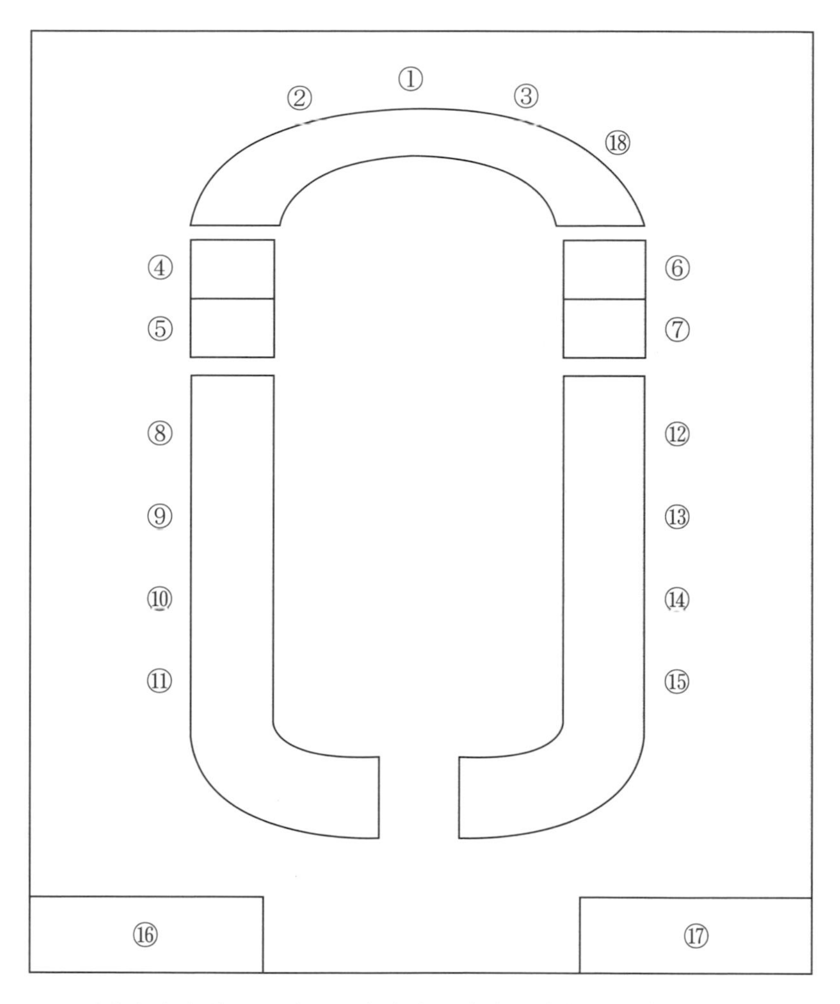

（全部席位均置於地面，無高度。實際尺寸依現場情形調整）

說明：（編號在框內者，僅置座椅，但必要時得於審判活動區內席位置桌）

①審判長席	⑦關係人（證人、鑑定人）席	⑬被告（相對人）席
②法官席	⑧原告代理人席	⑭陪同社工席
③法官席	⑨原告（聲請人）席	⑮程序監理人席
④書記官席	⑩陪同社工席	⑯證人、鑑定人席
⑤通譯、錄音、卷證傳遞席	⑪程序監理人席	⑰關係人席
⑥家事調查官席	⑫被告代理人席	⑱調辦事法官席

圖 14-3　溝通式家事法庭布置圖

資料來源：全國法規資料庫網站 http://law.moj.gov.tw/，查詢日期：2022 年 6 月 20 日。

未成年子女監護權的相關法律，規定於《民法親屬編》的第 1055、1055-1、1055-2 條，及〈監護章〉未成年子女監護的第 1091 至 1109-2 條。而未成年的監護事件處理，規定於《家事事件法》的第 120 至 124 條。

夫妻離婚之關於未成年子女權利義務之行使或負擔，未協議或協議不成，依《民法》第 1055 條第一項得由法院依夫妻之一方、主管機關、社會福利機構或其他利害關係人之請求或依職權酌定之。

而當父母均不適合行使職權時，法院依職權選定監護人，第 1055-2 條規定：「父母均不適合行使權利時，法院應依子女之最佳利益並審酌前條各款事項，選定適當之人為子女之監護人，並指定監護之方法、命其父母負擔扶養費用及其方式。」這多半是發生在父母不適任、家庭功能解組的情形下，如兒童虐待。

若因家庭暴力因素而改定監護，依據《家庭暴力防治法》第 44 條：「法院依法為未成年子女酌定或改定權利義務之行使或負擔之人或會面交往之裁判後，發生家庭暴力者，法院得依被害人、未成年子女、直轄市、縣（市）主管機關、社會福利機構或其他利害關係人之請求，為子女之最佳利益改定之。」

當父母均不能行使監護時，未成年人的法定監護權，在《民法》第 1094 條第一項：「父母均不能行使、負擔對於未成年子女之權利義務或父母死亡而無遺囑指定監護人，或遺囑指定之監護人拒絕就職時，依下列順序定其監護人：一、與未成年人同居之祖父母。二、與未成年人同居之兄姊。三、不與未成年人同居之祖父母。」同條第三項：「未能依第一項之順序定其監護人時，法院得依未成年子女、四親等內之親屬、檢察官、主管機關或其他利害關係人之聲請，為未成年子女之最佳利益，就其三親等旁系血親尊親屬、主管機關、社會福利機構或其他適當之人選定為監護人，並得指定監護之方法。」

二、社會工作者擔任訪視評估者的法源

我國法院在裁判子女監護權之前，請社工人員進行評估調查，做成報告以為審酌。《民法》第 1055-1 條規定法院在裁判時，應依子女的最佳利益，審酌一切情狀，除參考社工人員之訪視報告或家事調查官之調查報告外，並得依囑託警察機關、稅捐機關、金融機構、學校及其他有關機關、團體或具有相關專業知識之適當人士就特定事項調查之結果認定之，並特別注意下列事項：

1. 子女的年齡、性別、人數及健康情形。
2. 子女的意願及人格發展之需要。
3. 父母的年齡、職業、品行、健康情形、經濟能力及生活狀況。
4. 父母保護教養子女的意願及態度。
5. 父母子女間或未成年子女與其他共同生活之人間之感情狀況。
6. 父母之一方是否有妨礙他方對未成年子女權利義務行使負擔之行為。
7. 各族群之傳統習俗、文化及價值觀。

此為考量子女最佳利益之審酌事由，並臚列評估的項目與內涵，也明示社工人員在擔任監護權評估（child custody evaluation）的角色，目前各縣市的訪視評估業務多委託民間社會福利機構執行。法院在選定或改定監護人時，依《民法》第 1094-1 條規定應注意下列事項：

1. 受監護人之年齡、性別、意願、健康情形及人格發展需要。
2. 監護人之年齡、職業、品行、意願、態度、健康情形、經濟能力、生活狀況及有無犯罪前科紀錄。
3. 監護人與受監護人間，或受監護人與其他共同生活之人間的情感及利害關係。
4. 法人為監護人時，其事業之種類與內容，法人及其代表人與受監護人之利害關係。

參、監護權評估

一、綜融式評估模式

評估兒童的監護權，應以綜融式（comprehensive）的方式進行，評估要項為：父母個別狀況、孩子的狀況、父母與孩子的關係、爭取監護權的動機、孩子的需求等；也應與家庭以外的人接觸與了解，如老師、社會福利機構，甚至是照顧孩子的保母等（Melton et al., 1997）。

評估過程應對父母與兒童進行全面的觀察及會談，最好是進行家訪，能觀察到最自然真實的資料；並從第三者訪談中蒐集資料，如父方及家屬、母方及家屬、兒童及手足、學校老師、兒童之重要他人及環境進行了解；也可透過心理測驗方法，施以特定的心理測驗協助評估，表 14-1 是監護權評估的訪談指引（Melton et al., 1997）。實務上，仍以會談與觀察為主要評估方法，由於我國社會工作專業養成過程中，不具心理測驗的訓練背景，若須心理測驗資料，應轉介心理師施測。理想上，監護權的評估盡可能進行多方訪視、蒐集多元資訊、進行多元檢視，以做出確實的評估。

二、評估過程的詢問

經由會談、觀察、測驗、相關資料、撰寫報告完成評估。分別與父母、兒童或重要他人進行訪談，蒐集以下資料（Ackerman, 1995）：

(一) 與父母會談

父母的居住地點、工作地點、教育史、先前的心理或精神處遇、酒癮或藥物濫用史、法律上的問題、原生家庭概況、發展上的重大事件、性侵害史、目前醫療的情形、父母生活中的主要壓力、之前的婚姻生活經驗等。

(二) 與兒童會談

訪視調查者與兒童的會談，應包括以下問題：

表 14-1 評估監護權的詢問指引

- **父母的婚姻關係與家庭結構**

1. 父母對於另一方接近孩子、探視孩子的態度：
   1-1 如何與孩子談論分居與離婚事宜
   1-2 父母如何與孩子談論另一方父母
   1-3 父或母若獲得監護權，其對於探視與作決定的目標
2. 父母與孩子之前或目前的關係情形，以及對於照顧孩子的責任：
   2-1 對懷孕與出生的反應
   2-2 早期的照顧情形
   2-3 目前的照顧情形
   2-4 處罰的方式與情形
   2-5 休閒活動
   2-6 互動型態
   2-7 對虐待或疏忽的解釋
3. 父母目前的生活及工作安排：
   3-1 有誰同住在家中
   3-2 與重要他人的互動
   3-3 日間照顧、保母安排
   3-4 學校與學區的情形
4. 父母的情緒功能與心理健康：
   4-1 離婚之前或目前是否有藥物濫用或依賴及處遇情形
   4-2 之前或目前的心理健康問題及處遇
   4-3 對於離婚的情緒反應

- **孩子對父母、目前的生活安排與探視，以及未來安置的態度**

1. 孩子對父與母的描述與概念化：
   1-1 處罰的方式與情形
   1-2 休閒活動
   1-3 對虐待或疏忽的解釋
2. 孩子的情緒功能與心理健康：
   2-1 離婚之前或目前是否有藥物濫用或依賴及處遇情形
   2-2 之前或目前的心理健康問題及處遇
   2-3 對於離婚的情緒或行為（如問題行為）反應
3. 孩子在父母離婚之前與之後的社會、學業、職業功能

資料來源：Melton et al. (1997: 502).

1. 你與媽媽／爸爸從事什麼樣的活動？

2. 誰帶你去學校上學？

3. 誰會去參加學校的會議或活動？

4. 你與祖父母／叔舅／姑嬸／表兄弟姊妹或堂兄弟姊妹都從事什麼樣的活動？

5. 是誰協助你做功課？是誰帶你去看醫生？

6. 家規是什麼？是誰在執行家規？

7. 家中是媽媽或爸爸在煮飯？

在針對監護權歸屬方面的了解，可以詢問兒童下列問題：

1. 如果法官說你應該與爸爸同住，你會有什麼感覺？如果法官說你應該與媽媽同住，你會有什麼感覺？不管兒童的回答為何，若是其回答並未詳述，則需要進一步去澄清其回答的原因。詢問者勿引導兒童回答所欲之答案。

2. 其次，詢問兒童想多久看一次媽媽或爸爸？對於其回答也應詳細探討。

3. 繼之，詢問兒童，如果做錯事時，是媽媽或爸爸在處罰？如果是身體的處罰，則進一步探詢處罰的方式及程度，若涉及虐待情事之虞，必要時應進行通報。此外，詢問媽媽或爸爸是否曾經傷害過兒童？以及媽媽是否曾傷害過爸爸？爸爸是否曾傷害過媽媽？應進一步檢核與確認這些問題。

4. 詢問兒童，媽媽或爸爸是否在今天的會談之前，曾事先告知兒童要確實回答？

5. 詢問兒童是否曾看過媽媽或爸爸喝酒？評估父母是否酗酒或藥物濫用。

6. 詢問兒童，媽媽或爸爸是否曾告知將離婚的事？以評估父母所傳達給兒童的資訊為何，是否充滿了負面的訊息。

社會工作者在整理訪談、觀察記錄、心理測驗結果等資料後，提出符合子女最佳利益的監護安排計畫及建議。子女的最佳利益應建立在照顧者

能夠積極、勝任並足以為子女提供溫暖、安全、穩定、養育及負責任的親職照顧等需求。監護安排計畫必須考量父母在離婚後彼此的敵意，並應優先考慮建議將子女交出較能使子女免於受敵意傷害之一方監護，此通常是對他方較為友善之一方（Melton et al., 1997）。此外，子女的年齡、身心發展階段、性別、特殊需求（如：身心障礙）、敏感度等因素，父或母是否能滿足此等特殊需求或考量，皆應在計畫及建議中說明，而有關於「會面交往安排」的計畫與建議，亦同。

三、我國的監護權評估

訪視調查項目有以下十餘項，社會工作人員根據調查內容綜合結果，完成報告與建議。

1. 基本資料：未成年子女、父母之基本資料，如年齡、性別、家人數、子女數、家庭互動概況等。
2. 居家環境：客觀觀察受訪者的居家環境。
3. 經濟狀況：父、母的職業、收入及對孩子未來教養費用的規劃。
4. 健康狀況：父、母、孩子的身體健康、心理健康、環境適應能力。
5. 婚姻生活：父、母若已再婚或有同居人，了解其互動情況。
6. 親子關係：父、母與孩子的互動、親子關係狀況。
7. 社會支持：父、母生活環境中的社會資源體系，包含正式（社會福利、醫療、學校、宗教等機構）及非正式（親戚、鄰居、朋友等）支持系統。
8. 監護動機：父、母提出監護的理由、對孩子的養育計畫、父母之一方是否有妨礙他方對未成年子女權利義務行使負擔之行為。
9. 親職能力：養育子女的能力、親子互動、溝通技巧的能力。
10. 探視權的態度：對於未爭取到監護權之一方，可探視孩子的態度。
11. 多元文化：考量不同族群之傳統習俗、文化及價值觀。
12. 其他重要他人的意見。
13. 孩子的意願：未成年子女與監護人生活之意願、人格發展之需要。
14. 評估建議：綜合以上訪視內容作成評估建議。

肆、家事調查官

一、家事調查官之法源

家事調查官是依據《家事事件法》所設置，規定於第 18 條第一、二項：「審判長或法官得依聲請或依職權命家事調查官就特定事項調查事實。家事調查官為前項之調查，應提出報告。」亦即為依法官指示而就家事事件進行特定調查之法院人員，主要是透過家事調查官的報告，提供法官了解隱藏於家事紛爭背後的真正議題，進而做出正確的判決（詹涵儒，2017）。

二、職務內容

家事調查官須經國家考試及格任用，職務內容規定於《家事事件審理細則》第 33 條：「家事調查官承審判長或法官之命，就家事事件之特定事項為調查，蒐集資料、履行勸告，並提出調查報告、出庭陳述意見，或協調連繫社會主管機關、社會福利機關或其他必要之協調措施。」

主要職務內容為調查及蒐集資料（《家事事件審理細則》第 34、37、38 條）、提出調查報告（《家事事件審理細則》第 33、37、38 條）、出庭陳述意見（《家事事件法》第 18 條、《家事事件審理細則》第 40 條第一項）、履行勸告（《家事事件法》第 187 條第三項、立法說明）、連結及轉介資源等（《家事事件審理細則》第 57 條）（詹涵儒，2017）。

三、調查報告

家事調查官依據職權調查家事事件，最終提出調查報告，依《家事事件審理細則》第 37 條，於調查事項範圍內進行實地訪查，就事件當事人、關係人的身心狀況、家庭關係、生活、經濟狀況、經歷、居住環境、親職及監護能力、有無犯罪紀錄、有無涉及性侵害或兒少保護通報事件、資源網絡等事項為必要之調查。並依據本法第 34 條所列內容提出調查報告，包

含：1.未成年子女、受監護或輔助宣告人、被安置人之意願、心理、情感狀態、學習狀態、生活狀況、溝通能力及其他必要事項。2.評估當事人或關係人會談之可能性。3.進行親職教育或親子關係輔導之必要性。4.進行心理諮商、輔導或其他醫療行為之必要性。5.其他可連結或轉介協助之社會主管機關、福利機關或團體。

調查報告書內容，如《家事事件審理細則》第38條：「家事調查官應依審判長或法官之命提出調查報告，並向審判長或法官為報告。前項調查報告未定期限者，應於接獲命令後二個月內完成。但經審判長或法官允許者，至多延長一個月，並以一次為限。調查報告書應記載下列事項：一、當事人及關係人姓名、出生年月日、住所、現居所、可辨別身分之證件號碼及電話號碼。二、指定調查之特定事項。三、調查之方法。四、與調查事項有關當事人、關係人之身心狀況、家庭關係、生活、經濟狀況、經歷、居住環境、親職及監護能力、資源網絡等事項。五、涉及未成年子女、受監護或輔助宣告或被安置人，其意願或意見。六、與本案有關之評估、建議或其他與調查事項有關之必要事項。七、總結報告。八、年、月、日。調查報告之內容有涉及隱私或有不適宜提示當事人或關係人為辯論或令陳述意見者，應於報告中載明。未成年子女陳述意願，經表示不願公開者，亦同。家事調查官應於調查報告書簽名，並記載報告日期。」

此外，為未成年子女之利益，法院得連結社會資源，提供父母等關係人親職教育或諮商服務，此亦得作為處理家事事件之參考。《家事事件審理細則》第 15 條第一項及第二項：「法院處理涉及未成年子女之家事調解、訴訟或非訟事件時，得連結相關資源，通知未成年子女之父母、監護人或其他協助照顧子女之關係人，接受免付費之親職教育、輔導或諮商；參加者表明願自行支付費用時，亦得提供付費資源之參考資料，供其選用參與。父母、監護人或關係人參與前項親職教育、輔導或諮商之情形，得作為法院處理相關家事事件之參考。」

伍、家事調解委員

一、家事調解委員之法源及資格

家事調解委員是擔任離婚事件在法院裁判前的調解者，依據《法院設置家事調解委員辦法》設置。其產生方式，一般由法院發函給縣市政府社會局、律師公會、社工師公會、心理師公會等專業單位推薦人選。根據第 4 條規定擔任調解委員之資格，應具有性別平等意識、尊重多元文化觀念及下列資格之一：曾任法官、律師、醫師、心理師、社工師，具有法律、醫療、心理、社會工作、教育或其他具有家事調解所需相關專業之學經歷，具有家事調解專業經驗以及豐富社會知識經驗者。並就品行端正、著有信譽、對調解工作有熱誠、生活安定且有充裕時間、身心健康有說服能力者，優先遴選聘任。

二、家事調解委員之訓練及聘任

家事調解委員受聘任前應受過專業訓練課程至少三十小時，包含家事相關法令、家庭動力與衝突處理、社會正義與弱勢保護（含兒童少年保護、性別平權、新移民與多元文化等）、家庭暴力處理、家事調解處理及案例演練。任期間，每年應接受專業講習課程至少十二小時。聘期為一年一聘，期滿得續聘。調解期日到場之日費每次五百元。法院亦設有評核機制，每年舉辦家事調解委員評鑑，決定是否予以解任及聘任。

陸、程序監理人

一、程序監理人之法源

為維護未成年子女在父母離婚事件及監護權歸屬之權益，以及因身心障礙或其他原因而聲請受監護宣告者之權益，依據《家事事件法》第 15

條，法院得依聲請或職權選任程序監理人。其選任規定於第16條，就社會福利主管機關、社會福利機構所屬人員、律師公會、社會工作師公會或其他類似公會所推薦之適當人員，經法院選任擔任。

二、程序監理人之職務

程序監理人的職務有：進行家事事件之一切程序行為、訴訟文書的利用（向法院聲請閱覽卷宗內的文書、抄錄卷宗內的資料，或影印相關資料）、向受監理人說明程序進行、與受監理人會談、與特定家屬會談並參與調解程序等。在未成年人方面，主要協助其在家事事件程序的進行，並就其生心理狀態與個別父母相處情形進行深入了解及評估，提供法官有關未成年人之心理與社會狀態、父母及家庭互動的深入了解，作為審酌之參考。在受監護宣告者方面，程序監理人是代表其在程序的權益保障，訪談聲請人、關係人、安置機構相關人員，評估受監護宣告者之生心理狀態、受照顧情形、聲請人與關係人之訴求、參與或促成調解。

程序監理人之酬金依據《程序監理人選任及酬金支給辦法》，主要由聲請人及關係人支付，酬金在五千元至三萬八千元，包含個別訪談、家庭訪談、往來交通、報告撰寫、出庭陳述等費用。

三、評估報告

根據訪談及訪視結果，撰寫工作紀錄及評估報告。報告內容包含：工作過程及內容、對當事人的生心理評估、雙方的照顧與教養、親職互動、醫療情形、對監護的看法、提出對監護或監護宣告之權利義務行使負擔義務的具體建議及可行作法。

第二節 探視權

壹、探視權的意義

一、探視權的定義

伴隨著監護權而來的是探視權，即法律上所稱之「會面交往權」（visitation right）。父母之中的一方雖已無或暫時無監護權利，但是仍擁有對子女的探視權利。一方面維繫親情上的情感與親權關係，另一方面，也使子女能於父母關係仍友善的情形下，在受到父母關愛的環境中成長，有助其未來身心發展及適應。因此，探視權對於父母雙方及子女，具有重要意義。

二、探視權的重要性

洪遠亮（2014）指出《民法》第 1055-1 條第一項第六款所列之最佳利益的提示性規定，載明「擁有監護權一方的父母不可阻礙另一方對未成年子女的權利義務行使負擔之行為」，此為「善意父母原則」，旨在保障兒童能受到來自於父母雙方之關心，延續親子與依附關係。故當父母離異或無法擔負起照顧子女之責時，另一方父母仍能保有會面交往權利，此為國家具有監督介入保障未成年子女與另一方父母的親情維繫的責任，呼應《兒童權利公約》之內涵。

貳、探視權的法源及實施

未成年子女會面交往的進行方式及期間，均由調解委員或法官判決時載明，雙方於離婚之後應依循執行，若有一方違反者，另一方可依法請求法院變更之。如《民法》第 1055 條第五項：「法院得依請求或依職權，為未行使或負擔權利義務之一方酌定其與未成年子女會面交往之方式及期間。

但其會面交往有妨害子女之利益者，法院得依請求或依職權變更之。」

在家庭暴力事件中，因保護令將相對人與被害人隔離，但相對人仍具有探視子女權利。為保護被害人及未成年子女，相對人欲探視子女時，須遵守《家庭暴力防治法》相關規定，在第三人或機關團體監督下會面交往，依據該法第45條：「法院依法准許家庭暴力加害人會面交往其未成年子女時，應審酌子女及被害人之安全，並得為下列一款或數款命令：一、於特定安全場所交付子女。二、由第三人或機關、團體監督會面交往，並得定會面交往時應遵守之事項。三、完成加害人處遇計畫或其他特定輔導為會面交往條件。四、負擔監督會面交往費用。五、禁止過夜會面交往。六、準時、安全交還子女，並繳納保證金。七、其他保護子女、被害人或其他家庭成員安全之條件。」

會面交往應於規定處所進行，並由受過訓練之專業人員協助，《家庭暴力防治法》第46條規定：「直轄市、縣（市）主管機關應設未成年子女會面交往處所或委託其他機關（構）、團體辦理。前項處所，應有受過家庭暴力安全及防制訓練之人員；其設置、監督會面交往與交付子女之執行及收費規定，由直轄市、縣（市）主管機關定之。」亦即若涉及家庭暴力事件之親子的會面交往是透過第三單位的安排下進行，而非私下的聯繫進行，以保障雙方權益及子女安全。

第三節 收養與認領

壹、收養的意義

一、收養與出養

(一) 收養

收養（adoption）又稱領養，在《社會工作辭典》定義為：在協助一般喪失親生父母的兒童，或有特別理由而不能由親生父母撫育的兒童能獲得永久的家庭；收養是無血緣關係的雙方建立親子關係，使兒童能獲得父母，收養父母能覓得子女，須經法律及社會工作的程序（丁碧雲，1992）。

《民法》第 1072 條定義收養父母與子女的關係，收養他人的子女為子女時，其收養者為養父或養母，被收養者為養子或養女。

（二）出養

當某些家庭面臨困境，使得兒童無法和父母共同生活時，透過專業機構的安排，替兒童尋找一個家庭，此為出養。收養人在完成收養程序之後，與被收養兒童即是法律上的父母子女關係，收養人擔負起父母的責任、義務與權利。

出養與收養是同樣的意思，只是主體與客體不一樣，為相對的概念；出養是將兒童出養給收養人，而收養是收養來自於出養人的孩童，均為法律上的收養概念。

二、收養的法源

收養的相關法規於《民法》第 1072 至 1083-1 條，及《兒童及少年福利與權益保障法》第 15 至 21 條。有關收出養事件的處理規定在《家事事件法》第 114 至 119 條中。

（一）收養的原則及要件

《民法》第 1079-1 條明示法院為未成年人被收養之認可時，應依養子女最佳利益。收養的相關要件及效力分別為：

1. 年齡

《民法》第 1073 條規定收養者的年齡，應長於被收養者二十歲以上。夫妻共同收養時，夫妻之一方長於被收養者二十歲以上，而他方僅長於被收養者十六歲以上，亦得收養。夫妻之一方收養他方之子女時，應長於被收養者十六歲以上。

2. 不得收養為養子女的限制

《民法》第 1073-1 條規定直系血親、直系姻親（夫妻一方收養他方子女者除外）、旁系血親在六親等以內及旁系姻親在五親等以內，輩分不相當者，不得收養為養子女。

3. 夫妻共同收養

《民法》第 1074 條規定夫妻收養子女時，應共同收養，除非是夫妻之一方收養他方子女，或夫妻一方不能為意思表示或生死不明逾三年。

4. 其他相關規定

《民法》第 1076、1076-1、1076-2 條規定禁止一人同時為二人之養子女、夫妻一方被收養應得配偶同意、子女被收養應得其父母之同意、被收養者未滿七歲應由法定代理人代為並代受意思表示、滿七歲以上者被收養時應得法定代理人同意。

5. 收養之效力

若收養不符合法律要件，得撤銷或無效之規定於第 1079-2、1079-4、1079-5 條。

（二）非婚生子女的認領

《民法》第 1061 條定義婚生子女為：由婚姻關係受胎而生之子女。故在沒有婚姻關係下所生子女為非婚生子女，關於非婚生子女的認領，規定在《民法》第 1059-1、1062 至 1067 條，及 1069 至 1070 條。

1. 受胎期間的推斷及婚生子女的推定及否認

規定於第 1062 與 1063 條，妻之受胎在婚姻關係存續中，推定所生子女為婚生子女。

2. 準正

第 1064 條規定非婚生子女的生父與生母結婚，視為婚生子女，此為準正。

3. 認領的效力、擬制及與生母關係

在第 1065 條規定非婚生子女經生父認領者，視為婚生子女；經生父撫育者，視為認領；非婚生子女與其生母之關係，視為婚生子女，無須認領。子女由母親所生產，自可認定為其所親生子女，無須認領。生父認領或有實際撫育行為，則視為認領。

4. 認領之否認

第 1066 條規定非婚生子女或其生母，對於生父的認領，得否認。

5. 認領之請求

第 1067 條規定非婚生子女及生母或其他法定代理人得向生父提起認領之訴。

6. 認領之效力

第 1069 條規定認領的效力可溯及既往，第 1070 條規定生父認領非婚生子女之後不得撤銷認領的絕對效力，除非其非生父。

7. 認領非婚生未成年子女之權利義務負擔

第 1069-1 條規定認領非婚生子女者，行使及負擔權利義務規定。非婚生子女的姓氏規定於第 1059-1 條。

（三）終止收養關係

收養關係也是可以終止的，終止的程序規定在《民法》第 1080 條，養父母與養子女的關係，得由雙方合意以書面終止之，養子女為未成年人者，並應向法院聲請認可。而終止收養關係，也應依養子女最佳利益為之。終止收養的相關法規在第 1080-1、1080-2、1080-3、1081、1082 條中。

收養終止的原因可能是養父母主動或被動的終止，主動終止的原因多是養父母因個人或家庭因素，不願意或無法提供養子女繼續的家庭生活；被動終止的原因可能是養父母不適任，對子女有不當的傷害行為。

貳、兒童收養的原因與現況

兒童被收養的原因主要為：非婚生子女、父母雙方不能或無法養育、親生父母無法照顧而願意讓人收養、被遺棄、虐待或疏忽、經法院宣告停

止親生父母監護權、無父無母且無親屬可協助撫養等因素。

隨著時代的背景不同，出養原因也有所不同。在過去年代裡，可能是因為家庭經濟因素，無法照顧眾多子女，而將孩子給他人收養。而現代社會裡，可能是未預期懷孕生子、無力養育孩子、父母虐待兒童成為不適任父母、父母因個人原因無力照顧子女、嬰幼兒童被遺棄無人撫養等因素。

參、收養的程序與評估

一、收養的程序

收養應以書面向法院聲請，《民法》第 1079 條規定收養應以書面為之，並向法院聲請認可。

二、收養人的資格

依據《民法》第 1073 條規定收養者的年齡，長於被收養者二十歲以上、法定結婚夫妻、身心健康、無不良嗜好、足夠的經濟能力、能夠參加出養機構所舉辦的說明會及成長團體等各項活動、能依規定接受訪視及進行試養、能接受各項收養規定，家中成員亦能接納，並能真心愛護、照顧被收養兒童者。除此之外，收養人對於收養孩子的誠意、愛心與熱誠更是重要，也是評估收養人適任的指標之一。

三、評估方式

社工人員在協助兒童出養、收養人收養兒童的雙向過程中，一直與出養人、兒童、收養人共同工作。社工人員居中扮演溝通協調的角色，負有評估與溝通的任務，目的在使三方能在兒童的最佳利益原則下，獲得滿意的收出養服務。

在收養過程中，社工人員除了評估收養人是否適任之外；更重要的是與收養人共同工作，協助收養人自我探索、澄清收養動機，共同為兒童做好收養的準備工作。

(一) 協助收養人自我探索並澄清收養目的

社工人員與收養人共同探討為人父母的本質，協助了解身為父母的責任、因收養關係而可能產生的困擾與問題，並澄清其收養的動機、需求、能力與接受度，增進自我覺察，決定是否收養。

(二) 個案及團體工作協助收養人自我檢視

社工人員協助收養人發展對自我的了解，鼓勵收養人認識自己的優勢與弱點，共同討論收養兒童的準備。透過團體工作方式，引導收養人討論，彼此分享，澄清個人收養動機及規劃。

四、收出養服務內容

(一) 諮詢服務

提供有意願成為收養父母關於收養服務內容、相關法律之諮詢等。

(二) 個案管理

對期待收養孩子的父母提供個案管理及個案工作服務，包括：會談、訪視、評估、處遇、轉介、追蹤等工作。

(三) 團體工作

舉辦收養人說明會、親職教育團體、聯誼會或座談會，協助收養人認識及了解兒童身心發展知識、收養孩童的準備、對收養孩童的了解、身世告知、收養人經驗分享、相關法令等，協助收養父母做好心理準備，並能相互支持。

(四) 試養評估

在正式收養之前，先經過試養階段，讓收養人在試養過程中認識孩童、建立關係、評估與孩童的適配性。

（五）追蹤服務

完成法定收養程序成為收養家庭之後，社工人員定期進行訪視收養家庭，協助收養後之適應，提供親職教育等之諮詢。

第四節 結語

「兒童的最佳利益」一直是兒童保護工作的首要原則與中心要旨，任何家長或大人之間的衝突議題，不應犧牲孩子的權益。當父母雙方決定結束婚姻，最首要就是以孩子為中心，從孩子的最佳利益進行親職協議（parenting agreement）[1]，仔細就孩子未來生活的各個面向進行討論與協商（negotiation），協商出最符合孩子的安排。即使雙方離婚，也能以共親職的合作父母方式讓孩子擁有穩固的親子關係，健康成長。透過司法途徑處理家事是不得已的方式，在監護權的調查、評估與裁判，探視權的實施及收養程序中，孩子難以為自己發聲，國家尤應站在保護及倡導其權益的立場協助之。而身為代表國家執行公權力的社工人員，在執行業務時，更應時時刻刻以維護兒童權益為依歸。

延伸閱讀

❖ 離婚

李光福（著），陳盈帆（繪）（2006）。《你爸爸我媽媽》。臺北：小魯文化。

李柏翰（譯）（2017），M. Moscati, B. Enrico, & I. Vittorio 著。《暴風雨後的彩虹：米洛和他爸爸們一起去找調解人》（*Rainbow after the Storm:*

1　關於擬定或協商親職協議，可參考Zemmelman, M. L. (2018). *Building a parenting agreement that works: Child custody agreement step by step*(9 th). United States Law, Berkeley, CA: NOLO.

Mylo and his dads go to the mediator）。
呂秋遠（2021）。《幸福了，然後呢？：你該知道的家事法律》。臺北：三采。
林真美（譯）（1999），K. Stinson 著。《爸爸媽媽不住一起了》。臺北：遠流。
范瑞薇（譯）（2016），G. Kiss 著。《爸爸住在另一個家》。臺北：金蘋果圖書。
黃筱茵（譯）（2012），M. Hoffman 著，R. Asquith 繪。《各種各樣的家：家庭大書》。臺北：維京。
鄭如瑤（譯）（2016），M. D. Smet 著，N. M. Talsma 繪。《我有兩個家》（二版）。臺北：小魯文化。

❖ 監護權

鄭玉英（總策劃），黃心怡、謝子櫻、劉于瑞、宋名萍、蕭丞芳（2022）。《合作父母與親子會面：一群本土社工的看見》。臺北：啟示出版。
電影：《艾芙琳》（*Evelyn*）。
電影：《他不笨，他是我爸爸》（*I am Sam*）。
電影：《克拉瑪對克拉瑪》（*Kramer vs. Kramer*）。
電影：《監護風雲》（*Custody*）。

❖ 收養

劉清彥（譯）（2009），E. Bunting著，R. Himler繪。《開往遠方的列車》。新竹：和英。

Chapter 15

少年偏差行為及犯罪的評估與處遇

青少年犯罪（juvenile delinquency）與偏差行為（deviant behavior），一直是受到關注的社會議題。事實上，暴力少年其實也是暴力的受害者，因身處於家庭暴力、校園暴力及媒體暴力的環境中，不僅可能使人衍生出暴力行為，也可能產生各種心理疾患，如創傷後壓力症、憂鬱症、焦慮症等，因此，犯罪少年不應只是被視為加害人，也應被視為被害人（陳毓文，1999）。本章分別探討少年偏差及犯罪的成因與影響、司法評估及社會工作處遇。

第一節 少年偏差及犯罪的成因與影響

壹、少年犯罪的定義

社會學對少年犯罪的界定，指稱各種一般認為不應出現在少年身上的行為，如偷竊、攻擊、恐嚇、逃學、破壞、物質濫用等；心理學的定義通常包括行為規範障礙症、反社會行為（antisocial behavior）、外部化障礙症（externalization disorder）或是其他的心智障礙情形；法律的定義則是指違反國家所制定的法律之行為（蘇淑貞編譯，2018）。以下從《少年事件處理法》的法律定義說明。

《少年事件處理法》第 1-1 條：「少年保護事件及少年刑事案件之處理，依本法之規定；本法未規定者，適用其他法律。」即十八歲以下的違法行為，原則上依本法處理，並依少年違法的輕重，分為少年保護事件及少年刑事案件兩類型。

一、少年保護事件

少年保護事件係指情節較輕微之行為，《少年事件處理法》第 3 條所規定之虞犯少年，亦列入保護，該條例：「下列事件，由少年法院依本法處理之：一、少年有觸犯刑罰法律之行為者。二、少年有下列情形之一，而認有保障其健全自我成長之必要者：（一）無正當理由經常攜帶危險器械。（二）有施用毒品或迷幻物品之行為而尚未觸犯刑罰法律。（三）有預備犯罪或犯罪未遂而為法所不罰之行為。前項第二款所指之保障必要，應依少年之性格及成長環境、經常往來對象、參與團體、出入場所、生活作息、家庭功能、就學或就業等一切情狀而為判斷。」

二、少年刑事案件

少年刑事案件係指《少年事件處理法》第 27 條移送之案件：「少年法院依調查之結果，認少年觸犯刑罰法律，且有左列情形之一者，應以裁定移送於有管轄權之法院檢察署檢察官：一、犯最輕本刑為五年以上有期徒刑之罪者。二、事件繫屬後已滿二十歲者。除前項情形外，少年法院依調查之結果，認犯罪情節重大，參酌其品行、性格、經歷等情狀，以受刑事處分為適當者，得以裁定移送於有管轄權之法院檢察署檢察官。前二項情形，於少年犯罪時未滿十四歲者，不適用之。」同法第 65 條：「對於少年犯罪之刑事追訴及處罰，以依第二十七條第一項、第二項移送之案件為限。刑事訴訟法關於自訴之規定，於少年刑事案件不適用之。本章之規定，於少年犯罪後已滿十八歲者適用之。」

審理違法少年之機關為少年法院及各級地方法院之少年法庭。我國目前已設立的少年法院為與家事法院合併的高雄少年及家事法院（圖 15-1），其組織規定於《少年事件處理法》第二章，除法官、書記官等職之外，設置心理測驗員、心理輔導員、少年調查官、少年保護官等職務。

圖 15-1　高雄少年及家事法院

涉及刑事案件之少年，若經刑事判決須接受徒刑、拘役、感化教育者，過去皆是入監獄或輔育院接受處分。目前少年監獄及輔育院，皆已改制為矯正學校，如民國 88 年原設於高雄縣的少年監獄改制為明陽中學，設於新竹縣以感化教育受處分人為收容對象的誠正中學。而原桃園少年輔育院、彰化少年輔育院亦於民國 110 年分別改制為敦品中學及勵志中學，均為隸屬於法務部矯正署及受教育部督導之少年矯正學校，兼具行刑矯正及學校教育之機構。

貳、少年偏差與犯罪的成因

一、少年偏差與犯罪的理論

少年偏差與犯罪行為的研究及文獻均從生物生理學、心理學、社會學的觀點探討，例如：在生物生理學方面，探討遺傳、荷爾蒙、神經生理學、生化學、體型學與犯罪的關係；在心理學方面，從心理分析、人格特質與人格障礙、行為主義、認知與道德發展探討與犯罪的關係；在社會學方面，則有社會結構理論（social structure theory）、社會過程理論（social process theory）、社會反應與衝突理論（social reaction and conflict theory）等三大取向的研究。其中屬於社會結構理論者有文化偏差理論（cultural deviance theory）、芝加哥學派（The Chicago School）、緊張理論（strain theory）；屬於社會過程理論者有學習理論（learning theory）、社會控制理論（social control theory）；屬於社會反應與衝突理論者為標籤理論（labeling theory）、多元衝突理論（pluralist conflict theory）、基進衝突理論（radical conflict theory）等（Siegel & Senna, 1991）。

這些理論的探討，均各有解釋的假設與架構。為從實務層面貼近了解少年犯罪的成因，以下分就個人、家庭、學校、社會等面向簡述。

二、少年偏差與犯罪的原因

（一）個人因素

少年本身受遺傳因素影響，以及本身低自我控制、衝動、缺乏自我整合、較為叛逆等身心特質，以及中途輟學經驗、負面生活經驗及因應能力不足等（陳金定，2007）。從年齡來看，兒童晚期及青少年早期是涉入犯罪行為的關鍵時期（Chapple, 2005），需要師長及專業人員關注並及早預防。

（二）家庭因素

家庭生活情境、家庭犯罪史、曾遭受身體虐待、性虐待、住家社區環

境不安全等五個危險因子與少年犯罪有關（Han, 2003）。由於家庭結構功能的變遷，造成家庭在教養方面的壓力，如父母教養的知識與能力不足、父母的生活壓力因應不當以致造成虐待情事，都形成子女的情緒困擾、心理與社會適應壓力，影響子女發生偏差行為（曾華源、郭靜晃，1999）。

此外，已有相當多的研究顯示發生在家庭中的暴力，如父母對子女的虐待、子女目睹家庭暴力，對兒童及少年有相當影響，如情緒困擾、偏差行為、發展遲緩、逃家、物質濫用、自傷、自殺或殺人、偷竊等（陳毓文，1999）。而神經生物學家 Sapolsky 從生物學的觀點也指出，人體的血清素轉運體基因與青少年及成年的攻擊行為之所以有關，童年曾遭受虐待是一重要促進因素（吳芠譯，2019b），亦即童年的受暴逆境增加了攻擊行為。

（三）學校因素

發生於學校的暴力行為，包括學生之間、老師對學生、學生對老師的暴力行為；如親身遭受老師的不當或過度體罰、同儕間的暴力、霸凌，或目睹師生或同學之間的暴力，都使得原本是學習知識、同儕支持的校園成為學生恐懼害怕、不安全的場所；國內外的研究也顯示在控制家庭變項之後，學校暴力與少年的暴力行為呈現正相關，而學校老師體罰學生，則學生的暴力行為也會愈多（陳毓文，1999）。顯然，學校的敵意環境成為青少年偏差與犯罪行為的催化與惡化因素（陳金定，2007）。

（四）社會因素

在社會因素方面，包括與偏差同儕的交往、負面社區環境、傳播媒體等的影響，其中尤以大眾傳播媒體（電視、報紙、電影、網際網路）對少年的暴力偏差行為影響為最。許多研究均顯示大眾傳播媒體影響少年偏差行為，主要是因為兒童及少年尚未具有完全辨別真相與虛構的能力，因此難免會將媒體與生活經驗結合，加上媒體中的暴力常是解決衝突的有效方法，故使其認同暴力，進而以暴力行為來解決真實生活中所面對的問題（陳毓文，1999）。

第二節 少年偏差與犯罪的司法評估

壹、司法評估的意義

一、司法評估的目的

社會工作者在少年刑事司法案件中的職責在提供有關少年的背景資訊予法庭，使法庭做出法律上的判決，目的在保護少年於司法審判過程中的權益，並對少年施以身心治療（Grisso, 1998）。

二、司法評估專業人員

Ackerman（1999）認為評估犯罪少年的專業人員必須具備並熟悉兒童少年的相關法令、司法體系、轉介資源；此外，也須嫻熟兒童少年的發展理論與評估、心理病理知識、記憶與受暗示性、建立關係的能力及會談技巧、法律實務工作原則等專業。

貳、司法評估指引

一、司法評估法源

《少年事件處理法》第 19 條第一項規定對於少年的身心與社會適應狀態，提出評估報告：「少年法院接受移送、報告或請求之事件後，應先由少年調查官調查該少年與事件有關之行為、其人之品格、經歷、身心狀況、家庭情形、社會環境、教育程度以及其他必要之事項，於指定之期限內提出報告，並附具建議。」

二、少年傷害他人的危險因素評估

（一）了解少年的生活環境整體脈絡

在少年犯罪的處遇中，最主要的是進行少年傷害他人的危險因素評估，在此前提下，Grisso（1998）及Melton等人（1997）均強調專業人員必須了解社會脈絡的重要性。也就是說，在評估少年未來傷害他人的可能性時，也必須評估少年未來的社會脈絡，了解少年的生活環境，及其對環境的反應（Grisso, 1998）。

（二）評估過程與要項

在評估的過程中，須了解少年的學校資料（求學史）、學業資料（特定測驗，如智力測驗、成就測驗、特教評估）、心理健康資料、偏差行為紀錄、警察調查報告（筆錄）；其次是與父母會談、與其他第三者會談；最後是與少年會談，內容包括背景資料的蒐集、心理測驗、司法經驗等（Grisso, 1998）。

在調查評估過程中，須針對特定主題蒐集科學性的資料，評估人員須檢核少年犯罪的行為與環境的變項。行為變項包括：物質濫用、偷竊、攻擊行為、一般的問題行為、中輟、低學業成就、說謊等；環境變項包括：低社經地位、父母缺席、缺乏父母的管教、缺乏父母的關心、缺乏良好的教養、父母健康狀況不佳、偏差的同儕等（Nurcombe & Partlett, 1994）。

Melton等人（1997）指出對於少年的評估，通常不只是評估人格功能，也須評估在不同體系社會脈絡下的認知、教育、職業及社會需求。評估內容包括下列各項（Grisso, 1998; Melton et al., 1997）：

1. 臨床的議題

根據研究顯示，具有攻擊性的兒童及少年多來自具有敵意與攻擊性的家庭，而這樣的孩子在青少年時期出現暴力行為的可能性也較高。因此，進行家庭評估可以實際了解家庭互動情形。其次，少年的攻擊行為與無效能的親職教養、家庭功能失調有關，尤其有高比例的犯罪少年家庭，家中父親或母親是缺席的，或是父母關係衝突，這些都是影響少年偏差與暴力行為的原因。

2. 人格功能／人格特質

一般來說，同樣的行為表現，背後可能有其不同的原因，故對心理病理的了解是必須的。衝動性、容易憤怒、缺乏同理心是犯罪少年最主要的人格特質，在進行臨床會談時，須加以留意。

3. 精神疾患

少年的心理健康及精神狀態，如憂鬱症、注意力不足過動症、思覺失調症、創傷後壓力症、腦傷（brain injury）等，都可能是造成犯行的潛在因素。

4. 物質濫用

是否有藥物或酒精濫用情形，物質濫用可能是助長犯行的原因之一。

5. 家庭衝突與攻擊

家庭是影響少年偏差與犯罪的重要原因，因此評估家庭功能與家庭關係相當重要，而且父母或其他家庭成員也可以提供少年成長史的相關資料。此外，法院是執行法律並可能扮演將少年帶離家庭的角色，因此對於家庭的訪視有其必要，專業人員藉此與家庭建立關係並成為提供少年家庭的支持來源，為爾後的處遇計畫做連結。評估家庭動力及衝突，主要應就以下幾方面了解：

(1) 目前的家庭衝突情況，可能會增加少年目前或未來的壓力。

(2) 成長於暴力家庭的少年可能會接受並內化此種暴力。

(3) 少年曾否受到家庭成員的虐待或疏忽。

(4) 家庭具有反社會性的特質，可能會鼓勵少年的犯罪行為。

6. 同儕與社區關係

受到同儕的偏差行為、物質濫用及幫派的影響。須注意協助少年建立正向的同儕支持關係，將是預防未來再犯的一項重要因素。

在社區方面，最主要評估其支持系統，如鄰居、親戚、朋友、老師等，包括少年是否承受社會壓力，以及社會支持度的情形。了解所處社區的支

持與關係，對於少年未來回歸社區的處遇計畫有相當的連結性。因此，對於未來的居住地區也必須加以了解，是否接近容易引起其犯罪的情境。

7. 學業與職業技能

學業與職業技能是建立少年適應社會的一部分，促進少年的學業適應、職業技能的發展可以降低其再犯。

8. 犯罪行為史

少年過去及最近犯行的持續期間、最近的情況、犯行的次數、嚴重性、發生脈絡等。

9. 機會

少年所處之外在環境是否使其更有機會發生傷害性的行為。

（三）對特殊議題少年的評估

1. 年紀較小的少年犯

對於年紀較小，如未滿十二歲的兒童，需留意是否有《精神疾病診斷與統計手冊》的行為規範障礙症之診斷，尤須留意長期的犯行。其診斷準則為：違反他人基本權利或違反與其年齡相稱的主要社會常規或規範，在過去十二個月中出現下列準則中的三項（或三項以上），而至少有一項是發生在過去六個月內；此行為已在臨床上造成社交、學業，或職業功能的減損；若已年滿十八歲，則應未達符合反社會型人格障礙的診斷準則（孔繁鐘、孔繁錦編譯，1998；台灣精神醫學會譯，2014）：

攻擊他人及動物

(1) 經常欺凌、威脅或恐嚇他人。

(2) 經常引發打架。

(3) 曾使用能造成他人嚴重身體傷害的武器（如：棍棒、磚塊、敲碎的玻璃瓶、刀、槍械）。

(4) 曾對他人施加殘忍的身體凌虐。

(5) 曾對動物施加殘忍的身體凌虐。

(6) 曾直接對受害者進行竊取（如：從背後勒頸搶劫、扒竊、強奪、持械搶劫）。

(7) 曾強迫他人進行性行為。

破壞財物

(8) 曾故意縱火以意圖造成嚴重損害。

(9) 曾故意毀損他人所有物（縱火除外）。

詐欺或偷竊

(10) 曾侵入他人住宅、建物或汽車。

(11) 經常說謊以獲取財物或利益，或逃避義務（欺詐他人）。

(12) 曾在未直接面對受害者的狀況下，偷竊價值不菲的物件（如：未破壞門窗或闖入的順手牽羊；偽造）。

嚴重違反規範

(13) 經常不顧父母禁止，深夜在外遊蕩，在十三歲之前即有此行為。

(14) 住在父母家或監護人家時，至少兩次逃家在外過夜（或曾有一次長時間逃家不歸）。

(15) 十三歲之前開始經常逃學。

從流行病學「早期發現、早期治療」的觀點，對於年紀輕的少年犯更應及早預防，否則日後可能具有反社會型人格。而在評估時應更仔細了解他們在家庭、同儕、學校、社區中的成長與行為發展過程。

2. 少年性侵犯

對於少年性罪犯尤須注意下列特徵：情緒表達及人際互動較為缺乏，通常感受孤獨寂寞，且有高度焦慮、困擾，特別是來自於虐待的家庭。

三、治療與預後的評估

對於偏差與犯罪少年的治療與預後評估，可從以下幾個面向詳加了解（Grisso, 1998）：

1. 健康與醫療史。
2. 家庭與社會背景。
3. 學業與智能背景。

4. 人格描述（人格與發展）。
5. 臨床診斷描述。
6. 偏差行為與司法史。
7. 對過去治療成效的反應。
8. 傷害的危險性。

四、撰寫司法評估報告

（一）撰寫報告的原則

提供給法庭的評估報告，除了參酌本書第七章所列要點之外，亦兼具下列原則（Grisso, 1998）：

1. 教育性：書面報告的目的在協助法庭、觀護人、律師等人了解少年的背景，因此須以簡單、容易理解的方式（避免專有名詞及術語）呈現。

2. 提供具體資訊：提供有關少年的歷史背景資料、人格特徵、家庭及社會脈絡的描述，對未來的治療或處遇提供建議。

3. 全面性：對於少年所有的資料及基本描述應完整，能夠支持所提供的建議。

4. 言簡意賅：讓閱讀者能一目了然所描述的內容，撰寫者不需要再用更多的字句去說明所要傳達的意思。

（二）報告格式

Akerman（1999）建議撰寫給法庭的少年犯司法評估報告，格式可參考表 15-1。

表 15-1　少年司法評估報告格式

<table>
<tr><td>
撰寫日期：　　年　　月　　日　　　　　　評估人：
當事人：（案號）　　　　　　　　　　　　年齡：

基本資料
性別、出生年月日、就讀年級（學歷）。

轉介原因（轉介問題）
說明轉介來源及原因。

相關資料
提供評估的相關紀錄、同意書及資料。

心理測驗及會談
測驗名稱及測驗日期，與少年本人、父母或其他人會談之日期及內容摘要。

社會生活史
家庭背景及互動關係、求學史及學校概況、心理健康史、社會支持系統、司法紀錄等。

行為觀察
心理狀態、與評估人員建立關係的情形、少年的努力程度。

測驗結果
智力測驗、閱讀能力、理解、字彙、問題解決能力，及人格／情緒特徵。

檢視對於法律權利的了解
1. 少年目前對於法律權利的了解情形（如：《兒童權利公約》、《兒童及少年福利與權益保障法》、《少年事件處理法》等）。
2. 少年不了解的原因，如：心智障礙、智力的限制或缺陷、理解能力弱、情緒的因素等。

結論與建議
整合上述資料，紀錄少年所處情境的缺失與需求，提出對於少年心理狀態及能力的意見；如果可以的話，亦提出建議（如：若認知／人格測驗的結果支持其在學業上或情緒上的問題）。
</td></tr>
</table>

資料來源：Ackerman, M. J. (1999: 177).

第三節 偏差行為與犯罪的社會工作處遇

壹、《少年事件處理法》的精神

本法宗旨在保障少年健全之自我成長，調整其成長環境，並矯治其性格。司法院大法官 98 年釋字第 664 號解釋，揭示對於逃學逃家的虞犯少年，不得為剝奪人身自由之處分（收容或感化教育），並回應《兩公約》及《兒童權利公約》保障兒童少年人權的精神，將過去之虞犯少年稱為「曝險少年」，而有犯罪行為少年稱為「觸法少年」。《少年事件處理法》於民國 108 年 6 月 19 日的修法重點如下（司法院少年及家事廳，2019）：

一、廢除觸法兒童準用少事法規定，回歸教育及社政體系

七至十二歲的兒童如涉及觸法事件，回歸十二年國民基本教育及學生輔導機制處理，不再移送少年法庭。

二、曝險少年去標籤，縮減司法介入事由

有鑑於虞犯少年並未觸法，相同犯行在成年人並不受處罰，故刪除原規定七類事由中的四類，僅餘「無正當理由經常攜帶危險器械」、「有施用毒品或迷幻物品之行為而尚未觸犯刑罰法律」、「有預備犯罪或犯罪未遂而為法所不罰之行為」等三類行為，作為辨識曝險少年的行為徵兆，以翻轉虞犯印記。

三、建置曝險少年行政輔導先行機制

以福利補足及權利主體的角度看待曝險少年，自民國 112 年 7 月 1 日之後，曝險少年開始由直轄市及縣市政府所屬跨局處的少年輔導委員會，結合社會福利、教育、心理、醫療等相關資源，施以適當期間之輔導。如

評估確有必要，亦可請求少年法院處理，若行政輔導有效，少年復歸正軌生活，則無須再由司法介入，即以「行政輔導先行，以司法為後盾」的原則。

四、尊重少年主體權及保障程序權

依據《兒童權利公約》維護兒少司法人權精神，依據兒童少年的年齡及身心成熟度做合理調整。包括：保障少年的表意權；對司法程序的知情權，如告知觸法及曝險事由、得保持沉默、依自己意思陳述、選任輔佐人、請求法律扶助、請求調查有利證據等權利；應訊不孤單，如保護者陪同在場；溝通無障礙，如提供通譯、文字表達或手語；候審期間與成年人隔離、夜間不訊問；可隨時聲請責付、停止或撤銷收容；受驅逐出境處分之外國少年有陳述意見機會及救濟權。

五、增訂多元處遇措施，推動資源整合平台

增設醫療機構、執行過渡性教育措施或其他適當措施之處所為安置輔導之措施，少年法院可整合相關福利服務資源平台，以研商並提供符合兒童少年最佳利益的適切處遇或銜接服務。

六、引進少年修復式機制

為貼近國際社會思潮，引進少年司法體系修復機制，明定少年法院得斟酌情形，經少年、少年之法定代理人及被害人之同意，轉介適當機關、機構、團體或個人進行修復之程序。

七、恢復少年觀護所之收容鑑別功能

少年觀護所對於所收容保護之少年，應以心理學、醫學、教育學、社會學等專門知識及技術，對少年進行身心評估及行為觀察等鑑別事項，提供少年法院與法庭適當處遇之建議參考。

八、各部會協力，共同守護兒少權益

增訂少年調查官實質到庭原則，落實協商式審理，少年隱私保障再提升及救濟權利更周延等。同時，行政、立法、司法各機關部會開啟跨院際與部會的協力模式，共同為維護少年健全自我成長而盡最大努力。

貳、少年偏差與犯罪的預防及處遇方案

一、中途輟學學生通報

國內外諸多研究均顯示：逃學、蹺家是兒童及少年反映心理困擾的一項指標（陳慧女，2014b；Denoff, 1987; Miller, Eggertson-Tacon, & Quigg, 1990）。因此，對於中輟生提供積極、預防性的關懷，以預防逃學蹺家問題的嚴重化有其必要。

根據《國民小學與國民中學未入學或中途輟學學生通報及復學輔導辦法》第 2 條規定，未經請假、請假未獲准或不明原因未到校上課連續達三日以上，以及轉學生因不明原因，自轉出之日起三日內未向轉入學校完成報到手續者，為中途輟學學生。教育部依據該辦法第 3 條建置主管教育行政機關通報系統，供學生就讀學校、轉出學校或新生未就學學校辦理通報及協尋，並積極輔導復學，施予適當的課業補救及適性教育措施。

二、外展服務

外展社會工作（outreach social work）是一種主動將服務延伸到機構外的服務工作，通常以逃學、蹺家、失依、無家可歸的兒童少年為服務對象，社會工作者至其經常流連聚集的地方，主動與之接觸並建立關係，結合個案、團體、社區工作等方法，就其所遭遇之家庭、情緒、學業困擾、職業適應、休閒活動等問題，提供立即性、緊急性，或是長期性的服務，服務內容包括：心理輔導、課業指導、資源提供、轉介服務、康樂或教育活動

等（陳慧女，1998）。廣義來說，外展社會工作是以社區工作為基礎，並結合個案、團體工作方法，進行主動積極的處遇，對社區中的潛在個案提供福利服務。

原《兒童及少年性交易防制條例》第13條規定：「直轄市、縣（市）主管機關應於本條例施行後六個月內，設置專門安置從事性交易或有從事之虞之兒童或少年之緊急收容中心及短期收容中心。」旨在提供兒童及少年緊急庇護、諮詢、聯繫等措施，以免逃家之兒童少年淪入色情場所。成立關懷中心的原意即在實施兒童少年的「外展工作」，以便即時提供遊蕩街頭的兒童少年之需要，此與中輟生通報系統都是預防性的服務。然隨著《兒童及少年性交易防制條例》廢止，新立的《兒童及少年性剝削防制條例》並未將此列入處遇項目中。

三、中途學校

中途學校（half-way school）是提供中輟生、行為偏差、適應困難學生適性教育的學校。我國目前有獨立式、合作式、資源式的中途學校型態，其中獨立式中途學校在南、北、東部設置三所，提供長期安置與教育，分別是：高雄市於民國87年成立附設於楠梓特殊教育學校的瑞平中學（7班，90床）、新北市於民國93年設立的豐珠中學（5班，60床）、花蓮縣於民國97年成立的南平中學（10班，90床）。獨立式中途學校具備一般學校的規模及組織編制，並設有輔導教師、心理師、社工師，協助學生的輔導及資源連結等工作。

中途學校的法源原為《兒童及少年性交易防制條例》第14條及《兒童及少年性剝削防制條例》第22條第一項：「中央教育主管機關及中央主管機關應聯合協調直轄市、縣（市）主管機關設置安置被害人之中途學校。」目前我國的中途學校以收容遭遇性剝削之兒童少年為主，致中途學校的案量逐年下降而學生不足額。實有必要轉型為收容中輟、失依、偏差行為、《少年事件處理法》轉介而來情節輕微之兒童少年，以符合中途學校設置的本意與精神。

此外，由政府委託民間社會福利機構以公辦民營方式經營的中途學校，如屏東縣政府飛夢林學園是委託財團法人善慧恩社會慈善基金會承辦的中途學校，於民國102年承辦至今。此結合公私部門協力的合作模式，以「學校中有家、家中有學校」的概念，提供失依、受虐、偏差少年一個溫暖、彈性且多元的安置與教育環境。有別於政府專辦的中途學校，可以充分發揮中途學校的功能與效益。

四、安置輔導

少年安置於教育機構、教養型態的機構式環境中，是結合社會福利、教育、心理等資源的模式，提供輔導、教育以協助少年改變。如《少年事件處理法》第29條第一項第三款認為少年情節輕微，得為不付審理裁定之處分，以及該法第42條第一項第三款規定少年法院審理事件，應對少年裁定諭知保護處分，均列有交付安置於適當之福利、教養機構、醫療機構、執行過渡性教育措施或其他適當措施之處所輔導。

《兒童及少年性剝削防制條例》第19條第一項第二款規定，認為兒童少年有安置之必要者，應裁定安置於縣市主管機關自行設立或委託之兒童及少年福利機構、寄養家庭、中途學校或其他適當之醫療、教育機構，期間不超過二年。

五、追蹤輔導

追蹤輔導在協助已經離開安置機構、復歸社會的少年免於重蹈覆轍，能夠重新適應社會生活，建立穩定規律、有方向的生活之後續服務。也就是社會工作者在少年脫離機構安置、回到社區生活之後，定期與少年維持聯繫、給予關心，提供必要的就學、就業、經濟、諮商等支持與資源。

如《兒童及少年性剝削防制條例》第23條第一項，規定對於遭受性剝削之兒童少年，主管機關應指派社會工作人員進行訪視輔導，期間至少一年或至其年滿十八歲止。

第四節 結語

預防重於處罰與治療，預防青少年的偏差與犯罪行為，實有賴家庭功能的提升、學校的友善環境、社會環境的支持。司法往往是少年已經觸法之後的最後一道處遇，除了矯正感化之外，對於正在成長發展中的兒童及少年，教育與輔導是最佳的處遇方式，協助每個迷途的兒童及少年走入正軌，以落實兒少保護的精神。

延伸閱讀

王秋月（譯）（2016），S. Bryan著。《不完美的正義：司法審判中的苦難與救贖》。臺北：麥田文化。

吳淡如（1990）。《牯嶺街少年殺人事件》。臺北：遠流。

蕭颯（1990）。《少年阿辛》。臺北：九歌。

楚茹（譯）（1980），佚名著。《去問愛麗絲：一位失足少女的日記》。臺北：九歌。【重新出版：李建興（譯）（2015），佚名著。《去問愛麗絲》。臺北：高寶國際。】

顧蓓曄、張秋林（譯）（1994），劉．伊芙琳著。《逃家：一個街頭少女的日記》。臺北：國際村文庫。

電影：《街頭日記》（*Freedom Writers*）。

電影：《酷馬》（*Fantôme, Où es-tu*）。

電影：《陽光普照》（*A Sun*）。

Chapter 16

物質濫用的評估與處遇

物質濫用，又稱藥物濫用，一般將物質或藥物俗稱毒品，物質或藥物濫用俗稱吸毒，其造成個人身心健康、家庭關係及社會治安危害甚鉅。因此，警政體系嚴格查緝毒品以阻斷來源，醫療衛生與社政體系專於戒治，各體系與教育體系則專於防制宣導，如校園紫錐花運動之宣導，各專業體系分從三級預防以防制物質濫用。雖然政府與民間單位投注大量經費與時間於防制工作，但物質濫用依然是防制上的嚴重議題。

在社會工作服務的家庭中，常見當事人或家庭成員有物質濫用情形，如性侵害加害人本身有物質濫用、物質濫用之家暴者對兒童或家屬施暴。家庭成員中有物質濫用者即列為高風險家庭，為社會工作經常處遇的對象。因此，社會工作的服務方案亦擴及對物質濫用者及家屬的服務。本章介紹物質濫用的定義與成因、對身心的影響與評估，以及社會工作的處遇。

物質濫用的成因

壹、物質濫用的定義

《毒品危害防制條例》是我國物質濫用防制的主要法規，本條例第 2

條定義毒品（物質／藥物）是指具有成癮性、濫用性及對社會危害性之麻醉藥品與其製品，及影響精神物質與其製品。依據成癮性、濫用性及對社會危害性分為四級：第一級為海洛因、嗎啡、鴉片、古柯鹼及其相類製品；第二級為罌粟、古柯、大麻、安非他命、配西汀、潘他唑新及其相類製品；第三級為西可巴比妥、異戊巴比妥、納洛芬及其相類製品；第四級為二丙烯基巴比妥、阿普唑他及其相類製品。

世界衛生組織定義物質／藥物濫用為：持續性或間歇性地過量使用藥物，並在沒有醫療原則下使用者（林明傑，2018）。在《精神疾病診斷與統計手冊》第四版之物質相關障礙症分為物質使用障礙症（物質濫用、物質依賴）及物質引發的障礙症（物質戒斷、物質中毒）等兩大類，其中物質濫用是指反覆使用物質，致其在職場或家庭無法適當表現，在從事危險行為時反覆使用，觸犯與法律相關議題，已影響家庭或人際關係時仍持續使用；當情況嚴重到個人對這種藥物產生在心理或生理上的依賴，產生耐受性與戒斷症狀時，則稱為物質依賴（substance dependency）（孔繁鐘、孔繁錦編譯，1998；台灣精神醫學會譯，2014）。

貳、物質濫用的原因

一、成癮原因

許多成年的物質濫用成癮者[1]，多半是在青少年階段開始接觸之。國內外研究均指出，物質濫用成因來自個人、社會及循環使用等原因。從一般原因來說，青少年的物質濫用原因最多為好奇心、無聊及好玩、同儕引誘（吳元培、陳媛孃、廖德富，2004），其次為追求刺激、逃避現實、麻醉自己、解除煩惱與緊張、對藥物在生心理危害的無知、已對藥物成癮、

1 DSM-5將成癮從物質使用障礙症用詞中刪除，其認為有些臨床專家以成癮一詞說明更為極端的問題，但因成癮的不明定義及潛在的負面意涵，故以中性詞「物質使用障礙症」來說明此障礙的廣泛範圍，從輕度到重度慢性復發，或強迫性服藥（台灣精神醫學會譯，2014：230-231）。

藥物容易取得等（江振亨，2003）。

物質濫用者的人格特質具有較強的好奇心及冒險傾向、缺乏因應壓力的能力、挫折容忍力低、消極的自我概念、缺乏自信及自我肯定、缺乏成就動機、生活空虛孤獨、認知扭曲、消極的情緒、不能適當表達情緒、人際關係不成熟、較為衝動、有焦慮憂慮傾向、適應環境能力低等（江振亨、林瑞欽，2000；Marlatt & Gordon, 1985）。

此外，從物質使用的階段來看，初始階段多發生在青少年時期，發展出對某一種物質的喜愛態度，如吸菸、酒精；接著是試驗階段，發生於與同儕團體的情境中；最後則是進入規律使用階段，每週或每天使用並建立起規則性，逐漸被循環機制所控制，其生理的依賴愈趨明顯（Wills & Shiffman, 1985）。由物質成癮階段及成癮者個人原因觀之，可知彼此有其相互性，例如：當個人生活中遭遇挫折，又無適當調適方法，缺乏生活目標，家庭與環境的正面支持不足，若此時同儕給予物質使用，則個人即容易在好奇、紓解壓力、逃避現實等因素下使用，當一旦使用則不易遠離。

二、戒癮原因

吳元培等人（2004）對監獄受刑人的研究發現，許多物質濫用者多半認為出獄後不會再使用，有40%自認出獄後回歸社會仍戒不掉，有50%認為戒除端視個人的毅力，他們也多將自己定位為需要接受治療的病人；其中有90%表示有決心戒癮並認為可以戒除，也不希望親人有物質濫用情形，但事實上再犯率仍高。這些研究指出，戒癮對當事人而言是很不容易的，即便有決心要戒除，但是當回歸到社會中，受到諸多因素的影響，戒癮之路仍是困難重重。然而，遠離物質濫用的朋友及環境、個人意志力的堅持，並有良好的家人及社會支持，為戒癮的助因。

三、復發原因

王振宇（2010）的研究發現，物質濫用者的復發意向與其是否直接接觸物質有相當大的關係，沒有工作、初次使用的年齡愈低、使用的時間愈久、使用兩種以上藥物、家庭支持度愈低的成癮者之用藥渴求會愈高，復發意向也愈高。郭文正（2012）的研究顯示，藥癮程度、戒治時期的社會支持、戒治時期的壓力知覺等，對各戒癮改變階段具有直接影響；預期離開戒治所後的社會支持、預期離開後的壓力對各戒癮改變階段具有間接影響。綜合上述研究，可知家庭與社會支持度低、未就業、能夠接觸到藥物的環境等為再犯的主要原因。

第二節　物質濫用的影響及評估

壹、物質濫用造成的影響

物質濫用造成個人在身體、心理、人際及生活各方面的傷害。任何的物質都對身體有所影響，長期濫用會對身體造成負擔，如食慾降低、營養不良，令身體功能下降，內部臟器受到嚴重傷害，嚴重者如腎臟功能敗壞須長期洗腎，若造成泌尿、膀胱系統敗壞，則尿失禁須終生包尿布。此外，物質濫用也影響神經系統與腦部功能，如對認知、情緒、記憶力、判斷力之傷害；在精神與生理上造成心神恍惚、心悸、暈眩，或是幻覺等精神症狀。可知其對身體的影響百害而無一利，嚴重的話，甚至可能致死。

物質濫用者經常作息不正常、生活不規律，生活日漸與常人脫節。長期成癮與依賴者，則必須不間斷使用，然購買所費不貲，若其本身無工作收入或收入不足以購買，則容易鋌而走險，甚而偷竊或搶奪他人財物，造成犯罪，成為治安問題。

長久下來，物質濫用的狀況必全面影響其個人與家庭生活，包括身體、心理、情緒、經濟、人際、家庭等層面，使其生活陷入負面循環。除非當事人自覺並下定決心遠離負面環境，並能有家人支持，否則難離深淵。

貳、物質濫用者的評估

一、心理暨社會評估

主要就當事人及家庭系統進行評估，經評估其主要問題之後，再針對問題與需求提供相對應的服務。

（一）基本資料

包括年齡、學歷、宗教、族群、職業、成長史、婚姻史等。

（二）家庭概況

1. 家系圖：家庭結構、家庭關係與互動、家庭功能評估、支持系統等向度。

2. 生態圖：個人與支持系統的互動、頻率及強弱度。

（三）使用物質情形

1. 使用經驗：過去使用物質的種類與方式、初次使用之年齡、使用動機、目前是否使用物質。

2. 勒戒經驗：是否曾入監服刑、是否曾接受戒癮治療、戒癮的方式及次數、是否戒癮後又復發、復發原因。

（四）生理、心理、社會適應狀態評估

1. 生理狀態：是否有遺傳疾病，是否有因使用物質造成的生理疾病。

2. 心理狀態／精神狀態：是否有精神方面的困擾，是否有因使用物質造成的精神疾患，以及認知、情緒、行為評估。

3. 社會系統：就業情形、經濟狀況、學校或職場的人際關係、社會支持系統。

4. 對使用物質及戒癮的看法。

二、再犯評估

針對在戒治處所之戒癮者的再犯危險評估，藉由評估當事人過去是否曾有毒品犯罪紀錄、是否有非毒品的犯罪紀錄、是否曾經於短期內再犯及再犯次數、是否有戒斷症狀、是否使用多種藥物、是否採用注射方式、社會功能良好與否、支持系統是否不佳、交友狀況是否不良等向度評估其再犯風險，藉以預測戒癮者離開戒治處所後的一至四年內的再犯率評估（林明傑，2008），此可作為戒癮治療者提供後續追蹤及治療的參考。

 第三節 物質濫用的社會工作處遇

壹、觀察勒戒

目前有關物質濫用者的處遇，主要是根據《毒品危害防制條例》第 20 條的規定，包括觀察、勒戒及強制戒治等處分。本法第 20 條第一項規定施用第一、二級毒品者，檢察官應聲請法院裁定，或少年法院（地方法院少年法庭）應先裁定，令被告或少年入勒戒處所觀察、勒戒，期間不得逾二個月。

貳、強制戒治

《毒品危害防制條例》第 20 條第二項規定，受觀察、勒戒人有繼續施用毒品傾向者，檢察官應聲請法院裁定或由少年法院（地方法院少年法庭）裁定令入戒治處所強制戒治，期間為六個月以上，至無繼續強制戒治之必要為止，但最長不得逾一年。一般進入戒治處所接受戒治處分者，依據其參與課程、成績表現、日常行為、獎懲紀錄、接見紀錄、教誨紀錄等評估，經六個月以後，若評估合格者，戒治所則報請檢察官聲請法院裁定停止戒治（圖 16-1）。

圖 16-1　法務部矯正署高雄戒治所

參、物質濫用戒治者家庭支持服務計畫

家屬的支持是協助當事人成功戒癮及復歸社會的力量，為提升戒癮者及家屬防制物質濫用觀念，增進家屬接納戒癮者並成為其有力的支持，目前各縣市政府委託民間機構提供戒癮者及家屬的家庭支持計畫，藉由社會工作的個案管理服務，引介社會資源及各項服務，提供個案、團體、諮商、宣導等服務方式，給予戒癮者及家庭支持，朝向戒治目標並復歸社會。

一、個案工作

提供當事人及家屬的個別關懷訪視服務，評估主要需求與問題，擬定服務計畫。給予當事人及家屬心理支持、提供社會資源，必要時轉介職業訓練、就業媒合等。

二、團體工作

家屬支持團體課程，主要在認識物質的本質及濫用所造成的影響、物質濫用的相關法律、戒癮者的戒癮歷程及復發因子、社會福利資源、家屬的溝通與自我照顧、家庭如何協助當事人等。透過家屬支持團體，協助當事人及家屬的溝通，從活動中促進彼此了解、了解戒癮的困難及方法，排解情緒、紓解壓力，以提升家屬的支持功能。

三、心理諮商

提供有個別心理諮商需求的當事人及家屬之個別諮商或親子、家庭諮商服務，處理個別的心理議題及增進家庭的溝通。

四、教育宣導

在社區與校園舉辦防制物質濫用教育宣導活動，為初級預防主要策略。

肆、預防兒童少年物質濫用之輔導方案

根據《兒童及少年福利與權益保障法》第53條第一項第一款規定，通報施用毒品、非法施用管制藥品或其他有害身心健康之物質的兒童及少年，由社工人員以家訪、電訪、面訪等方式提供關懷輔導，避免其再度施用。此外，亦對部分家長或監護人施以親職教育，增進家長了解物質濫用的傷害，做好親子溝通及關懷，幫助家長避免子女接觸成癮物質。

第四節 結語

研究指出協助戒癮者的處遇，需要了解戒癮者的改變動機、協助其建立社會支持網絡、增進其發展良好的壓力因應能力、提供個別化的處遇服務以提升戒癮改變動機與能力（郭文正，2012）。個別化的處遇包含心理諮商及個案管理，藉由心理諮商評估其改變動機並增進壓力因應與管理能力，提升內在的自控、信心與方向感；透過個案管理根據其需求提供必要的協助，如就業輔導與媒合、就學輔導、經濟補助等資源連結，增進家庭的支持功能，成為戒癮者的重要情感與社會支持系統，強化其改變動機與行動。兩者相輔相成，才有機會協助戒癮者走向復歸之路。

延伸閱讀

李建興（譯）（2019），N. Sheff著。《無處安放：吸毒逃家的日子去了哪裡？》。臺北：時報文化。

李淑珺（譯）（2019），D. Sheff 著。《美麗男孩》。臺北：時報文化。

電影：《瑞秋要出嫁》（*Rachel Getting Married*）。

電影：《美麗男孩》（*Beautiful Boy*）。

電影：《班恩回家》（*Ben is Back*）。

影片：《媽媽的眼淚》（戒癮受刑人及家屬的故事，防制物質濫用宣導影片）。社團法人中華民國白玫瑰社會關懷協會。

參考文獻

一、中文部分

丁碧雲（1992）。收養（領養）。載於蔡漢賢（主編），**社會工作辭典**，第180頁。臺北：中華民國社區發展研究訓練中心。

王兆鵬（2003）。**專家證人與交互詰問**。交互詰問制度對於精神醫學鑑定實務之影響研討會。2003年10月18日，高雄：高雄市立凱旋醫院。

王玠、李開敏、陳雪真（譯）（2002），J. R. Ballew, & G. Mink著。**個案管理**。臺北：心理。

王玲琇（2013）。**受暴婦女對修復式正義司法處遇之觀點**。長榮大學社會工作學研究所碩士論文，臺南。

王勇智、鄧明宇（譯）（2003），C. K. Riessman著。**敘說分析**。臺北：五南。

王振宇（2010）。**藥物濫用者家庭支持、用藥渴求與復發意向之研究**。暨南大學社會政策與社會工作學系碩士論文，南投。

王珮玲（2008）。**駐地方法院家庭暴力事件服務方案評估研究**。臺北：內政部委託研究報告。

王珮玲（2012）。臺灣親密關係暴力危險評估表（TIPVDA）之建構與驗證。**社會政策與社會工作學刊，16**（1），1-58。

王梅英（2000）。專家在法庭上的角色——鑑定或參審？**律師雜誌，253**，29-37。

王皓平（2013）。**中小學生家長與大學生對於性侵者登記及公告制度看法之探索性研究**。中正大學犯罪防治研究所碩士論文，嘉義。

王慧琦（2014）。配偶外遇之寬恕研究：從妻子角度出發。**臺大社會工作學刊，30**，91-138。

王燦槐（2006）。**臺灣性侵害受害者之創傷：理論、內涵與服務**。臺北：學富文化。

孔繁鐘、孔繁錦（編譯）（1998）。**DSM-IV 精神疾病診斷準則手冊**。臺北：合記圖書。

台灣精神醫學會（譯）（2014），American Psychiatric Association 著。**DSM-5 精神疾病診斷準則手冊**。臺北：合記圖書。

台灣冤獄平反協會（2018）。**2018 年度圓桌論壇：妨害性自主被害人之 PTSD 診斷**。2020 年 8 月 16 日，取自 https://twinnocenceproject.org/

司法院（2016）。**交互詰問**。2016 年 2 月 20 日，取自 http://www.judicial.gov.tw/

司法院少年及家事廳（2019）。**立法院三讀通過少年事件處理法部分條文修正草案新聞稿**。2019 年 6 月 4 日，取自 http://jirs.judicial.gov.tw/GNNWS/NNWSS002.asp? id=466989

江振亨（2003）。吸毒者用藥循環歷程之研究。**彰化師大輔導學報，25**，25-62。

江振亨、林瑞欽（2000）。認知行為團體療法對濫用藥物者輔導成效之研究。**犯罪學期刊，5**，277-310。

行政院性別平等會（2016）。**消除對婦女一切形式歧視公約**。2016 年 5 月 2 日，取自 http://www.gec.ey.gov.tw/Content_List.aspx? n=F4D8BA36729E056D

杜仲傑、沈永正、楊大和、饒怡君、吳幸宜（譯）（2002），C. Peterson 著。**變態心理學**。臺北：桂冠圖書。

汪淑媛（2011）。社會工作紀錄問題檢視與反思。**社會政策與社會工作學刊，15**（2），141-185。

李浩然（2006）。**從修復式正義探討鄉鎮調解委員之婚姻暴力調解策略**。臺北大學犯罪學研究所碩士論文，臺北。

李曉燕、天主教善牧基金會（編著）（2005）。**目睹家暴兒童檢視表**。2017 年 1 月 11 日，取自 http://www.dvc.taichung.gov.tw/public/Attachment/106250/45161575586.pdf

沈慶鴻（1999）。婚姻暴力案主諮商治療因素之探究。載於**台灣社會問題研究學術研討會論文集**。臺北：中央研究院社會問題研究推動委員會。

沈慶鴻（2003）。由代間傳遞的觀點探索婚姻暴力對目睹兒童的影響。**中華心理衛生學刊，14**（2），65-86。

余漢儀（1995）。兒虐通報中之「虛報」議題反思。**社會福利，123**，6-10。

余漢儀（1997）。**兒童虐待——現象檢視與問題反思（增訂版）**。臺北：巨流圖書。

兒少條例監督聯盟（編著）（2002）。**臺灣NGO立法行動——兒童及少年性交易防制條例立法與監督過程紀實**。臺北：勵馨基金會、終止童妓協會、婦女救援基金會、花蓮善牧中心聯合出版。

吳元培、陳媛孃、廖德富（2004）。對矯正單位毒癮者個人家庭背景及心理變化的探討。**Journal of Biomedical & Laboratory Sciences，16**（3），s86-s90。

吳文正（2010）。精神鑑定之理論與實務探討——以刑事鑑定為例。**臺灣法學雜誌，152**，73-79。

吳芠（譯）（2019a），N. Kardaras 著。**關掉螢幕，拯救青春期大腦**。新北：木馬文化。

吳芠（譯）（2019b），R. M. Sapolsky 著。**行為：暴力、競爭、利他、人類行為背後的生物學（上）（下）**。臺北：八旗文化。

周月清（1995）。**婚姻暴力——理論分析與社會工作處置**。臺北：巨流圖書。

周幸、陳意文（譯）（1999），F. L. Wellman 著。**交叉詢問的藝術**。臺北：商周。

林月琴（2009）。**兒童及少年安置機構中性侵害加害者主觀經驗之探討**。輔仁大學社會工作學研究所碩士論文，臺北。

林明傑（1999）。性罪犯之心理評估暨危險評估。**社區發展季刊，88**，316-340。

林明傑（2000）。美加婚姻暴力犯之治療方案與技術心理評估暨其危險評估之探討。**社區發展季刊，90**，197-215。

林明傑（2003）。我國婚姻暴力加害人分類之研究。載於**家庭暴力加害人處遇實務工作坊進階研習手冊**，第50-69頁。臺北：中華團體心理治療學會。

林明傑（2008）。藥物濫用者有無繼續施用傾向量表之量化修正研究。**犯罪學期刊，11**（1），45-74。

林明傑（2018）。**矯正社會工作與諮商：犯罪心理學的有效應用（第二版）**。臺北：華都文化。

林明傑（2020）。**家庭暴力的全貌與防治：含學習和平與人類未來**。臺北：元照。

林明傑、陳慧女（2022）。**發展非親密關係家庭暴力被害人致命危險評估量表**。衛生福利部 110 年度研究計畫（研究編號 M1003225）。臺北：衛生福利部。

林明傑、董子毅（2005）。臺灣性罪犯靜態再犯危險評估量表（TSOSRAS）之建立及其外在效度之研究。**亞洲家庭暴力與性侵害期刊，1**（1），49-110。

林明傑、陳慧女、梁毓芳（2012）。美國佛蒙特州與紐約州的性侵害防治方案。**社區發展季刊，137**，297-311。

林明傑、陳文心、陳慧女、劉小菁（譯）（2000），M. Lindsey, R. W. McBride, & C. M. Platt 著。**家庭暴力者輔導手冊**。臺北：張老師文化。

林信男（2002）。**司法精神醫學**。2016 年 4 月 26 日，取自 http://www.wja.org.tw/wja2007/main.asp? contentID=221

林真美（譯）（2012），T. Bogacki 著。**好心的國王：兒童權利之父——柯札克的故事**。臺北：親子天下。

林淑貞（譯）（1999），E. Loftus, & K. Ketcham 著。**辯方證人**。臺北：商周。

林鈺雄（2014）。**刑事訴訟法**。臺北：元照。

林維芬、張文哲、朱森楠（譯）（2008），R. D. Enright. & R. P. Fitzgibbons 著。**寬恕治療——解除憤怒與重燃希望之理論與應用**。臺北：洪葉文化。

法務部（2017）。**人權大步走專區**。2017 年 1 月 2 日，取自 http://www.human-rights.moj.gov.tw/mp200.html

法務部（2022）。**法務統計**。2022 年 7 月 19 日，取自 http://www.moj.gov.tw/

施宏達、陳文琪、向淑容（譯）（2018），J. Herman 著。**從創傷到復原：性侵與家暴倖存者的絕望與重生**。新北：左岸文化。

洪英花（2011）。實踐修復式正義——以士院試辦刑事案件流程管理為例。**臺灣法學，175**，5-34。

洪素珍、王玥好（2004）。童年期性創傷婦女處理原諒議題之歷程。**台灣性學期刊，10**（1），35-52。

洪素珍、蔣素娥、陳美燕（2003）。**兒童、智能障礙者性侵害案件偵訊輔助器材使用手冊**。臺北：內政部家庭暴力及性侵害防治委員會。

洪遠亮（2014）。子女利益及監護理論之新趨勢——從北院 98 年度婚字第 244 號判決談起。法學叢刊，**222**，101-151。

洪蘭（譯）（2008），國際特赦組織，J. Burningham 等 29 位畫家繪。**人人生而自由**。臺北：聯經。

洪蘭（譯）（2010），M. E. P. Seligman 著。**改變：生物精神醫學與心理治療如何有效協助自我成長**。臺北：遠流。

范慧瑩（2009）。**修復式正義處理國中校園欺凌事件之成效探討**。臺北大學犯罪學研究所碩士論文，臺北。

唐子俊、廖秀娟、孫肇玢、唐慧芳、唐慧娟、丘世祺、王郁菁、張梅地、陳婷婷（譯）（2011），A. M. Kring, G. C. Davison, J. M. Neale, & S. L. Johnson 著。**變態心理學**（修訂版）。臺北：雙葉書廊。

高鳳仙（2002）。論我國之鑑定及鑑定證人制度與美國之專家證人制度在性騷擾及家庭暴力事件之角色扮演。法令月刊，**53**（12），14-32。

郭乃嘉（譯）（2002），B. B. Kennedy 著。**證人詢問的技巧**。臺北：元照。

郭文正（2012）。**藥癮者社會支持、壓力知覺與戒癮改變階段之模式建構**。臺灣師範大學教育心理與輔導學系博士論文，臺北。

郭世豐（2011）。社工員業務過失與法律相關責任。載於曾華源、胡慧嫈、李仰慈、郭世豐（著），**社會工作專業價值與倫理概論**（第二版），第 317-332 頁。臺北：洪葉文化。

郭豫珍（2008）。解析美國丹諾律師的犯罪觀：少年殺人成因的個案研究。兒童及少年福利期刊，**13**，45-65。

莊秀美（2003）。芮奇孟的生平與社會工作思想。社區發展季刊，**103**，170-183。

陳圭如（2001）。我的抉擇：三位受暴女性的心路歷程。載於**家庭暴力與性侵害學術論文研討會論文集**，第 179-205 頁。彰化：彰化師範大學輔導與諮商學系。

陳金定（2007）。**青少年發展與適應問題——理論與實務**。臺北：心理。

陳昇融（2004）。**美國聯邦證據規則釋析**。北京：中國人民大學。

陳郁夫等人（譯）（2010），M. Lew 著。**哭泣的小王子：給童年遭遇性侵男**

性的療癒指南。臺北：心靈工坊。

陳泰華（2008）。**修復式正義應用於學生輔導管教之可行性研究——以臺南市國民中學為例**。中正大學犯罪防治研究所碩士論文，嘉義。

陳昭順（2013）。**修復式正義應用於處理校園霸凌事件之實施過程與評價**。中央警察大學犯罪防治研究所碩士論文，桃園。

陳若璋（2001）。**性罪犯心理學**。臺北：張老師文化。

陳毓文（1999）。暴力環境與暴力少年：一個社會問題還是兩個？**臺大社會工作學刊，1**，1-33。

陳慧女（1998）。淺談青少年外展社會工作。**社區發展季刊，84**，178-183。

陳慧女（2012）。社會工作人員的陪同出庭。**社區發展季刊，139**，141-151。

陳慧女（2014a）。偵訊輔助娃娃在兒童性侵害案件的使用。**全國律師，18**（12），51-61。

陳慧女（2014b）。從《兒童及少年性交易防制條例》談中途學校的現況與展望——以高雄市瑞平中學為例。**教育資料與研究季刊，113**，105-130。

陳慧女（2015）。修復式正義在性侵害案件的應用——社會工作者的觀點。**社區發展季刊，149**，283-293。

陳慧女（2017）。性侵害加害人寫給被害人的道歉信之研究。**亞洲家庭暴力與性侵害期刊，13**（2），55-76。

陳慧女（2018）。性侵害案件之事實認定應審酌校園性別平等事件調查報告：從案例檢視《性別平等教育法》第三十五條之規定。**全國律師，22**（4），62-80。

陳慧女（2020）。寬恕對性侵害被害人復原的意義之初探。**社區發展季刊，172**，382-393。

陳慧女、林明傑（2003）。兒童性侵害案件中的專家證人與兒童作證。**社區發展季刊，103**，212-224。

陳慧女、林明傑（2010）。心理師在司法體系中的角色。**台灣心理諮商季刊，2**（1），17-29。

陳慧女、林明傑（2013）。簡介美國佛蒙特州的性侵害防治方案。**輔導季刊，49**（1），60-68。

陳慧女、盧鴻文（2007）。男性遭受性侵害之問題初探。**社區發展季刊**，**120**，252-264。

陳慧女、盧鴻文（2013）。性侵害被害人的自我療癒與對修復式正義的看法。**亞洲家庭暴力與性侵害期刊**，**9**（1），29-48。

陳鳳麗（2012）。討無 200 元，14 歲少女揪同學誣告親阿公性侵。**自由時報**，2012 年 2 月 9 日，B1 版。

許春金（2006）。**人本犯罪學**。臺北：三民書局。

許春金（2010）。**犯罪學**（修訂六版）。臺北：三民書局。

許春金、洪千涵（2009）。修復式正義對被害者損害影響——以泰雅族為例。載於法務部（編印），**刑事政策與犯罪研究論文集**（**12**），第 1-39 頁。臺北：法務部。

許春金、馬傳鎮（1992）。**強暴犯罪型態與加害者人格特質之研究**。臺北：臺北市政府研考會。

姬健梅（譯），楊添圍（審訂）（2017），N. Saimeh 著。**告訴我，你為什麼殺人：司法精神醫學專家眼中暴力犯罪者的內心世界**。臺北：臉譜。

彭南元（2000）。兒童性侵害案件中兒童證人及專家鑑定之研究——對最高法院八十八年度臺上字第三七七四號判決之評析。**律師雜誌**，**253**，38-56。

張本聖、徐儷瑜、黃君瑜、古黃守廉、曾幼涵（編譯）（2014），張本聖（審閱），A. M. Kring, G. C. Davison, J. M. Neale, & S. L. Johnson 著。**變態心理學**（二版）。臺北：雙葉書廊。

張淑茹、劉慧玉（譯）（1998），B. Levy 著。**約會暴力：從干預到教育，防範青少年虐待式的親密關係**。臺北：遠流。

張熙懷（2003）。**如何詰問專家證人——以刑事訴訟法新制為中心**。交互詰問制度對於精神醫學鑑定實務之影響研討會。2003 年 10 月 18 日，高雄：高雄市立凱旋醫院。

張錦麗、顏玉如（2003）。台灣家庭暴力與性侵害基礎型防治模式——個案管理的工作策略。**社區發展季刊**，**102**，242-261。

黃世杰、王介暉、胡淑惠（譯）（2000），T. Morrison, M. Erooga, & R. C. Beckett 編。**兒童性侵害——男性性侵害者的評估與治療**。臺北：心理。

黃良傑（2012）。詐領救濟金，約聘社工被訴。**自由時報**，2012 年 2 月 5 日，取自 http://www.cna.com.tw/news/aipl/201205310318-1.aspx

黃朝義（2000）。相關刑案中專家參與審判諮詢之運作問題。**律師雜誌**，**253**，16-28。

黃富源、張平吾（2012）。**被害者學新論**。臺北：三民書局。

黃蘭媖（2012）。刑事司法制度中的修復式正義和被害人保護之關聯性。**犯罪被害人保護政策學術研討會手冊**，第 127-150 頁。嘉義：中正大學法律學系、犯罪被害人人權服務協會。

曾慧敏、劉約蘭、盧麗鈴（譯）（2001），洪光遠（校閱），R. L. Atkinson 等著（2001）。**西爾格德心理學**。臺北：桂冠圖書。

曾華源、郭靜晃（1999）。**少年福利**。臺北：亞太。

楊培珊、吳慧菁（2011）。**老人保護評估系統之研究案**。內政部委託研究報告（研究編號 PG10004-0132）。臺北：內政部。

楊智守（2021）。被害人保護與訴訟參與新制之介紹及訴訟權益之統整探究。**高雄律師會訊，第 110-1、2 期**，19-32。

詹涵儒（2017）。**家事調查官在臺灣——新興專業引入之實務初探**。臺灣大學社會工作研究所碩士論文，臺北。

廖榮利（1992）。個案紀錄。載於蔡漢賢（主編），**社會工作辭典**，第 374 頁。臺北：中華民國社區發展研究訓練中心。

趙儀珊（2015）。**兒童證人司法訪談概說**。性侵害案件早期鑑定及對智能障礙兒童之詢問技巧研討會。2015 年 5 月 30 日，高雄：高雄大學。

趙儀珊（2016）。**美國國家兒童健康與人類發展中心（NICHD）偵訊指導手冊**。臺北：臺灣大學心理學系。

萬育維（譯）（2006），B. R. Cournoyer 著。**社會工作實務手冊**。臺北：洪葉文化。

齊作毅（譯）（2016），聯合國社會政策及發展部著。**聯合國與身心障礙者——第一個五十年**，2016 年 5 月 12 日，取自身心障礙者服務資訊網 http://disable.yam.org.tw/node/569

維基百科（2016a）。**世界人權宣言**。2016 年 3 月 20 日，取自 https://zh.wikipedia.

org/世界人權宣言

維基百科（2016b）。**雅努什・科扎克**。2016 年 5 月 7，取自 https://zh.wikipedia.org/wiki/雅努什・科扎克

維基百科（2017）。**道歉**。2017 年 4 月 27 日，取自 https://zh.wikipedia.org/wiki/道歉

維基百科（2020a）。**正義女神**。2020 年 7 月 17 日。取自 https://zh.wikipedia.org/wiki/正義女神

維基百科（2020b）。**鄧如雯殺夫案**。2020 年 7 月 17 日，取自 https://zh.wikipedia.org/鄧如雯殺夫案

維基百科（2022）。**寬恕**。2022 年 6 月 19 日，取自 https://zh.wikipedia.org/zh-tw/寬恕

潘淑滿（2000）。**社會個案工作**。臺北：心理。

鄭伊庭（2017）。**修復式司法運用於性侵害案件之研究：修復促進者之觀點**。臺北大學犯罪學研究所碩士論文，臺北。

劉文英、陳慧女（2006）。心智障礙者遭受性侵害的調查研究。**特殊教育研究學刊，31**，23-42。

劉宏恩（1996）。**心理學取向之法律研究——以住宅搜索、子女監護及婚姻暴力問題為例**。臺灣大學法律研究所碩士論文，臺北。

劉淑瓊、陳意文（2011）。**100 年度兒童及少年保護結構化決策模式工具發展計畫**。內政部兒童局委託研究。臺北：內政部。

劉曉穎（2015）。**家內性侵害倖存者寬恕歷程之研究**。暨南大學輔導與諮商研究所碩士論文，南投。

鮑建信、曹明正、洪定宏（2012）。家暴案開庭，愈聽愈火大，尖鑽挾前妻。2012 年 10 月 1 日，**自由時報**，B2 版。

蔡和穎（2012 年 5 月 31 日）。遭性侵口難開，輔助娃娃來解答。**中央社**，2014 年 10 月 20 日，取自 http://www.cna.com.tw/news/aipl/201205310318-1.aspx

蔡麗芳、李芃娟（2012）。**身心障礙學生遭受性侵害或性騷擾事件之多元處理模式（含教育輔導措施）專案研究結案報告**。臺南：國立臺南大學。

衛生福利部社會及家庭署（2016a）。**兒童權利公約**。2016 年 5 月 2 日，取自

http://www.sfaa.gov.tw/SFAA/Pages/List.aspx? nodeid=76
衛生福利部社會及家庭署（2016b）。**身心障礙者權利公約**。2016 年 5 月 2 日，取自身心障礙服務入口網 https://dpws.sfaa.gov
衛生福利部保護服務司（2020）。**統計資訊**。2020 年 6 月 30 日，取自 http://www.mohw.gov.tw/cht/DOPS/
衛生福利部保護服務司（2022）。**統計資訊：家庭暴力通報事件被害人案件類型及籍別統計**，建檔日期：110-04-23，更新時間：111-04-18。2022 年 6 月 14 日，取自 http://www.mohw.gov.tw/cht/DOPS/
盧玲穎（2011）。從「修復關係」的角度面對校園霸凌問題——談修復式策略。**人本教育札記，262**，23-25。
謝協昌（2005）。**論犯罪被害人在刑事訴訟程序之權利保護——以性犯罪被害人之權利保護為中心**。臺灣大學法律學研究所碩士論文，臺北。
謝維玲（譯）（2016），D. J. Smith 著，S. Amstrong 繪。天下的孩子都是一樣的：一本關心全球兒童的書。臺北：臺灣東方。
魏弘軒（2007）。**以男童為性侵害對象之加害人性侵害動機與犯罪路徑之探索性研究**。中正大學犯罪防治研究所碩士論文，嘉義。
簡美華（2007）。論兒時遭遇性侵害者資訊平臺之建構。**社區發展季刊，119**，163-181。
簡美華（2014）。**兒時性創傷與社會工作處遇**。臺北：洪葉文化。
簡貞貞（譯）（1999），C. Darrow 著。**丹諾自傳**。臺北：商周。
蕭寶森（譯）（2019），M. Robenberg 著。**非暴力溝通：愛的語言**。臺北：光啟文化。
羅燦煐（2010）。修復式正義之校園性騷擾處理模式。**法學新論，24**，109-127。
蘇淑貞（編譯）（2018）。少年違犯。載於李執中（編譯），C. R. Bartol & A. M. Bartol 著。**犯罪心理學**，第 171-212 頁。臺北：華都文化。

二、英文部分

Ackerman, M. J. (1995). *Clinicians guide to child custody evaluation*. New York:Wiley.
Ackerman, M. J. (1999). *Essentials of forensic psychological assessment*. New York:

John Wiley & Sons.

Alexander, P. C. (1992). Application of attachment theory to the study of sexual abuse. *Journal of Consulting and Clinical Psychology, 60*, 185-195.

American Board of Forensic Psychology (2017). *What is forensic psychology?* Retrieved January 2, 2017, from http://abfp.com/

American Psychology-Law Society Division 41 (2017). *Careers in psychology: Psychology and law*. Retrieved January 2, 2017, from http://www.apadivisions.org/division-41/index.aspx

Anson, O., & Sagy, S. (1995). Marital violence: Comparing women in violence and nonviolence unions. *Human Relations, 48*(3), 285-304.

August, R. L., & Forman, B. D. (1989). A comparison of sexual abuse and nonsexually abused children's behavioral responses to anatomically correct dolls. *Child Psychiatry and Human Development, 20*(1), 39-47.

Baker-Ward, L., Gordon, B. N., & Omstein, P. A. (1993). Young children's long-term retention of a pediatric examination. *Child Development, 64*, 1519-1533.

Barker, R. L., & Branson, D. M. (2014). *Forensic social work: Legal aspects of professional practice* (2nd ed.). New York: Haworth.

Berlin, P. M., & Vondra, J. I. (1999). Psychological maltreatment of children. In R. T. Ammerman, & M. Hersen (Eds.), *Assessment of family violence: A clinic and legal sourcebook* (pp. 287-321). New York: John Wiley & Sons.

Biehal, N., Sinclair, I., & Wade, J. (2015). Reunifying abused or neglected children: Decision-making and outcomes. *Child Abuse and Neglect, 49*, 107-118.

Bonta, J., & Andrews, D. A. (2016). *The psychology of criminal conduct*. New York: Routledge.

Bowen, M. (1966). The use of family theory in clinical practice. *Comprehensive Psychiatry, 7*, 345-374.

Bruck, M., Ceci, S. J., Francouer, E., & Renick, A. (1995). Anatomically detailed dolls do not facilitate preschooler's reports of a pediatric examination involving genital touching. *Journal of Experimental Psychology: Applied, 2*, 95-131.

Bryer, J. B., Nelson, B. A., Miller, J. B., & Krol, P. A. (1987). Childhood sexual and physical abuse as factors in adult psychiatric illness. *American Journal of Psychiatry, 144*, 1426-1430.

Browne, K. D. (1989). Family violence: Spouse and elder abuse. In C. R. Hollin, & K. Howells (Eds.), *Clinical approaches to violence*. New York: John Wiley & Sons.

Campbell, J. C. (1995). Prediction of homicide of and by battered women. In J. C. Campbell (Ed.), *Assessing dangerousness: Violence by sexual offenders, batterers, and child abusers* (pp. 96-113). Thousand Oaks, CA: Sage.

Carver, P., & Langlois-Klassen, C. (2006). The role and powers of forensic psychiatric review boards in Canada: Recent development. *Heatrh L J, 14*, 1-20.

Ceci, S. J., & Bruck, M. (1995). *Jeopardy in the courtroom: A scientific analysis of children's testimony*. Washington, DC: American Psychological Association.

Ceci, S. J., Ross, D. F., & Toglia, M. P. (1987). Suggestibility of children's memory: Psychological implications. *Journal of Experimental Psychology: General, 116*, 38-49.

Chapple, C. L. (2005). Self-control, peerrelations, and delinquency. *Justice Quarterly, 22*, 89-106.

Cleckley, H. (1976). *The mask of sanity* (5th ed.). St. Louis, MO: Mosby.

Cole, P. M., & Putman, F. W. (1992). Effect of incest on self and social functioning: A developmental psychopathology perspective. *Journal of Consulting and Clinical Psychology, 60*, 174-184.

Connell, C. M., Vanderploeg, J. J., Katz, K. H., Caron, C., Saunders, L., & Tebes, J. K. (2005). Maltreatment following reunification: Predictors of subsequent child protective services contact after children return home. *Child Abuse and Neglect, 33*, 218-228.

Daly, K. (2003). *Mind the gap: Restorative justice in theory and practice*. Cited by http://scholar.google.com.tw/scholar? q=Daly%2C+K.+%282003%29.+&btnG= &hl=en&as_sdt=0%2C5

Dent, H. R., & Stephenson, G. M. (1979). An experimental study of the effectiveness of different techniques of question in child eyewitnesses. *British Journal of Social and Clinical Psychology, 18*, 41-51.

Denoff M. S. (1987). Cognitive appraisal in three forms of adolescent maladjustment. *Social Casework, 68*(10), 579-588.

Dix, G. E. (1981). Mental health professionals in the legal process. *Law and Psychology Review, 6*, 1-20.

Dong, X., Chen, R., & Simon, M. A. (2014). Elder abuse and dementia: A review of the research and health policy. *Health Affairs, 14*(33), 642-649.

Dutton, D. G. (1995). *The batterer: A psychological profile*. New York: Basic Books.

Encyclopedia of Children's Health. (2022). *Battered child syndrome.* Online available at http://www.healthofchildren.com/B/Battered-Child-Syndrome.html

Everson, M. D., & Boat, B. W. (1990). Sexualized doll play among young children: Implications for the use of anatomical dolls in sexual abuse evaluations. *Journal of the American Academy of Child and Adolescence Psychiatry, 29*, 736-742.

Faller, K. C. (1988). *Child sexual abuse: An interdisciplinary manual for diagnosis, case management, and treatment*. New York: Columbia University Press.

Farmer, E. (2014). Improving reunification practice: Pathways home, progress and outcomes for children returning from care to their parenting. *British Journal of Social Work, 44*(22), 348-366.

Farrington, K. (1986). The application of stress theory to family violence: Principles, problem, and prospects. *Journal of Family Violence, 1*(2), 131-147.

Finkelhor, D. (1984). *Child sexual abuse: New theory and research*. New York: Free Press.

Finkelhor, D. (1986). *A sourcebook on child sexual abuse*. New Park: Sage.

Finkelhor, D. (1987). The trauma of child sexual abuse: Two models. *Journal of Interpersonal Violence, 2*, 348-366.

Finkelhor, D., & Browne, A. (1985). The traumatic impact of child sexual abuse: A conceptualization. *American Journal of Orthopsychiatry, 55*, 530-541.

Firth, H., Balogh, R., Berney, T., Bretherton, K., Graham, S., & Whibley, S. (2001).

Psychopathology of sexual abuse in young people with intellectual disability. *Journal of Intellectual Disability Research, 45*(3), 244-252.

Fisher, C. B., & Whiting, K. A. (1998). How valid are child sexual abuse validations? In S. J. Ceci, & H. Hembrooke (Eds.), *Expert witness in child abuse cases* (pp. 159-184). Washington, DC: American Psychological Association.

Fivush, R. (2002). The development of autobiographical memory. In H. L. Westcott, G. M. Davies, & R. H. C. Bull (Eds.), *Children's testimony: A handbook of psychological research and forensic practice* (pp. 55-68). New York: John Wiley & Sons.

Freedman, S. R., & Enright, R. D. (1996). Forgiveness as an intervention goal with incest survivors. *Journal of Consulting and Clinical Psychology, 64*(5), 983-992.

Freeman-Longo, R. E. (2002). Revisiting Megan's Law and sex offender registration: Prevention or problem. In J. F. Hodgson, & D. S. Kelley (Eds.), *Sexual violence: Policies, practices, and challenges in the United States and Canada* (pp. 223-238). Westport, CT: Praeger.

Freeman, N. J. (2012). The public safety impact of community notification laws: Rearrest of convicted sex offenders. *Crime & Delinquency, 58*(4), 539-564.

Freeman, K. A., & Morris, T. L. (2001). A conceptual models explaining the effects of child sexual abuse. *Aggression and Violent Behavior, 6*, 357-373.

Frisbie, L. (1969). *Another look at sex offender in California*. Sacramento, CA: Department of Mental Hygiene.

Gabbard, G. O. (1996). Psychotherapeutic strategies for borderline personality disorder. In S. Samenow, *The Hatherleigh guide to psychiatric disorders* (pp. 119-135). New York: Hatherleigh Press.

Geffner, R., & Pagelow, M. D. (1990). Victims of spouse abuse. In R. T. Ammerman, & H. Hersen (Eds.), *Treatment of family violence: A sourcebook*. New York: John Wiley & Sons.

Gelles, R. (1973). Child abuse as psychopathology: A sociological critique and reformation. *American Journal of Orthopsychiatry*, *43*, 611-621.

Gil, D. (1970). *Violence against children*. Cambridge, MA: Harvard University Press.

Goldberg, C. C., & Yates, A. (1990). The use of anatomically correct dolls in the evaluation of sexually abused children. *American of Journal Disable Child, 144* (12), 1334-1336.

Goodman, G. S., & Aman, C. (1990). Children's use of anatomically detailed dolls to recount an event. *Child Development, 61*, 1859-1871.

Goodman, G. S., & Helgeson, V. (1988). Children as witnesses: What do they remember? In L. E. A. Walker (Ed.), *Handbook on sexual abuse of children* (pp. 109-136). New York: Springer.

Goodman, G. S., & Reed, R. S. (1986). Age differences in eyewitness testimony. *Law and Human Behavior, 10*, 317-332.

Goodman, L. A., Dutton, M. A., & Bennett, L. (2000). Predicting repeat abuse among arrested batters: Use of the Danger Assessment Scale in the criminal justice system. *Journal of Interpersonal Violence, 15*(1), 63-74.

Goodman-Brown, T., Edelstein, R. S., Goodman, G. S., Jones, D. P. H., & Gorden, D. S. (2003). Why children tell: A model of children's disclosure of sexual abuse. *Child Abuse and Neglect*, *27*(5), 525-540.

Gottfredson, D. M., & Gottfredson, S. D. (1988). Stakes and risks in the prediction of violent criminal behavior. *Violence and Victims, 3*(4), 247-262.

Grisso, T. (1998). *Forensic evaluation of juveniles*. Sarasota, FL: Professional Resource Press.

Gross, B. H., Southard, M. J., Lamb, R., & Weinberger, L. E. (1987). Assessing dangerousness and responding appropriately: Hedlund expands the clinician's liability established by Tarasoff. *Journal of Clinical Psychiatry, 48*(1), 9-12.

Groth, A. N. (1979). *Men who rape: The psychology of the offender*. New York: Plenum.

Groth, A. N., & Burgess, A. W. (1977). Motivation intent in the sexual assault of children. *Criminal Justice and Behavior, 4*(3), 253-264.

Ha, N., Bae, S. M., & Hyun, M. H. (2019). The effect of forgiveness writing therapy on post-traumatic growth in survivers of sexual abuse. *Sexual and Relationship Therapy, 34*(1), 10-22.

Han, S. (2003). Vulnerability and resilience in adolescent delinquency: An ecological approach. *Disseration Abstract International*, *63*(7), 3218B.

Hans, V. P. (1989). The jury's response to corporate wrongdoing. *Law and Contemporary Problem, 52*(4), 177-204.

Hanson, K., & Harris, A. (1998). *Dynamic predictors of sexual recidivism*. Ottawa, Canada: Department of the Solicitor General Canada.

Haugaard, J. J., Reppucci, N. D., Laird, J., & Nauful, T. (1991). Children's definitions of the truth and their competency as witness in legal proceeding. *Law and Human Behavior, 15*, 253-272.

Haynes, K. S. (1998). The one-hundred-year debate: Social reform versus individual treatment. *Social Work, 43*, 501-511.

Helm, H. W., Cook, J. R., & Berecz, J. M. (2005). The implications of conjunctive and disjunctive forgiveness for sexual abuse. *Pastoral Psychology, 54*, 23-34.

Herman, J. L. (2005). Justice from the victim's perspective. *Violence against Women, 11* (5), 571-602.

Herman, J. L., Perry, J. C., & van der Kolk, B. A. (1989). Childhood trauma in borderline personality disorder. *American Journal of Psychiatry, 146*, 490-495.

Holt, A. (2013). *Adolescent-to-parent abuse: Current understandings in research, policy, and practice*. Bristol, England: Policy Press.

Holtzworth-Munroe, A., & Stuart, G. (1994). Typologies of male batterers: Three subtypes and the differences among them. *Psychological Bulletin, 116*(3), 476-497.

Hooper, C. A. (2013). *Mothers surviving child sexual abuse*. Tavistock, London: Routledge.

Hopper, J. (2016). *Sexual abuse of males: Prevalence, possible lasting effects, & resources*. Retrieved December 21, 2016, from http://www.jimhopper.com

Horowitz, I. A., Willging, T. E., & Bordens, K. S. (1998). *The psychology of law: Integrations and applications* (2nd ed.). New York: Longman.

Jaycox, L. H., Zoelliner, L., & Foa, E. B. (2002). Cognitive-Behavior therapy for PTSD in rape survivors. *Psychotherapy in Practice, 58*(8), 891-906.

Justice, B., & Justice, R. (1976). *The abusing family*. New York: Human Services Press.

Kagle, J. D., & Kopels, S. (1994). Confidentiality after Tarasoff. *Health and Social Work, 19*, 217-222.

Kessler , R. C., Sonnega, A., Bromet, E., Hughes, M., & Nelson, C. B. (1995). Posttraumatic stress disorder in the national comorbidity survey. *Archives of General Psychiatry, 52*(12), 1048-1060.

Kropp, P. R., Hart, S. D., Webster, C. D., & Eaves, D. (1999). *Spousal assault risk assessment guide: User's manual*. North Tonawanda, New York: Multi-Health Systems.

Lachs, M. S., & Pillemer, K. A. (2004). Elder abuse. *The Lancet, 364*(9441), 1263-1272.

Landry, D. B. (1991). *Family fallout: A handbook for families of adult sexual abuse survivors*. Brandon, VT: Sage.

Laxminarayan, M. (2013). Interactional justice, coping and the legal system: Needs of vulnerable victims. *International Review of Victimology, 19*, 145-158.

Leippe, M. R., & Romanczyk, A. (1989). Reactions to child (versus adult) eyewitnesses: The influence of jourors' preconceptions and witness behavior. *Law and Huanm Behavior, 13*, 103-132.

Lie, G. Y., & Inman, A. (1991). The use of anatomical dolls as assessment and evidentiary tools. *Social Work, 36*(5), 396-399.

Limandri, B. J., & Sheridan, D. J. (1995). Prediction of intentional interpersonal violence: An introduction. In J. C. Campbell (Ed.), *Assessing dangerousness: Violence by sexual offenders, batterers, and child abusers* (pp. 96-113). Thousand Oaks, CA: Sage.

Linehan, M. M. (1993). *Cognitive-behavioral treatment of borderline personality disorder*. New York: Guilford Press.

Lisak, D. (1994). The psychological impact of sexual abuse: Content analysis of interviews with male survivors. *Journal of Traumatic Stress, 7*(4), 525-548.

Loewenberg, F., Dolgoff, R., & Harrington, D. (2000). *Ethical decisions for social work practice*(6th ed.). Itasca, IL: Peacock.

Lynch, M. (1976). Risk factors in the child: A study of abused children and their siblings. In H. P. Martin (Ed.), *The abused child* (pp. 43-56). Cambridge, MA: Ballinger.

Mansell, S., Sobsey, D., & Moskal, R. (1998). Clinical findings among sexually abused children with and without developmental disabilities. *Mental Retardation, 36*, 12-22.

Mapes, B. E. (1995). *Child eyewitness testimony in sexual abuse investigations*. Brandon, VT: Clinical Psychology Publishing.

Markus, M. J., & Horowitze, I. A. (1995). *The child eyewitness: The effects of confirmation or disconfirmation of experiences on jurors and juries*. Unpublished manuscript, Unversity of Toledo.

Marlatt, G. A., & Gordon, J. R. (1985). *Relapse prevention: Maintenance strategies in the treatment of addictive behaviors*. New York: Guilford Press.

Marshall, L. L., & Rose, P. (1988). Family of origin violence and courtship abuse. *Journal of Counseling & Development, 66*(9), 414-418.

Martin, H. P. (1976). *The abused child*. Cambridge, MA: Ballinger.

Mason, M. A. (1991a). A judicial dilemma: Expert witness testimony in child sex abuse cases. *Journal of Psychiatry and Law, 19*, 185-219.

Mason, M. A. (1991b). The McMartin case revisited: The conflict between social work and criminal justice. *Social Work, 36*(5), 391-395.

Mason, M. A. (1998). Expert testimony regarding the characteristics of sexual abused children: A controversy on both sides of the bench. In S. J. Ceci, & H. Hembrooke (Eds.), *Expert witness in child abuse cases* (pp. 217-234). Washington, DC: American Psychological Association.

Matson, J. V. (1999). *Effective expert witnessing* (3rd ed.). Tallahassee, FL: CRC.

Matson, S., & Lieb, R. (1996). *Sex offender registration: A review of state laws*. Olympia, WA: Washington State Institute for Public Policy.

McGrath, R. (1992). Five critical question: Assessing sex offender risk. *APPA Perspectives, 9*(1), 6-9.

McGrath, R. J., Livingston, J. A., & Falk, G. (2007). Community management of sex offenders with intellectual disabilities: Characteristics, services, and outcome of a statewide program. *Intellectual and Development Disabilities, 45*(6), 391-398.

Melton, G. B., Petrila, J., Poythress, N. G., & Slobogin, C. (1997). *Psychological evaluations for the courts: A handbook for mental health professionals and lawyers* (2nd ed.). New York: Guilford Press.

Miller, A. T., Eggertson-Tacon C., & Quigg B. (1990). Patterns of runaway behavior with a larger systems context: The road to empowerment. *Adolescence*, *25*(98), 271-289.

Milner, J. S. (1995). Physical child abuse assessment: Perpetrator evaluation. In J. C. Campbell (Ed.), *Assessing dangerousness: Violence by sexual offenders, batterers, and child abusers* (pp. 41-67). Thousand Oaks, CA: Sage.

Moran, R. (1985). The modern foundation for the insanity defense: The cases of James Hadfield (1800) and Daniel McNaughtan (1843). *Annuals of the American Academy of Political and Social Science, 477*, 31-42.

Morgan, M. (1995). *How to interview sexual abuse victims*. Thousand Oaks, CA: Sage.

Morriso, J. (1997). *When psychological problems mask medical disorder: A guide for psychotherapists*. New York: Guilford Press.

Myers, J. E. B. (1993). The competence of young children to testify in legal proceedings. *Behavioral and Sciences and the Law, 11*, 121-133.

Myers, J. E. B. (1997). *Evidence in child abuse and neglect cases*. New York: Aspen Publishers.

National Organization of Forensic Social Work (2016). *What is forensic social work?* Retrieved December 21, 2016, from http://www.nofsw.org/

Nelson, K. (1986). *Event knowledge: Structure and function in development*. Hillsdale, NJ: Erlbaum.

Nurcombe, B., & Partlett, D. F. (1994). *Child mental health and the law*. New York: Free Press.

Nussbaum, W., Berry, S. M., Hartnett, S., & Vincent, G. (2015). *Adolescent domestic battery typology tool manual*. Macarther Fundation. Retrieved from http://www.nysap.us/MfC%20ADBTT%20Manual.pdf

O'Callaghan, G., & D'Arcy, H. (1989). Use of props in questioning preschool witnesses. *Australian Journal of Psychology, 41*, 187-195.

O'Hagan, K. (1993). *Emotional and phychological abuse of children*. Toronto, Canada: University of Toronto Press.

O'Hara, K. L., Duchschere, J. E., Beck, C. J. A., & Lawrence, E. (2017). Adolescent-to-parent violence: Translating research into effective practice. *Adolescent Research Review, 2*, 181-198.

O'Leary, K. D., & Murphy, C. (1999). Clinic issues in the assessment of partner violence. In R. T. Ammerman, & M. Hersen (Eds.), *Assessment of family violence: A clinic and legal sourcebook* (pp. 24-47). New York: John Wiley & Sons.

Otubusin, P. (1995). *Battered women syndrome: A critical study and assessment*. New York: Cummings & Hathaway Publishers.

Paris, J. (1994). The etiology of borderline personality disorder: A biopsychosocial approach. *Psychiatry, 57*, 316-325.

Paris, J. (1999). Borderline personality disorder. In T. Millon, P. Blaney, & R. Davis, (Eds.), *Oxford textbook of psychopathology* (pp. 628-652). New York: Oxford University Press.

Peled, E., Jaffe, P., & Edleson, J. (1995). *Ending the cycle of violence: Community responses to children of battered women.* Thousand Oaks, CA: Sage.

Pence, E., & Paymar, M. (1986). *Power and control: Tactics of men who batter*. Duluth, MN: Minnesota Program Development.

Penrod, S. D., Fulero, S. M., & Cutler, B. L. (1995). Expert psychological testimony on eyewitness reliability before and after Daubert: The state of the law and the science. *Behavior Sciences and the Law, 13*(2), 229-260.

Pesce, C. (1990, October 4). Inmates' hope for freedom to start over. *USA Today*, 1-2.

Rattner, A. (1988). Convicted but innocent: Wrongful conviction and the criminal justice system. *Law and Human Behavior, 12*, 283-293.

Rudy, L., & Goodman, G. S. (1991). Effects of participation on children's reports: Implications for children's testimony. *Developmental Psychology, 27*, 527-538.

Saywitz, K., Goodman, G., Nicholas, E., & Moan, S. (1991). Children's memories of physical examinations involving genital touch: Implications for reports of child sexual abuse. *Journal of Consulting and Clinical Psychology, 59*, 682-691.

Schutz, J. S. (1997). The expert witness and jury comprehension: An expert's perspective. *Cornell Journal of Law, 7*, 107-119.

Sgroi, S. M. (1982). *Handbook of clinical intervention in child sexual abuse*. Lexington, MA: Lexington Books.

Siegel, L. J., & Senna, J. J. (1991). *Juvenile delinquency: Theory, practice, and law*. St. Paul, MN: West Publishing Company.

Sinclair, I., Baker, C., Wilson, K., & Gibbs, I. (2005). *Foster children: Where they go and how they get on*. London, UK: Jessica Kingsley.

Skinner, L., & Berry, K. B. (1993). Anatomically detailed dolls and evaluation of child sexual abuse allegations: Psychometric considerations. *Law and Human Behavior, 17*(4), 399-422.

Spaccarelli, S. (1994). Stress, appraisal, and coping in child sexual abuse: A theoretical and empirical review. *Psychological Bulletin, 116*, 340-362.

Stern, P. (1997). *Preparing and presenting expert testimony in child abuse litigation: A guide for expert witnesses and attorneys*. Thousand Oaks, CA: Sage.

Straus, M. A. (1979). Measuring family conflict and violence: The Conflict Tactics Scale. *Journal of Marriage and the Family, 41*, 75-88.

Straus, M. A. (1990). The Conflict Tactics Scales and its critics: An evaluation and new data on validity and reliability. In M. A. Straus, & R. J. Gelles (Eds.), *Physical violence in American families: Risk factors and adaptations to violence in 8,145 families*. New Brunswick, NJ: Transaction Publishers.

Straus, M. A., Hamby, S. L., Boney-McCoy, S., & Sugarman, D. B. (1996). The revised Conflict Tactics Scales (CTS-2): Development and preliminary psychometric data. *Journal of Family Issues, 17*(3), 283-316.

Sudermann, M., & Jaffe, P. (1999). Child witnesses of domestic violence. In R. T. Ammerman, & M. Hersen (Eds.), *Assessment of family violence: A clinic and legal sourcebook* (pp. 343-366). New York: John Wiley & Sons.

Summit, R. C. (1983). The child sexual abuse accommodation syndrome. *Child Abuse and Neglect, 7,* 177-193.

Swan, S. C., & Snow, D. (2002). A typology of women's use of violence in intimate relationships. *Violence Against Women*, *8*(3), 286-319.

Tardiff, K. (2001). Axis II disorders and dangerous. In G. Pinard, & L. Pagani, (Eds.), *Clinical assessment of dangerous* (pp. 103-120). Cambridge, UK: Cambridge University Press.

Tener, D., & Eisikovits, Z. (2015). Torn: Social expectations concerning forgiveness among women who have experienced intrafamilial child sexual abuse. *Journal of Interpersonal Violence, 32*(16), 2496-2514.

Teoh, Y. S., & Lamb, M. E. (2010). Preparing children for investigative interviews: Rapport-building, instruation, and evaluation. *Applied Developmental Science*, *14*, 154-163.

Tomkins, A. (1995). Introduction to behavioral science evidence in the wake of Daubert. *Behavior Sciences and the Law, 13*(3), 127-130.

Tower, C. C. (2005). *Understanding child abuse and neglect* (6th ed.). Boston, MA: Allyn & Bacon.

Van Wormer, K. (2009). Restorative justice as social justice for victims of gendered violence: A standpoint feminist perspective. *Social Work, 54*(2), 107-116.

Van Wormer, K., & Roberts, A. R. (2000). *Teaching forensic social work: Course outlines on criminal and juvenile justice and victimology*. Alexandria, VA: Council on Social Work Education.

Walker, L. E. A. (1989). *Terrify love: Why battered women kill and now society responds*. New York: Harper & Row.

Walker, L. E. A. (2000). *The battered woman syndrome* (2nd ed.). New York: Spring.

Warren, A., Hulse-Trotter, K., & Tubas, E. C. (1991). Inducing suggestibility in children.

Law and Human Behavior, 15(3), 273-286.

Webster, S. D. (2002). Assessing victim empathy in sexual offenders using the victim letter task. *Sexual Abuse: A Journal of Research and Treatment, 14*(4), 281-300.

Webster, S. D., & Beech, A. R. (2000). The nature of sexual offenders' affective empathy: A grounded theory analysis. *Sexual Abuse: A Journal of Research and Treatment, 12*(4), 249-261.

Westcott, H. L., Davies, G. M., & Bull, R. H. C. (Eds.) (2002). *Children's testimony: A handbook of psychological research and forensic practice*. Chichester, England: John Wiley & Sons.

White, J., Daraper, K., & Jones, N. P. (2001). Play therapy behaviors of physically abused children. In G. L. Landreth (Ed.), *Innovations in play therapy: Issues, process, and special populations* (pp. 99-118). New York: Brunner-Routledge.

Wills, T. A., & Schiffman, S. (1985). Coping and substance use: A conceptual framework. In S. Shiffman & T. A. Wills (Ed.), *Coping and substance use* (pp. 3-24). New York: Academic Press.

Wilson, K. J. (1997). *When violence begins at home*. Alameda, CA: Hunter.

Witkin, S. L. (1998). Human rights and social work. *Social Work, 43*, 197-199.

Wolf, S. C. (1984). *A multifactor model of deviant sexuality*. Paper presented at Third Intetational Conference on Victimology, Lisbon.

Zanarini, M. C., Frankenburg, F. R., Reich, B. D., Marino, M. F., Lewis, R. E., Williams, A. A., & Khera, G. S. (2000). Biparental failure in the childhood experiences of borderline patients. *Journal of Personality Disorders, 14*(3), 264-273.

Zehr, H. (1990). *Changing lenses: A new focus for crime and justice*. Scottdale, PA: Herald Press.

Zemmelman, M. L. (2018). *Building a parenting agreement that works: Child custody agreement step by step* (9 th). United States Law, Berkeley, CA: NOLO.

Zimrin, H. (1984). Child abuse: A dynamic process of encounter between needs and personality traits within the family. *American Journal of Family Therapy, 12*(1), 37-47.

索引

五畫

六畫

七畫

八畫

九畫

十畫

十一畫

十二畫

十三畫

十四畫

十五畫

十六畫

十七畫

十八畫

十九畫

二十畫以上

國家圖書館出版品預行編目（CIP）資料

法律社會工作／陳慧女著. -- 四版. -- 新北市：
心理出版社股份有限公司, 2022.09
面； 公分. --（社會工作系列；31044）
ISBN 978-626-7178-15-7（平裝）

1. CST: 社會工作 2. CST: 法律社會學

547 111013595

社會工作系列 31044

法律社會工作（第四版）

作 者：陳慧女
執行編輯：林汝穎
總 編 輯：林敬堯
發 行 人：洪有義
出 版 者：心理出版社股份有限公司
地 址：231026 新北市新店區光明街 288 號 7 樓
電 話：(02) 29150566
傳 真：(02) 29152928
郵撥帳號：19293172 心理出版社股份有限公司
網 址：https://www.psy.com.tw
電子信箱：psychoco@ms15.hinet.net
排 版 者：龍虎電腦排版股份有限公司
印 刷 者：龍虎電腦排版股份有限公司
初版一刷：2004 年 10 月
二版一刷：2017 年 10 月
三版一刷：2020 年 9 月
四版一刷：2022 年 9 月
I S B N：978-626-7178-15-7
定 價：新台幣 500 元